AF433451

【当代华语世界思想者丛书】

日本"近代"转型的悖论

——从德川到昭和的思想政治演变

THE PARADOX OF JAPAN'S "MODERN" TRANSFORMATION

The Ideological and Political Evolution from Tokugawa to Showa

荣　剑

【当代华语世界思想者丛书】

学术顾问：黎安友
主　　编：荣　伟
副 主 编：罗慰年
Academic Adviser:　Andrew J. Nathan
Chief Editor:　　　David Rong
Deputy Editor:　　　William Luo
Published by Bouden House, New York

日本"近代"转型的悖论
——从德川到昭和的思想政治演变

The Paradox of Japan's "Modern" Transformation
The Ideological and Political Evolution from Tokugawa to Showa

荣剑（Rong Jian）

出版：博登书屋·纽约（Bouden House· New York）
邮箱：boudenhouse@gmail.com
发行：谷歌图书（电子版）、亚马逊（纸质版）
版次：2023 年 10 月 第一版 第一次印刷
字数：213 千字
定价：$38.00 美元

主编前言

荣 伟

　　《当代华语世界思想者丛书》于 2020 在纽约正式出版发行。在当前华语世界出版（包括香港、台湾及海外）日益低迷，尤其在受到极权体制的打压日益困难的局面下，我们筹划的这套丛书能够在纽约这个国际大都会当然也是国际文化艺术中心这个大平台上出版发行，可以说更加具备深远意义。

　　《当代华语世界思想者丛书》旨在推出一批具有独立思想正确价值观、对中国乃至世界的当下时事政治、经济、文化艺术以及哲学、历史等研究领域的深度学术研究著作，特别努力推出鼓励年轻一代学者学术研究。当今世界已经是个信息化、全球化的时代，而且年轻一代学者视野更宽广、思想开放，有独立见解没有或少些思想的禁锢和羁绊，许多年轻学者更具有挑战权威和批判所谓"学术霸主"的勇气和全新的知识结构，我在他们身上看到了未来中国的希望！

　　独立学者荣剑前几年写过一篇文章《没有思想的中国》，当然他的批判指向是十分明确的。不过我们扪心自问回顾一下近百年来，我们中国人对这个世界到底贡献了什么样的思想或者什么样的精神产品？尤其是 1949 年后我们当代中华文明在当代世界文明大家庭中占有多大一席之地？记得大约十多年前回国和一些学者朋友聚会，其中有学者问我在美国有哪些中国大陆当代搞理论（哲学文化研究）的学者有影响？或者有谁著作被翻译出版？我想了半天回答他们说基本上没有，当然 80 年代曾经影响一代年轻学子的学者李泽厚著作有英文翻译，但是他的理论著作翻译成英文一看就知道一半是马克思主义，一半是中国儒家的东西，实在对西方理论界不能产生什么影响。当时在座也都是国内重量级学者教授，听了我这个结论大家也是无语一阵唏嘘不已。如今曾几何时国内有些"学术霸主"名声鹊起，看上去学术著作汗牛充栋，拉大旗充虎皮，对年轻学子大谈什么斯特劳斯、施密特等，感觉你今天不懂斯特劳斯、施密特就不能上学术台面的地步！但是这些"学术霸主"如果将他们的学术著作翻译成外文恐怕根本经不起在国际学术舞台上的检验，正如中国的产品在世界上是"山寨"的代名词，中国的这些"学术霸主"的产品恐怕也是另一种"山寨"！我们这个民族还有思想吗？或者还有对当代世界文明有贡献的思想吗？回答当然是显而易见的，49 年后由于中国大陆极权统治下，一批又一批有思想有理想有追求的知识分子独立学者被打压被禁言甚至被监禁，当今的中国可以说已经到了万马齐喑的状态，一个"没有思想的中国"或者不能产生对我们民族乃至对世界产生有影响的思想产品的国家可以屹立于世界民族之林吗？

《当代华语世界思想者丛书》希望在纽约努力打造一个在华语世界思想自由交流自由表达的平台，真正让我们这个时代的思想精英和独立学者能够对我们这个民族的历史与现实的问题做深入的探讨和思考，最重要的是他们都享有在美国宪法第一修正案的保障：充分的言论自由。可以想象，在一个没有言论自由保障的国家，怎么可能会或者容许有真正的思想或者有创造性的思想产生？《当代华语世界思想者丛书》也将推动在华语世界不断产生真正的思想者！

目　　录

引言　　昭和咒语的形成

——从 "近代" 到 "近代的超克"

在日本编年史和思想史辞典中，"近代" 这一词汇应该是属于被学术著作、新闻媒体和政治家们引用最多的词汇之一。"近代" 对于日本而言，既意味着 "近世" 德川时代的终结，也意味着以明治维新为起点的向世界现代文明秩序开放的历史时代。"近代" 既是一个以时间演变为导向的社会进化过程，也是以制度演变为导向的政治转型过程，期间充满着促使新旧时代转变的重大思想政治变革。

按照内藤湖南的中国历史分期概念和 "唐宋变革" 论，[1] 以唐为终点的 "中世" 与以宋为起点的 "近世" 的重大时代差别在于：唐是 "贵族政治时代"，君主纯粹居于贵族的代表性地位；而宋是 "君主独裁时代"，在君主之下，官吏的地位分配到了一般庶民，允许机会均等了。[2] "唐宋变革" 论的 "近世" 说，作为历史尺度，也是作为文明尺度，衡量出处于 "近世" 的中国宋代，较之同一时期处在 "中世" 的欧洲，离 "近代" 更近。宫崎市定就认为："如果说欧洲的近世大致始于公元十三四世纪，而东洋的近世则开始于十、十一世纪的宋代，那么，东洋在一段时期内所具有的先进性和领导性就不容否定。"[3] 日本思想史权威源了园也阐述过大致相同的看法，在他看来，

1　内藤湖南的中国历史分期理论，将 "开天辟地到后汉中期" 称为 "上古时代"，将 "五胡十六国到唐的中期" 称为 "中世时代"，将 "宋、元时代" 称为 "近世时代前期"，将 "明、清时代" 称为 "近世时代后期"，并以此为尺度来确定日本的历史分期，将与明清同期的德川时代视为日本的 "近世"。参阅氏著：《中国史通论》，夏应元、钱婉约译，九州出版社，2018 年，第 43-44 页。

2　参阅 [日] 内藤湖南：《东洋文化史研究》，林晓光译，复旦大学出版社，2016 年，第 105-107 页。

3　[日] 宫崎市定：《宫崎市定亚洲史论考》上，张学锋、马云超等译，上海古

德川三百年是一部“被推迟的近代”的历史，在德川时代之前的安土、桃山时代，日本在精神层面上已经达到了与文艺复兴时代的欧洲相差无几的高度。[4] 问题就在于，既然东洋的“近世”领先于欧洲的“中世”，日本的安土、桃山时代的精神状态已达到了欧洲文艺复兴的高度，包括资本主义因素在中国明清时期也有了长足的发展，[5] 为何是欧洲而不是日本更不是中国，率先进入了“近代”？“近代”用欧洲的语言来表达，就是“现代”，也就是黑格尔在其《历史哲学》中所说的“现代”——“从十八世纪末叶起的‘现代’”，其标志性内容是启蒙运动、宗教改革、法国大革命、英国宪政运动。[6] 或者如马克思对“现代”所下的定义：一个“现代资产阶级”时代，其主要标志是在生产力领域表现出惊人的创造力——“资产阶级在它的不到一百年的阶级统治中所创造的生产力，比过去一切世代创造的全部生产力还要多，还要大。”[7] 欧洲自 18 世纪以来创造的“现代”，彻底改变了中世纪持续上千年的世界面貌，“把一切民族甚至最野蛮的

籍出版社，2017 年，第 259 页。

4 参阅[日]源了园：《德川思想小史》，郭连友译，外语教学与研究出版社，2009 年，第 1-4 页。

5 中国明清时代的资本主义因素为何没有发展出一个资本主义社会，这是中国史学研究的一个重大和长久的课题，相关研究成果层出不穷，有许多研究者都倾向于认为，从量化指标来看，明清资本主义因素与英国不差上下。如美国历史学家彭慕兰在其所著《大分流：中国、欧洲与现代世界经济的形成》一书，就认为在 19 世纪欧亚两个大陆发生“大分流”之前，欧洲并不领先于亚洲，亚洲——主要是中国和日本——在市场整合、技术水平、资本积累、人口增长、劳动生产率、人均消费诸领域，并不落后于欧洲，而是处在和欧洲大致相当的水平，甚至还在不少方面超过了欧洲。他把后来发生的“欧洲奇迹”即欧洲在不到一百年的时间里迅速将亚洲甩在身后的原因归之于境外贸易、殖民地扩张和军事财政主义。参阅氏著：《大分流：中国、欧洲与现代世界经济的形成》，黄中宪译，北京日报出版社，2021 年。彭慕兰的分析并非没有道理，但他显然有意忽略了奠定“欧洲奇迹”的更为深厚的制度与思想基础，欧洲的对外扩张引发的世界巨变其实是由欧洲开创的现代的和文明的逻辑所支配，按照马克思的说法，英国殖民主义不过就是推动世界历史变革的不自觉的工具。

6 参阅[德]黑格尔：《历史哲学》，王造时译，上海书店出版社，1999 年，第 424 页。

7 《马克思恩格斯选集》第 1 卷，人民出版社，1995 年，第 277 页。

民族都卷到文明中来了”（马克思语）。东洋的“近代”也不例外，它是以欧洲的“现代”为前提，在欧洲开创的现代历史进程中，日本从“近世”走向了“近代”。

　　“近代”作为日本历史分期的时间概念，同时作为现代的文明的概念，从语义学上看，让这一词汇构成了能指与所指之间的内在歧义性。[8] 当其指向基于时间序列的从“近世”向“近代”的演化时，“近代”较之于“近世”的进步性显然是大多数人都无可置疑的，如同欧洲“现代”是对“中世纪”的重大进步一样，是一个主观上无法否定的自然历史进程。当其指向基于文明演化序列的现代性标准时，“近世”向何种“近代”演进就会成为一个问题：是向“欧洲近代”演化吗？为什么不可以是“东洋近代”？有着自己独特历史传统的日本和

8　日本学者子安宣邦所著《何谓“现代的超克”》译者董炳月在翻译该书时，认为日语汉字“近代”是难以译为现代汉语词汇之一，因为该词在日语中既表示时间，也表示属性，而汉语中的“近代”一词只表示时间，“现代”一词则有时间和属性的双重意义，“现代”既是五四以来的时间概念，也是指“现代性”。因此，译者将日语“近代的超克”翻译为汉语“现代的超克”。参阅［日］子安宣邦：《何谓“现代的超克”》“代译后记”，生活·读书·新知三联书店，2018 年，第 222 页。以我的阅读经验理解，“近代的超克”在中日思想界传播已久，意思相对明确，互相交流并无障碍，用“近代的超克”可以保留一种历史语境。本文亦是在“现代性”的意义上理解日本的“近代”，日本的近代问题实质就是现代性问题。“近代的超克”不宜翻译为“现代的超克”，尽管“近代的超克”所说的“近代”就是指向“现代”。日本学者坂井洋史就认为，日本“近代”的概念具有非常明确的范畴，不仅仅是中立性的术语（study on modern），而且是一种自我指涉，经常采取自我批评性文化批判的姿态（以日本 modernity 的本质性局限为批评的对象而反思规定当下自我的 modernity 及其现实表现诸如政治和支持资本主义体制的制度），因此，他不能确定在中文里面有无同样的词语。此外，他并不认为竹内好经常使用的“近代主义”这个词和“现代主义”是同义语，在思想史上，“近代主义”可以定义为：拥护资本主义发展，将阻碍资本主义发展的任何事物都看作封建社会和思想的残渣，主张去除这些残渣，要求自由主义和个人主义。总之，他认为“近代”这个概念翻译成中文“相当困难”——这一用语“含有特定的语感、意象和背景语境，在中国并没有与之匹配的词语。”而“近代主义”在竹内好的批判性诠释下，则成为畸形的 modern 的表象。参阅［日］坂井洋史：《略谈“竹内好”应该缓论》，薛毅、孙晓忠编：《鲁迅与竹内好》，上海书店出版社，2008 年，第 257 页。综上考虑，应该在日语语境中使用“近代”和“近代的超克”这种特定表述，不宜直接翻译为汉语“现代”和“现代的超克”。

中国，为什么必须按照欧洲的“现代”标准来构造自己的“近代”？对“近代”的困惑和质疑始终是“日本近代”一个挥之不去的问题。日本左翼知识人在昭和战争时期提出的“近代的超克”论，以及日本著名文学家竹内好在战后为“近代的超克”论平反，实质都是追问“欧洲近代”的历史合法性与正当性，都是主张把“东洋近代”与“欧洲近代”进行切割，对“近代”的性质进行日本式的理解与表述。沟口雄三的“近代”概念具有代表性：

> “‘近代’这一概念，本来是地区性的欧洲的概念，至多不过是他们欧洲人内部对旧时代而言的自我歌颂的概念。可是随着欧洲自我膨胀到世界一样大，不知不觉地就成了世界性的概念，这时，‘近代’一词甚至成了证明他们在世界史上的优越地位的指标。亚洲对此则或由抵抗而屈服，或由赞美而追随，结果是被迫接受了这个概念。由于经过这样的历程，所以对亚洲来说，‘近代’一词不得不成为经历种种屈折的概念。”[9]

由上可见，“近代”在竹内好、沟口雄三为代表的左翼知识人的历史叙事中，成了一个日本被欧洲和美国思想殖民的屈辱性概念，它承载着日本在“欧洲近代”的影响下不断丧失自我主体性的悲情记忆，以及日本持续地试图抵抗欧洲近代观以创立日本近代观的种种努力。子安宣邦概括了这部分人心目中的“近代”的实质：“此时‘近代’是被作为日本的自我之外的、必须被超克的西洋的‘近代’来认识的”。[10] 换言之，“近代”成了“欧洲近代”的同义语，日本自明治维新以来直至昭和时期所进行的“近代”进程，在许多知识人的眼里不过是“欧洲近代”在亚洲的一个版本。竹内好之所以在战后为“近代的超克”论这一“昭和意识形态”（子安宣邦语）平反，是因为在

9　［日］沟口雄三：《中国前近代思想的演变》，索介然、龚颖译，中华书局，2005 年，第 7 页。

10　［日］子安宣邦：《何谓“现代的超克”》，第 17 页。译者将“近代”翻译成“现代”，此处我参照上条注释，仍维持原著“近代”这一词汇。后续凡是引用该译本时，均将书中“现代”一词还原为“近代”。

他看来，从质疑“欧洲近代”的观念出发所形成的“近代的超克”这一特定术语，相当于日本的一个“咒语”，既是诅咒“欧洲近代”对亚洲的侵略与控制，也是诅咒日本因为走上了“欧洲近代”之路而在太平洋战争中陷入了巨大失败。这个咒语由于缠绕上关于太平洋战争的梦魇般的不详记忆，从而使得“每个人所思考的‘近代的超克’的意义内涵并不确定，仿佛亡灵一般难以把握”。[11] 因此，竹内好把“近代的超克”视为是日本近代史中难以逾越之难关的凝缩：

　　“复古与维新，尊王与攘夷，锁国与开国，国粹与文明开化，东洋与西洋，这些在传统的基本轴线中所包含的对抗关系，到了总体战争的阶段，面对解释永久战争的理念这个思想课题的逼迫，而一举爆发出来的，便是‘近代的超克’的讨论。”[12]

　　日本何以会从“近代”走向“近代的超克”？在我看来，这恰恰就是日本“近代”转型所面临的最大问题，也是从明治到昭和时期以建设欧式现代国家为导向的近代化进程的重大历史悖论，即从全面学习欧洲国家的先进制度起步（脱亚入欧），到不断地与欧洲国家进行对抗（脱欧返亚），最后走向与英美的全面战争，在战争彻底失败之后才从这个悖论中走了出来。“近代的超克”是以昭和“咒语”的形式将日本“近代”转型的悖论集中地呈现出来：日本通过“近代”进程增强了国力，走上文明之途，改善了国际地位，融入了世界体系，从一个亚洲蕞尔小国一跃成为世界“五强”（美、英、法、意、日）之一，却在取得了“近代”的巨大成果之后转而走上了反对（超克）“近代”之路。“近代的超克”论无异于像是“近代”的“弑父”行为，是在反对“欧洲近代”的价值导向中为支持日本军部法西斯主义发动对英美的战争而掀起的“思想战”。日本著名文艺评论家小田切秀雄在战后撰文指出，“近代的超克”已经被历史证明是“军国主义支配体制的‘总体战’之一个有机部分的‘思想战’之一翼”，“是

11　[日]竹内好：《近代的超克》，生活·读书·新知三联书店，孙歌编，李冬木等译，2005 年，第 292 页。
12　同上书，第 354-355 页。

拥护军国主义的天皇制国家，为其提供理论根据甚至容忍、服从战时体制的理由”，任何一个有良知的知识分子均应对昭和战争时期举行的“近代的超克”座谈会“怀着强烈的鄙视感觉”。[13] 但是，对于竹内好来说，小田切秀雄对“近代的超克”的批判只是一种“意识形态裁决法”，是“以结果而论”，并没有从意识形态中剥离出应有的思想，在他看来：“‘近代的超克’的最大的遗产价值，不在于它是战争与法西斯主义的意识形态，而在于它并未得以充当法西斯主义意识形态，它以思想之形成为志向却以思想之丧失而告终。”[14] 因此，他要公开为“近代的超克”平反，从这个战后被人们公认为是“臭名昭著”的理论中拯救出值得进一步阐释的“思想”（他谓之“火中取栗”），那就是继续坚持“近代的超克”的立场，通过质疑明治以来以欧洲式近代为中心的近代观，包括质疑日本因为学习了欧洲式近代而成为亚洲的“优等生”后所形成的“日本式近代”——将其斥为没有抵抗的、外来的（转向型）、丧失了自我的、实际沦为西方殖民地的近代化之路，进而把以鲁迅和毛泽东为标志的中国革命与中国式近代视为“东洋近代”的理想模式，认为中国式近代才是真正抵抗欧洲近代的、内生的（回心型）、自我独立的亚洲近代化之路。

以中国、日本为代表的亚洲国家的确在历史传统、社会构造、国家形态和文化特征上表现出与欧洲国家的显著差别，但这些差别是否一定在欧洲开创的“世界历史”时代构成一种关于洲级“近代”的根本性和对抗性冲突呢？按照竹内好的说法：“欧洲与东洋是对立的概念，这如同近代的与封建的是对立概念一样。”[15] 这个判断显然是

13　参阅［日］小田切秀雄：《关于“近代的超克”》，转引自［日］竹内好：《近代的超克》，第298-299页。美国学者约翰·W·道尔在其著作中提到，小田切秀雄在战后新日本文学会发行的月刊《新日本文学》的创刊号上发表文章，宣称25位著名作家负有“战争罪责”，引起了大骚动。因此，就不能理解小田切秀雄对“近代的超克”论所表达出来的愤慨。参阅氏著：《拥抱失败：第二次世界大战后的日本》，胡博译，生活·读书·新知三联书店，2008年，第212页。

14　同上书，第305页。

15　同上书，第188页。

一个意识形态的预设，并非是一个充足的事实判断。在欧洲首创的"现代"进程中的确充满着欧洲国家对非欧洲国家的侵略、剥削、殖民和文化改造，在客观上也的确制造了欧洲与非欧洲国家的文明与他者的关系——欧洲被视为是文明的主体和象征，而非欧洲国家则被视为是欧洲改造的对象。对欧洲向世界扩张并复制其制度模式的道德批判，自"现代"诞生以来在非欧洲国家始终不绝如缕，但人类历史进程还是按照"现代"逻辑在世界范围普遍蔓延。按照黑格尔的表述，现代世界是建筑在英国人开创的工商业之上，"英国人担任了伟大的使命，在全世界中作文明的传播者；因为他们的商业精神驱使他们遍历四海五洲，同各野蛮民族相接触，创造新的欲望，提倡新的实业，而且是首先使各民族放弃不法横行的生涯，知道私产应当尊重，接待外人应当友善，成立了这些为商业所必要的条件。"[16] 马克思更为准确地表达了英国现代资产阶级的历史使命，他在《不列颠在印度统治的未来结果》一文中明确写道：

"资产阶级历史时期负有为新世界创造物质基础的使命：一方面要造成以全人类互相依赖为基础的普遍交往，以及进行这种交往的工具，另一方面要发展人的生产力，把物质生产变成对自然力的科学统治。资产阶级的工业和商业正在为新世界创造这些物质条件，正像地质变革创造了地球表层一样。"[17]

黑格尔和马克思的上述观点，或许可以被打上欧洲中心主义的标签，他们在知识上和道德上对"东方专制主义"的蔑视也是显而易见的，但是，他们叙述的历史进程和由此总结出来的进步主义历史观与文明观并非只是他们的理论想象，而是对起始于 18 世纪的、发端于欧洲的"现代"剧变的理论概括与总结，价值判断总是基于事实判断而来。对于欧洲侵入亚洲过程中给亚洲国家所带来的灾难性后果，马克思从来是给予深深的同情，正如他在评论英国对印度的殖民统

16　[德]黑格尔：《历史哲学》，第 467 页。

17　《马克思恩格斯选集》第 1 卷，第 773 页。

治时写道:"从人的感情上来说，亲眼看到这无数辛勤经营的宗法制的祥和无害的社会组织一个个土崩瓦解，被投入苦海，亲眼看到它们的每个成员既丧失自己的古老形式的文明又丧失祖传的谋生手段，是会感到难过的。"但是，他强调更应该看到的是，"英国在印度要完成双重使命：一个是破坏的使命，即消灭旧的亚洲式的社会；另一个是重建的使命，即在亚洲为西方式的社会奠定物质基础。"[18] 马克思关于印度历史性社会变迁的事实判断和价值判断至今并未过时，印度独立之后完成的宪政民主转型不正是英国殖民统治的"未来结果"吗？

在欧洲向亚洲的扩张过程中，中国和日本差不多同时进入了时间意义上的"近代"，1840 年中英鸦片战争标志着中国"近代史"的开始，1868 年明治维新则标志着日本"近代"的开始。[19] 中日两国在各自的近代转型中，与印度的命运明显不同，既没有沦为殖民地，也从来没有丧失过国家主权，而是对来自于"西方的挑战"作出了不同的反应，由此导致了大相径庭的近代化结果。按照竹内好的评价标准，中国对欧洲采取了更为"抵抗"的立场，而日本则是不断地"转向"，从"锁国"转向"开国"，从"攘夷"转向"倒幕"，从"复古"转向"维新"，从"国粹"转向"文明"，最后是从"东洋"转向"西洋"，确立了明治时期"脱亚入欧"的思想路线。正是在不断的"转向"中，日本成为了竹内好所说的学习欧洲近代的"优等生"。日本在 1894 年的甲午战争和 1905 年的日俄战争中一举击败两个老大帝国——中国和俄国，可以视为是日本近代化成功的重大标志，亦可视为是日本实行欧式文明化的结果。福泽谕吉在 1894 年 7 月 29 日的《时事新报》上发表了题为《日清战争是文野之战》的文章，明确提

---

18 《马克思恩格斯选集》第 1 卷，第 765 页，第 772 页。

19 "近代"对于中国而言，只是一个时间概念，而不是一个属性感念，史家普遍把 1840 年中英鸦片视为中国近代史的起点，将 1919 年五四运动视为中国现代史的起点。现代既是时间概念，标志着一个新的时代的开始，也是属性感念，标志着现代化或现代性的制度转型与制度建构。日本的"近代"在时间上与中国近代史同步，在属性上与中国现代性同义。

出了日清战争是文明与野蛮之战的观点，称战争"虽然起于日清两国之间，但寻其根源，则是谋求文明开化之进步与阻碍其进步者之间的战争"，战争"只以世界文明的进步为目的"。国粹主义者陆羯南也持相同的看法，他把清朝判定为"东洋之一大野蛮国"，认为甲午战争意味着"王师之胜败乃是文明之胜败也"。[20] 徐中约的历史学名著《中国近代史：1600—2000 中国的奋斗》在总结甲午战争清朝失败的原因时，明确认为"日本当时已是一个现代国家，民族主义意识使政府和人民团结成一个统一的整体。"而中国"政体基本上仍处于中世纪式的，政府与人民各行其是。"[21] 如此看来，日本在甲午战争中取得对中国的胜利，以及在日俄战争中取得对俄国的胜利，从时代的角度看，本质上是"近代"对"近世"或"中世"的胜利；从文明的角度看，本质上是文明对野蛮的胜利。梁启超就是在中西和中日之间的文明比较中意识到了文明的重要性，他参照福泽谕吉的文明论首次在中国思想史上提出了"文明"的概念（1896 年）：

> "人之所以战胜禽兽，文明之国所以战胜野番，胥视此也……以今日中国视泰西，中国固为野蛮矣。以今之中国视苗黎猺獞及非洲之黑奴、墨州之红人、巫来由之棕色人，则中国固文明也。以苗黎诸种人视禽兽，则彼诸种人固亦文明也。然则文明野番之界无定者。以比较而成耳。"[22]

任公一语道破文明之奥秘，离开了比较的视野，文明和野蛮何以分得清？人和禽兽又何以分得清？因此，日本和中国"近代"与否，文明与否，均是在与"泰西"（欧洲）的比较中才能显示出来。否定了欧洲的近代观和文明观，日本的近代或中国的近代不就成了一个自我确认的时代了？"近代的超克"论把欧洲近代视为"超克"的对

20　转引自梁栋梁主编：《近代以来日本的中国观》，第一卷总论，江苏人民出版社，2012 年，第 74 页。

21　徐中约：《中国近代史：1600—2000 年中国的奋斗》，计秋枫、朱庆葆译，茅家琦、钱乘旦校，世界图书出版公司，2013 年，第 253 页。

22　转引自［日］石川祯浩：《梁启超与文明的视点》，［日］狭间直树编：《梁启超·明治日本·西方》（修订版），社会科学文献出版社，2012 年，第 91 页。

象，就是基于日本自我建构的"近代"标准，按照竹内好的说法，"东洋的近代"早已有之——"东洋在很早以前开始，欧洲尚未入侵之前，就产生了市民社会。市民文学的谱系可以追溯到宋（甚至唐代），特别是到了明代，就某一方面而言，市民权力的发展几乎到了足以打造出与文艺复兴时期相近的自由人类型的程度。"[23] 正是从"东洋近代"的标准出发，竹内好提了"何谓近代"的问题，其实他还进一步追问了谁的近代——是"欧洲近代"还是"东洋近代"？他在战后的一系列理论努力，都是旨在建立抵抗"欧洲近代"的"东洋近代"观，并且在"对日本的近代与中国的近代的比较性思考"中将后者视为东洋近代的理想模式，因为在他看来，"近代"就是意味着抵抗，近代化的历史就是抵抗的历史，中国的近代真正代表着"东洋的抵抗"，所以，中国的近代才是东洋真正的近代。

从"近代"走向"近代的超克"，以及在战后以竹内好为代表的知识人为"近代的超克"这一"昭和意识形态"招魂，继续鼓吹抵抗欧洲的近代观，显然并不仅仅是昭和战时和战后的理论现象，而毋宁是从德川到昭和的思想政治演变的结果，强大的思想惯性背后实际上是由一股内在的民族主义精神动力在起着支配性作用，由此主导着明治维新以来的政治转型在多重历史关口不断地发生与"近代"目标相背离的逆转。从"脱亚入欧"到"脱欧返亚"，从"欧洲主义"到"亚洲主义"和"大东亚主义"，从"凡尔赛体制"到"东亚新秩序"和"东亚协同体"，从大正民主主义到昭和军国主义，从重构"世界史哲学"和世界秩序到太平洋战争，这些重大的思想和政治转折无不与民族主义的"东洋"近代观和文明观有着极为紧密的关联。德川时代的民族意识觉醒，明治时代的民族主义政治与思想动员，大正时代的民族主义向国家主义的演变，昭和时代的国家主义向极端国家主义的质变，才是制造日本"近代"转型悖论——从"近代"走向"近代的超克"——的根本原因。

23　[日]竹内好：《近代的超克》，第 182 页。

一、 "亚洲视野" 与 "亚洲主义" 的悖论

何谓 "亚洲视野" ？

2018 年，中国改革开放 40 周年，适逢日本明治维新 150 周年，这两个间隔了一个半世纪的时间窗口对中日两国同时开放，似乎有着不同的意义。对于日本来说，明治维新的历史使命已经完成，它开启的日本的 "近代化" 经历了曲折复杂的历史进程，终于在二战结束之后，与德国、意大利、奥地利等二战时期的轴心国一起，先后完成了政治转型，成为世界第二波民主化浪潮中的宪政民主国家。[1] 从这个意义上看，"明治维新" 只是一个历史性名词或符号，其现实性似乎已不再重要。日本著名学者子安宣邦在明治维新 150 周年之际撰写的《重思 "日本近代化"》一文，特别提到，日本政府并没有在国内特地举办庆祝活动，虽然 "重新检讨明治维新与日本近代史主题的出版品相继出版，几乎淹没了书店的整个书架"，但他并不认为，这些书籍是从本质上重新阅读或重新省思明治维新及以明治维新为起点的日本近代史，"因为并没有人对于明治维新是日本近代史正当且正统之开端的变革这件事感到怀疑。"[2] 从子安宣邦的视野来看，以明治维新为起点的日本 "近代史" 必须被置于一个批判性思维框架中重新予以审视，这是源自于 "视点的外部性" 或 "从外部来看" 的思

1　参阅 [美] 塞缪尔·亨廷顿：《第三波：20 世纪后期的民主化浪潮》，欧阳景根译，中国人民大学出版社，2013 年，第 11-15 页。

2　[日] 子安宣邦：《重思 "日本近代化"：於明治维新一百五十年之际》，台湾《思想》杂志第 41 期，第 117 页。

想史方法论——"一个国家的历史不能单单一国主义式地'从内部来看',否则无法将其相对化,并进行批判性的重新省思。"[3] 为此,他主张把"明治维新一百五十年"与"从中国来看"和"从韩国来看"联系在一起,从而在思想史上建构起一种"亚洲视野"——"将 21 世纪的日本与中国以及韩国都一起能批判性重新审视的那个真正作为外部他者的'亚洲'"。[4]

从"外部"和"亚洲"视野来重新审视明治维新和日本近代史,恰好和一些中国学者的看法不谋而合。[5] 从 2017 年起,围绕着如何总结和反思中国改革开放 40 年的历史经验与教训,日本明治维新重新进入到中国学者的视野里,一个普遍被关切的问题是,为何中日两国基于大致相同的思想文化资源(所谓同文同种),并大致在一个相同时期开启"近代化"进程(19 世纪 40-60 年代),结果却迥然不同:中国在推翻帝制建立了亚洲第一个共和国之后,并没有在制度上完成现代转型,在经历了 40 年的改革开放之后,也并没有显示出向市场化、法治化和民主化方向发展的势头,反而是借助于国力的巨大增长而日趋向绝对的国家主义体制方向发展,二战结束以来东亚大致平衡的地缘政治关系因为中国的迅猛崛起而处在严重失衡状态,中日两国政府因为历史问题、参拜靖国神社问题和钓鱼岛问题的巨大分歧而再次面临敌对状态。在此背景下,何谓"亚洲视野"首先就是一个问题,亚洲是否有共同的历史观和价值观来有效解释亚洲共同体内不同国家的现代化之路?尤其是能否有效解释中日两国自近代以来社会变迁的不同路径和现实地缘政治关系?

3　同上书,第 124 页。

4　同上书,第 126 页。

5　2017 年 12 月 2 日,就士游大讲堂与凤凰网争鸣频道联合举办"日本明治维新 150 周年研讨会",邀请学者马勇、陈浩武、荣剑、孙建军等参加,"分别从不同视角,就明治维新及其对日本、中国、东亚乃至世界的影响展开讨论,以今天的语境,再次回到日本明治维新这一重大历史事件中,反思中日两国近代以来的转型之路"。荣剑在这次研讨会上发表了题为"中国语境中的日本明治维新"的演讲。微信公众号"世界文明的阅读与行走",2018 年 1 月 6 日。参阅本书附录 1。

子安宣邦把 1850 年视为是亚洲历史性巨变的开端，在这个时间节点的前后 10 年里，中日两国发生了一系列重要事件：1840 年的鸦片战争，1853 年的佩里远征日本，1859 年的日本口岸开放，1860 年的英法联军占领北京，1863 年的萨摩藩与英国的战争，因此，“1850 年象征着由于欧美发达国家以军事实力要求开埠而使亚洲卷入所谓‘资本主义世界体系’的时期”。[6] 中国和日本同为亚洲国家，在这个“三千年未有之大变局”时刻，面临着两种选择，要么是“自愿走向发源于欧洲的‘世界秩序’或者‘世界史’”，也就是“将自己编入欧洲普遍主义的‘文明’历史当中”；要么是“向世界要求‘秩序’重组的主张”，要求在亚洲建立起一个有别于欧美现代化模式的“东亚近代化”模式。在子安宣邦看来，始于 1850 年的明治时期，东亚被组合到“世界秩序”中，日本通过对“世界史”的历史性体验，把自己构筑成近代国家；而始于 1930 年的昭和时期，已经成为“世界秩序”重要成员的日本，则面向世界提出了重构“世界史”和重组“世界秩序”的主张。日本在国际社会由此具有了双重地位，既是“作为‘国际政治游戏的主要制衡力量’之一的、面向世界要求其‘秩序’重构的地区指导者日本的地位，也是一种面向世界主张扩充其权益范围的帝国主义日本的地位”。[7]

确如子安宣邦概括的那样，日本自明治维新以来，通过迅速加入到世界秩序而成为国际社会的一员，在完成了西方式现代化的前提下取得了国力的巨大增长，在 10 年时间里（1894-1905 年）连续进行了两次大规模战争，一举击败两个老大帝国——中国和俄国，从而奠定了其作为亚洲领导国家的地位，使它俨然可以以亚洲的名义成为一个要求重构世界秩序的新“帝国主义”国家。为配合日本国际政治地位的这个重大转变，需要从历史上和哲学上加以论证，京都学派的哲学家们承担起这项理论使命，那就是重构“世界史的哲学”立场，基于“欧洲近代原理彻底破产”的历史认识，提出与一元论的“欧

6　[日]子安宣邦：《近代日本的亚洲观》，赵京华译，生活•读书•新知三联书店，2019 年，第 13 页。

7　同上书，第 22-23 页。

洲世界史”的统治相对抗的多元论世界史。京都学派的重要代表高山岩男写于 1941 年的《世界史的哲学》提出了纲领性的看法：

> “我们在地球上的人类世界中，必须承认多种世界史、多种历史性世界的存在。总之，坚持历史性世界的多元化立场，乃是考察真实的世界史所不可或缺的条件。”[8]

从理论上看，在世界秩序中主张日本、中国乃至亚洲享有与欧美国家同等的权利，在世界史体系中，亚洲国家的历史不能按照欧洲国家的历史标准来加以书写，进而言之，东方国家的现代性之路也不能完全纳入在西方现代化的轨道中，这样的认识在学理上的合法性和正当性应该是毋容置疑的。“欧洲中心之世界”的时代应该被结束，取而代之以世界各国共同参与的世界，尤其是以日本为领导国家的亚洲参与重组世界秩序，这样的理论主张的合法性和正当性似乎也应该是毋容置疑的。可是，问题在于，这些貌似合法和正当的理论主张为何却在现实中转化为日本向亚洲邻国发起大规模侵略战争的行动？日本要求重组世界秩序的主张为何又演变为与英美国家的战争？“亚洲视野”和“亚洲主义”难道是日本发起战争的理由吗？子安宣邦指出的日本在昭和时代从一个置身于世界体系的“近代国家”向一个“帝国”的转变，其实并非仅仅是“昭和现象”，毋宁是明治时代的政治和思想演变的结果。“亚洲视野”和“亚洲主义”理念从

8　[日]高山岩男：《世界史的哲学》，转引自同上书，第 20 页。子安宣邦认为，高山岩男对源自欧洲近代价值观的一元论统治，进行批判性的对抗而产生了多元文化类型论，而多元文化类型论的最早论述，在和辻哲郎发表于 1935 年的《风土——人学的考察》中已有显著表述。和辻哲郎在该书中强调“风土”（自然环境）对不同文明类型的形成具有决定性意义，提出了三种“风土”类型：季风型、沙漠型、牧场型，认为“历史在高原上发生，在平原上开始对普遍性反思，在海岸上发展了这种反思。”进而认为“亚洲是高原与平原的结合”，特别强调“历史的发生和对普遍性的反省开始只能在东洋看到，西洋只能接受继承了它的发展。”和辻哲郎的“风土”论对源自欧洲的“世界史观”提出了强烈挑战：“世界史必须给不同风土的各国人民留出他们各自的位置。”高山岩男的《世界史的哲学》与和辻哲郎的《风土》一脉相承是显而易见的，那就是重构世界史。参阅[日]和辻哲郎：《风土》，陈力卫译，商务印书馆，2020 年，第 213-214 页。

日本"近代"肇起，就开始主导着日本的自我认识和对外部世界的认识。

"亚洲主义"的形成与嬗变

1840 年中英鸦片战争被人们普遍视为是中国近代史的开始，同时，也被许多日本人视为是日本从近世走向近代的一个转折点。日本史学家增田涉的看法是有代表性的，他认为："鸦片战争是世界史的问题，至少是东洋历史的大问题。在中国，认为鸦片战争的失败，引起了'近代'的觉醒。对于我国也可以说，以鸦片战争为契机转换了历史大方向。"[9] 增田涉在他的著作中记载了这样一个事件：肩负与日本缔结通商条约的美国使节哈里斯在安政四年（1857 年）到访江户时，在幕府将军的首席老中（幕府最高行政官员）堀田正睦的府邸发表了六个小时的演说，他最后特别强调，如果日本不实行开国政策，美国将效仿英国对付中国那样从香港派遣军舰到日本来，用火炮打开日本的国门。增田涉认为，这确实是"历史上决定性的瞬间"，[10] 日本朝野在震动之余决定了向新时代迈进的决心。

如果说幕府末期在英美炮舰的压力下，被迫从"勤王攘夷"的锁国政策走向了开国政策，那么，到了明治维新初期，明治政府选择的则是一条主动开国的路线，从制度转型、置产兴业、文明开化、国民教育到社会生活各个领域，都采取了向西方学习的立场，日本由此进入了"鹿鸣馆时代"。[11] 但在新的时代氛围中，日本并没有成为一个西方式的国家，明治维新的主要任务是"王政复古"，一方面是重建

9　[日]增田涉：《西学东渐与中国事情》，由其民、周启乾译，江苏人民出版社 2011 年版，第 33 页。

10　同上书，第 35 页。

11　鹿鸣馆是日本明治维新后在东京建的一所西洋风格的会馆，是达官贵人们聚会的主要场所，代表着日本最西方化的生活方式和交际方式。

天皇的中央集权，另一方面则是重建日本的民族精神。用宫崎市定的话来说，“随着中央集权的明治政府的成立，勤王攘夷史观马上转变为皇威发扬史观、日本民族发展史观”[12]。而就“日本民族发展史观”而言，宫崎市定认为：“明治维新是日本民族的觉醒，其实也可以说是亚洲各民族觉醒的先驱。欧洲实现产业革命以后，势力不断向外伸张，亚洲逐渐沦为其殖民地；与之相抗衡的，是位于亚洲东端日本的觉醒，这种觉醒不久就扩展到了整个亚洲。从这一结果来看，明治维新也是世界历史上的重大事件。”[13]

从制度转型观察，明治维新无疑具有双重性质，就它所完成的王政复古、废藩置县、版籍奉还等措施来看，这是封建的幕府体制向中央集权的天皇体制的转变；就它所完成的君主立宪、置产兴业、文明开化、富国强兵等措施来看，这是近世社会向近代社会的转变。明治时代围绕着这两个转变所展开的思想启蒙、政治实验、党派斗争和各种风云人物前赴后继的表演，以及繁芜复杂的世界形势和东亚形势的变化，实际上始终贯穿着两条主线，那就是宫崎市定所提到的皇权史观和民族史观。皇权史观的集大成者主要体现在明治宪法中，该宪法赋予了天皇至高无上的权力，这个权力最后导向了一种“极端国家主义体制”（丸山真男语）。而民族史观则在持续支持皇权史观的漫长时间里，衍生出它的各种理论形态，从日本主义到亚洲主义再到大亚洲主义，以及关于东亚主义和大东亚主义的各种叙事。值得注意的是，在民族史观不断甚嚣尘上的时代氛围中，日本的民族主义话语大多是以“亚洲主义”话语形式出现。

狭间直树撰写的《日本早期的亚洲主义》一书，对日本“亚洲主义”话语的形成和演变做了系统的考察。他首先对“亚洲主义”这个概念（同类词有“大亚洲主义”和“泛亚洲主义”）的核心意义作出界定：“对抗欧洲、振兴亚洲”。[14] 之所以将亚洲置于和欧洲的对抗性

12　[日]宫崎市定：《日出之国与日没之国》，译者：张学锋、马云超，上海古籍出版社 2018 年版，第 186 页。

13　同上书，第 185 页。

14　[日]狭间直树：《日本早期的亚洲主义》，张雯译，北京大学出版社，2017

关系中，是因为欧洲首先侵略了亚洲，"为了避免被侵略和灭亡，亚洲必须引进欧洲的先进性（富强），即亚洲一方必须在于欧洲形成地理和空间性的对抗关系基础上，走追求欧洲式富强的路线。亚洲主义必须在这种错综复杂的二重关系中形成。"[15] 也就是说，亚洲通过学习欧洲的富强之路来抵抗欧洲的侵略。

按照狭间直树的概括，从 1880 年至 1945 年战败，亚洲主义 65 年的历史可以划分为早期、中期和晚期。早期的亚洲国家（特别是中日两国）关系基本平等；中期变为在列强协调框架下，以日本的优势为亚洲轴心；晚期则是将日本推向顶峰。亚洲主义不仅仅是理论主张，而且也演化为各种组织形态。曾根俊虎于 1877 年创立的"振亚会"是日本亚洲主义的第一个组织，其宗旨是"振起亚洲诸国之衰弱，挽回往昔之隆盛"。[16] 其后继者"兴亚会"创立于 1880 年，该会宗旨与振亚会一脉相承，订立《兴亚会规则》十七条，第一条规定兴亚会的性质是"本会研究亚细亚诸邦之形势、事情，并以习得语言文章之学为其事业目的。"[17] 副会长渡边洪基在演说立会宗旨时特别强调，要维护亚洲"同族、同文、同教的一致团结"，学习欧美诸国，并与其对抗，中日两国志士尤其要联合起来。清廷驻日第一任公使何如璋赞同兴亚会宗旨而入会，看到章程后"拍案称快"，他说："呜呼今日时局，唯我亚洲最不振，然欲维持同州大局，非中东（清、日）合力，则不足以御外侮。"[18] 时任《循环日报》社长的王韬，也加入兴亚会，在报纸上宣传该会宗旨是"振兴亚洲大势"。兴亚会之后，日本还先后成立了"亚细亚协会"（1882 年将"兴亚会"改名为"亚细亚协会"）、"东邦协会"（1891 年）、"东亚会"（1898 年）、"同文会"（1898 年）、"善邻协会"（1898 年）、"东业同文会"（1898 年由"东亚会"和"同文会"合并）。狭间直树认为，"东亚同文会"的成

年，第 13 页。

15　同上书，第 3 页。

16　参阅同上书，第 22 页。

17　参阅同上书，第 34 页。

18　转引自同上书，第 47 页，

立，标志着日本亚洲主义从早期阶段进入到中期阶段，早期的亚洲主义将中国置于中心位置，而中期的东亚同文会的宗旨是“保全支那，帮助支那改善”，首任会长是近卫笃麿（1896-1903 年任帝国议会贵族院议长），他的政治立场从“日清同盟论”转变为“支那保全论”。东亚同文会在他的领导下获得了日本政府的大力支持，成为半官半民的组织，其对中国的立场随之发生重大转变，对康梁改良派和孙文革命派的支持都变得消极。此时日本以亚洲先进国家自居，自认负有保全支那和解放亚洲的历史责任。[19]

从兴亚会到东亚同文会，日本“亚洲主义”从团结亚洲诸邦、联合中国、共同抵抗欧洲的立场，嬗变为以日本为亚洲先进国家、保全支那、解放亚洲的立场，根本的原因是源于日本国力的强大和日本已经基本完成“近代国家”的转型。1894 年中日爆发甲午战争时，中国的军事武器装备从数量上看与日本不差上下，但就军队训练水平、近代化程度而言，日本具有明显优势，其军事体制随国家政治转型成功而具备“近代”性质。[20] 正是基于中日两国制度转型的重大差距，福泽谕吉早先从文明论的角度来重新确定亚洲各国在世界文明谱系中地位，对于重塑日本朝野的亚洲观和中国观就变得极为重要，亚洲主义的“振亚”论变成了“脱亚”论，亚洲主义的“善邻”论变成了“恶邻”论。子安宣邦充分揭示了日本亚洲主义嬗变的焦点所在：

“日本近代国家的成立，要求东亚的中华中心之文明论政治图式的变更与重组。始于福泽谕吉（1835-1901）《文明论概略》（1875 年）

19　梁启超和孙中山此时在日本因为改良和革命的不同理念正陷入在互相争斗之中，但他们对东亚同文会提出的“支那保全”论均提出批评，梁启超在《清议报》上发表评论：“欧人日本人动曰保全支那，吾生平最不喜闻此言。支那而须藉他人之保全，则必不能保全；支那而可以保全也，则不必藉他人之保全。言保全人者，是谓侵人自由。望人之保全我者，是谓放弃自由。”孙中山亦写了题为《支那保全分割合论》的文章，原则上对保全论和分割论进行了综合批判，但对援助自己的保全论者的批评留有余地。参阅同上书，第 153 页，161 页。

20　参阅宗泽亚：《清日战争 1894-1895》，北京联合出版公司，2014 年，第 26-32 页。

的近代日本文明论的中心课题之一，就是怎样将日本定位于东亚文明的中心位置，以取代中国。新文明当然是始于近代欧洲的文明，明治时期的文明论或者文明史的课题，便是要从历史上证明日本如何在亚洲成为继承欧洲文明的嫡传弟子的。”[21]

从文明论到“脱亚”论

“脱亚”论的首创者非福泽谕吉莫属，他在明治十八年（1885 年）三月十六日的《时事新报》上，以《脱亚论》为题撰文，明确指出：“朝野无别，采择西洋今世之文明，摆脱旧套，开全新之机轴于亚细亚，其主义唯‘脱亚’两字。日本地处亚细亚东部，而起精神深处，业已摆脱亚洲固陋，朝向西洋发展”。[22] 福泽的主张非常明确，毫不含糊，脱亚就是“向西洋发展”，就是入欧，脱亚和入欧如同一枚硬币的两面，不可分割。他在自己的自传里曾写道：“我在日本竭力提倡洋学，定要使日本变成一个文明富强的西式国家，因此使庆应义塾成为西洋文明的向导，宛如西洋文明的东道主，一手包办西洋文明制度的买卖，或是洋学在日本的特别代理人”。他还说：“我的目的不是教年轻人读外文原著，而是使闭关自守的日本打开门户，走向西方那样的文明世界，最终富国强兵，跻身文明诸国”。[23] 因此，福泽谕吉提出“脱亚”论时尽管没有提到“入欧”两字，但纵观其理论的价值倾向，“脱亚”的指向性是非常明确的，那就是脱离中国和朝鲜这样的“东方恶友”，尤其是要脱离中国对日本已经持续了上千年的历史影响；而“入欧”的方向性也是非常明确的，那就是拥抱西方文明，在政治、经济、军事、科技、教育和社会生活各个领域，全面向西方

21　[日]子安宣邦：《近代日本的亚洲观》，第 105-106 页。

22　[日]福泽谕吉：《脱亚论》，时事新报明治十八年（1985）三月十六日，转载盛邦和：《亚洲认识》，上海人民出版社 2019 年版，第 109 页。

23　《福翁自传》第十章、第十二章，转引自[英]艾伦·麦克法兰：《福泽谕吉与现代世界的诞生》，周坚译，深圳报业集团出版社，2019 年版，第 96 页。

学习。“脱亚入欧”论的实质既是全盘西化论，也是去中国中心论。用子安宣邦的话来说：“日本的近代史也就是把东亚中的中国从日本的政治地理上或者从日本人的意识层面抹消的实验过程”。[24]

事实上，在福泽谕吉公开提出“脱亚”论之际，全盘西化的浪潮已经在日本全境形成了势不可挡的局面，福泽的文章不过就是像在熊熊的烈火上又浇上了一大桶油。明治维新前“兰学”在日本的兴起与普及，昭示着一个前所未有的“新学”的崛起，它对日本的“旧学”——从朱子学到古学再到国学，都构成了根本性的挑战。明治维新确立的“五条御誓文”，将“求知识于世界，大振皇基”作为其中的一条，表明明治新政府在当时已经充分意识到学习西方新的知识对于振兴皇国的基石性作用。大致在明治六年（1873 年）前后，为促进文明开化，明治政府大力推行新学制、征兵制和地租改革，明确了日本近代公民的三大义务——接受教育、服兵役和纳税；同时，引导国民开启新的生活方式，提倡散发、废刀、穿西洋服饰。该年成立的“明六社”，标志着一个自由民权运动的兴起，西洋教育蔚然成风，民办报纸和杂志如雨后春笋般纷纷成立，以倡导西方普世价值为核心的思想启蒙开始在日本广泛展开。在此期间，福泽谕吉当之无愧地起到了思想领袖的作用，他于 1872 年开始撰写《劝学篇》，1875 年出版《文明论概略》，这两本著作，用他自己的话来说，构成了“一部精湛完备的文明理论，从而使日本的面貌为之一新”。[25] 正是从文明论的视野出发，福泽谕吉把当时世界上的不同国家划分为文明、野蛮和半开化，认为西洋国家是文明的国家，土耳其、中国、日本等亚洲国家属于半开化的国家，而非洲和澳洲的国家算是野蛮的国家。基于这个划分，他明确认为：“如果想使本国文明进步，就必须以欧洲文明为目标，确定它为一切议论的标准，而以这个标准来衡量事物的利害得失。”[26] 尽管作出这个判断时作者并不认为西洋文明已经尽善尽

24　[日]子安宣邦：《近代日本的亚洲观》，第 2 页。

25　[日]福泽谕吉：《文明论概略》，北京编译社译，商务印书馆，1960 年，第 4 页。

26　同上书，第 11 页。

美，但从文明比较角度来看，他确信欧洲文明是“现在人类的智慧所能达到的最高程度”。

以文明论的标准来衡量中日的文明化程度，福泽谕吉认为日本在汲取西洋文明方面，表现得要比中国更容易些，原因就在于中国在“专制政府”的统治下将“至尊的地位和最高权力集中于一身而支配着社会”，而日本的“神权政府”则是实行天子和将军的二元权力结构：“至尊的天子”没有“至强的权力”，“至强的将军”却没有“至尊的地位”。[27] 这实际上涉及到中国作为帝制国家和日本作为封建制国家的重大制度差异，由此决定了中日政治转型以及文明进化的重大差距，一旦这个差距达到了无法弥合的程度，日本对中国的态度和立场必然会发生转变，去中国化就会成为“脱亚”战略的核心诉求。

福泽谕吉从劝学篇到文明论再到脱亚论，贯穿着他对文明本质的深刻理解和以西洋文明为目标的基本立场，他的思想高度就在于，“脱亚”论的根据，既不是来源一种地缘政治观，将中日之间的地缘政治冲突视为“脱亚”的前提，也不完全是在宣扬一种民族主义思想，而是以一种文明论的思维——从文明与野蛮、先进与落后相对立的视角——来重塑一种新的“亚洲视野”，强调“文明既有先进和落后，先进的就要压制落后，落后的就要被先进的所压制。”[28] 落后国家要避免被先进国家所压制，唯一的路径就是要向先进国家学习文明的制度，主动完成向文明国家的转型。在这个历史进程中，福泽谕吉的文明论并不主张弱肉强食的丛林法则，他最为突出的理论贡献是，在《劝学篇》中开篇从“天不生人上之人，也不生人下之人”的原则出发，强调人作为万物之灵，生而平等；进而认为，国与国之间也应该秉持平等的原则。如他所言：“只要真理所在，就是对非洲的黑人也要畏服，本诸人道，对英美的军舰也不应有所畏惧。如果国家遭到侮辱，全体日本国民应当拼着生命来抗争，以期不使国威失坠。”[29] 正是基于平等、自由、独立的观念，福泽试图在“民权”论和“国

27　参阅同上书，第 18-19 页。

28　同上书，第 177 页。

29　[日]福泽谕吉：《劝学篇》，群力译，东尔校，商务印书馆，1958 年版，第

权"论之间达到一种平衡，即"对外基于国际公法与各国建立邦交，对内向人民宣示自由独立的原则。"[30] 用现在的话来说，就是达到"人权"和"主权"的统一。而就民权（人权）和国权（主权）的关系而言，福泽事实上更强调民权的重要性，认为根基于个人主义和世界主义的民权论是天然的正道，而人为的国权论只是"权道"（权宜之道）。[31] 国权之独立是取决于民权之独立，没有人民的独立精神，就不会有国家的文明和国家的独立。

福泽谕吉无疑是明治时期涌现出来的最伟大的思想家，按照西方学者的评价，他的文明论极大地影响了日本走向西方文明的进程，亦被国人誉为"日本文明最有力的推动者"，他"就像法国的百科全书编纂者，为全民的启蒙和社会变革而努力"。[32] 但是，福泽谕吉开创的文明论的思想路线并未一以贯之到底，其"脱亚"论亦没有完全按照文明进化的逻辑为日本在亚洲开出一条和平发展之路，反而以实现亚洲文明的名义加速将日本推进到对外战争的轨道中。自中日甲午战争以来，日本的亚洲观再次发生了重大转变。

从"脱亚入欧"到"脱欧返亚"

从明治维新的实际进程来看，"脱亚入欧"论所取得实际效果是极其惊人的，在短短三十年的时间里，日本从一个蕞尔小国迅速成长为一个东亚大国，并开始具有世界性影响。1894 年的中日甲午战争和 1905 年的日俄战争是标志性事件，显示出一个新生的日本通过政治制度转型一举击败了亚洲和欧洲的两个老大帝国，不仅让世界列强刮目相看，而且极大激发出日本的民族自豪感和民族主义情绪。福泽谕吉就是在中日甲午战争之后欣然地认为，他不需要再为国家的

　　4-5 页。

30　同上书，第 5 页。

31　参见同上书，第 28 页。

32　参阅［英］艾伦·麦克法兰：《福泽谕吉与现代世界的诞生》，第 4 页。

前途担忧了，新日本的文明富强已经来临，他以后只需要去讨论道德和宇宙的哲学问题。[33]

然而，正是以中日甲午战争和日俄战争为转折点，日本在其后的历史进程中并没有沿着"脱亚入欧"的路径一直走下去，相反，发生了新的思想转型，从欧美的立场又开始退回到亚洲的立场，对此，我谓之"脱欧返亚"。丸山真男在论述福泽谕吉的"脱亚"论时曾认为，把维新以来到今天的现实历史过程概括为"脱亚入欧"是否妥当，属于近代日本的全盘性问题。丸山的质疑是：假如"脱亚入欧"真能象征日本近代的根本动向，那么，作为"大日本帝国"精神支柱的"国家神道"从明治时出现了全国性的组织化，到伴随第二次世界大战日本的失败和盟军的命令而被迫走向解体的历史，难道能用"脱亚入欧"一词来表现吗？那个镶嵌着浓厚儒教道德色彩的"教育敕语"（1890 年颁布），究竟在什么意义上属于"脱亚"和"入欧"？随着日中战争的扩大，新设的"国民祭日"（1939 年 9 月起每月一天）被命名为"兴亚奉公日"，而 1941 年以后第二次世界大战中日本所谓"圣战"的思想根据，也正是所谓"大东亚共荣圈"的确立。在这样的历史动向中，哪里有什么"脱亚"意识和"入欧"意识？那些由"大日本帝国"高唱的"亚洲主义"不过是令人嗤笑的虚伪意识而已，这已经为历史所证明。[34] 基于上述质疑，丸山认为，把"脱亚入欧"视为福泽谕吉独创的词组而大肆传播，甚至被作为福泽思想的关键用语流传于学界，进而波及一般的新闻出版界，会严重阻碍人们对福泽思想的客观理解。丸山，曾被人认为是福泽谕吉最杰出的继承者，[35] 却前所未有地揭示出福泽谕吉以"脱亚"论为核心的亚洲主义叙事的悖论性质。

丸山高度评价福泽谕吉在日本思想史上巨大贡献，称赞其是日

33　参见艾尔伯特·克雷格：《明治时代民族主义的哲学奠基人福泽谕吉》，第135 页，转引自艾伦·麦克法兰《福泽谕吉与现代世界的诞生》，第 105 页。

34　参阅［日］丸山真男：《福泽谕吉与日本近代化》，区建英译，北京师范大学出版社，2018 年，序言第 7 页。

35　参阅自艾伦·麦克法兰《福泽谕吉与现代世界的诞生》，第 8 页。

本的“伏尔泰”，是明治时代的思想家，也是现代思想家，他认为福泽留给后世的最大遗产不是政治理论，而是他对日本人的思维方式和日常生活态度的透彻批判，主张从一切对某种价值绝对化的迷信中解放出来，倡导树立男女之间的新伦理，提倡在教育中尊重自发性和想象力。这个评价实际上体现着丸山对福泽政治理论的批判性思考，在他看来，福泽的“过失”和“偏向”主要就是集中在国际政治理论中，即他的“国权”论没有一以贯之地坚持“民权”高于“国权”的主张，在“国权”论上发生了前后的本质变化。丸山指出：

“随着日本周围国际形势，尤其是明治十年代朝鲜改革问题所导致的形势的恶化，谕吉的国权论渐渐失去了初期的自然法色彩，向‘国家理由’的主张转化。他最初对现实国际政治的构想，是与欧洲帝国主义对抗的东洋共同防卫构想。但当他看到朝鲜和中国清代儒教主义根深蒂固的现实，并为此感到骄躁和绝望时，又反而产生出一种确信，认为推进东洋近代化的使命应由日本来承担。”[36]

确如丸山所指出的那样，日本民族主义的内在紧张——民族意识的整合与外部世界的紧张关系——并没有在福泽谕吉的自由主义理论框架中获得解决，而这种紧张关系其实一直体现在明治维新之后日本对中国、朝鲜包括对后来的俄国、英国和美国的关系之中。福泽文明论的宏大构想无疑于是指向建设一个独立的、自尊的、强大的日本，但是，在日本与外部世界的现实关系中，民权和国权的平衡则始终难以被正常建构起来，以致福泽也不可避免地陷入在民权主义和国权主义的悖论之中。丸山真男精辟地看到了福泽的悖论所在，即福泽作为个人主义者的同时，也扮演着一个国家主义或国权主义的角色，或者说，福泽在日本面临着弱肉强食、强权环伺的国际形势以及与朝鲜、中国的地缘政治冲突而不得不对国内声浪日高的国权论作出重大妥协。按照丸山的划分，福泽的国际社会观到写《劝学篇》（1872-1876年）时为止，基本上是以启蒙主义的自然法为根基，并

36　同上书，第 4 页。

主张以自然法支配的国际平等观，但大致在四年之后（1880 年），福泽的国际社会观便转向了对“强权即公理”的认可，所谓“百卷之万国公法不如数门大炮，几册和亲条约不如一筐弹药。”[37] 福泽面向国际政治现实的妥协，由此可见一斑。

福泽从“民权论”转向“国权论”，从自由主义转向民族主义，反映了当时日本思想界的民族主义浪潮已不可阻挡，“亚洲主义”叙事越来越趋向于一种民族主义叙事，即使像福泽这样在日本引领风气之先的思想领袖亦不得不主动或被动地去适应这个浪潮。丸山真男所说的“福泽的民族主义”，也就是“近代民族主义”，是力图和自由主义达成某种平衡，但在其他思想领袖那里，比如本来也属于“明六社”的思想家加藤弘之，则从民族主义完全转向了国家主义的理论建构，成为明治政府中对国家决策有决定性影响的“学帅”。至于像德富苏峰那样的民族主义者，曾被人称之为“日本的梁启超”，以创办“民友社”和《国民之友》杂志而著名，提倡平民主义，反对藩阀政治，但自壬午之乱后“韩事”再起，尤其是在甲午战争前后，为配合明治政府对朝和对华关系的激进政策，德富苏峰彻底改变立场而鼓吹《大日本膨胀论》，明确认为：“我国民在向世界各处膨胀之际，不要忘记其大敌不是白色人种，而是支那人种。”“我国将来的历史，无疑就是日本国民在世界各地建设新故乡的膨胀史。”[38]

在日本民族主义大肆膨胀的时代氛围中，当然也就必须对原有的“亚洲主义”那套话语体系进行重新改写，“亚洲主义”不再是“兴亚”“振亚”或“亚洲团结”的理论主张，而毋宁是全面确立日本在东亚的领导地位进而向世界扩张的意识形态。日本此时的“亚洲视野”，向国民展望的不仅是要“去中国化”，而且还要“去欧洲化”，在“脱亚入欧”之后又开始启动“脱欧返亚”的历史进程。日本重新返回的“亚洲”，已不再是以中国为中心的亚洲，而是以日本为中心的亚洲。

37　转引自丸山真男：《福泽谕吉与日本近代化》，第 87 页。

38　转引自杨栋梁主编：《近代以来日本的中国观》第三卷，刘岳兵著，江苏人民出版社，2012 年，第 348、349 页。.

美国学者 R·塔格特·墨菲在《日本及其历史枷锁》一书中，以“现代日本悲剧的明治根源”为题，试图回答日本究竟在哪里出了错这个重大历史问题。在他看来，日本在明治时期犯下了双重错误，一方面，日本“很像一个移民或暴发户拼命地想隐瞒自己的身世。随着明治时代的推进以及领袖们的努力取得了成效，日本对亚洲其他地区的蔑视越发严重，也越发明显，在 1895 年甲午中日战争中取得胜利之后，更是达到了病态的程度。”另一方面，“在蔑视亚洲的同时，日本对西方的效仿可以说到了荒谬的程度。”[39] 结果，日本对亚洲和西方的同时误判，最终导致了致命的政治后果。墨菲这个看法无疑是深刻的，但需要进一步追问，现代日本悲剧的“明治根源”又是如何形成的？从“脱亚入欧”到“脱欧返亚”，明治思想转型的两条相反路径是如何形成的？“亚洲主义”的深刻悖论又是如何形成的？为什么会有这种颠覆性的反复？回答这些问题，需要探讨日本从德川以来直至明治时期的思想变迁，明治思想不是突如其来的，明治思想转型及其变化有着从德川以来思想史的深刻逻辑，“脱亚”的核心即“去中国化”实际上是在德川朱子学的解体过程中逐渐成为主流，进而成为日本民族主义的先声。

39　[美]R·塔格特·墨菲：《日本及其历史枷锁》，李朝津译，中信出版集团，2021 年，第 82-83 页。

二、从德川到明治的思想转型

——日本民族主义的形成与演变

日本的思想和文化何时独立于中国？

中日两国在历史和文化上的紧密联系已有上千年时间，中国作为日本的思想和文化母土是毋容置疑的。史载公元 600 年，在圣德太子摄政时期，日本先后四次遣使隋朝，向中国学习佛法和律令制度，日本的"大化革新"显然是在中华政制文化的影响下发生的。隋帝国二世而亡，更为强大的唐帝国取而代之，"贞观之治"所形成的繁荣的政治、经济和文化景象吸引了万邦来朝。舒明天皇二年，日本首次派出遣唐使，其后在近两百年时间里持续遣使中国（据说多达 19 次之多），向中华帝国全面学习国家治理的制度和文化，包括医学、天文学、建筑学、农学、手工艺、食品学等等，涵盖的范围极其广泛。[1] 日本平安时代的高僧圆仁和尚撰写的《入唐求法巡礼行记》，记录其公元 838 年乘船入唐，经扬州至山东，过河北至五台山，

---

[1] 韩昇著《遣唐使和学问僧》对日本遣华史有比较详细的描述，认为中日在东汉光武年间就有来往，倭国向东汉朝贡，东汉封其国君为"汉委奴国王"并授以金印。到中国三国时代，倭国一再主动入朝，而曹魏也派遣使节到倭国，册封国王，任命官员，倭国被纳入汉魏的国家关系体系。日本圣德太子执政时期，重启遣使中国，于隋文帝开皇二十年（公元 600 年），派使者到达长安，后又多次遣使隋朝，隋书均有记载。到了唐朝，日本遣使中国更加频繁，该书统计有 18 次之多。唐朝也多次派使节回访日本，最著名的就是鉴真大和尚东渡日本弘法，成为中日交往史上的重要事件。参阅氏著：《遣唐使和学问僧》，中华书局、上海古籍出版社，2011 年。

再西行抵达长安，因遭遇会昌灭佛而于 847 年返回日本的经历。此时盛唐景象已不再，到处都是"不绝兵马"的乱象，"天下毁拆佛堂、兰若、寺舍已尽"，"又天下焚烧经像、僧服罄尽"，佛学世界遭遇灭顶之灾，圆仁"痛当奈何"，只能"觅船发送归国"。[2] 自圆仁归国之后，日本不再遣使中国，但中国思想和文化对日本的影响力依然持续存在。宫崎市定专门对圆仁赴唐求法的动机做过解释，认为在当时日本的佛学界，留唐归来的学问僧备受尊崇，明治年间留洋归来的人根本无法与之相比，"入唐求法僧这个光环，一直到死都不会失去光芒，其权威远远超过僧位、僧职。"圆仁从大唐回到比叡山，就是凭借在大唐学到的新知识树立了自己的权威地位，镇住了僧众。[3]

中国佛学对于日本的巨大影响至德川时代开始式微，取而代之的是中国儒学成为建构日本新的精神世界的主要思想资源。在中日思想交流史上，德川时代可以被看作是日本大规模地、成体系地学习和引进儒家思想的时代。所谓大规模，是指朱子学不仅成为德川幕府的官学，而且也成为流布于民间的私学，当时的大儒山崎闇斋开设学馆，弟子多达六千余人，影响广泛，波及市肆野乡。所谓成体系，是指日本儒者对中国儒家思想的引介不是像以往朝代那样，仅限于片鳞半爪，抓住一点，不及其余，而是选择系统地引进和研究朱子学，并从朱子学出发，回溯先秦儒学，经历了从宋学的大学、中庸主义，到伊藤仁斋的论语、孟子中心主义，再到荻生徂徕的"六经"中心主义，并且在方法论和语言学上完成了从理学到古义学再到古文辞学的演变。[4] 儒学何以在德川时代被确认为官方的意识形态，或者说朱子学成为德川幕府的官学？丸山真男在他的代表作《日本政治思想史研究》中有精辟的概括，他主要是基于两点理由：一是儒学内在地

2　[日]圆仁：《入唐求法巡礼行记》，长江出版传媒、崇文书局，2022 年，第 161 页，158 页，159 页。

3　参阅[日]宫崎市定：《日出之国与日没之处》，上海古籍出版社，2018 年，第 9-10 页。

4　参阅吕玉新：《政体、文明、族群之辩：德川日本思想史》，香港中文大学出版社，2017 年，第 105-134 页。

具有其普适性的价值，在传播异域的过程中被不断地"抽象化"和规范化；二是儒学的思想结构大致符合日本幕府体制的"封建性"，在类型上可以同作为儒学前提的中国帝国结构相对照。"要而言之，日本近世封建社会的社会结构与儒学伦理的思维结构在类型上相似，这就是近世儒学作为最强力的社会伦理在思想界中能够占据指导地位的客观条件。"[5]

德川时代摆脱了对宗教（主要是佛教）的依附而走向了儒学的思想建构，这个情况表明，日本的思想和文化在德川时代进一步以中国儒学思想为向导，在朱子学的基础上建构了这个时代的精神世界。以藤原惺窝、林罗山父子、山崎闇斋等为代表的大儒，对于朱子学的阐释和推广尽心尽力，不仅在学理上深信朱子学对于德川时代建构与幕府制度相适应的思想秩序、政治秩序和社会秩序的重要性，而且还转化为在信仰上对朱子学的一种不问过错的虔诚态度。山崎闇斋的话是有代表性的，他说："学朱子而谬，与朱子共谬也，何遗憾之有？"[6] 由此可见，德川初期朱子学在几位大儒的推动下并在幕府官方的支持下，已成为社会公认的知识和道德准则。丸山真男认为："这些朱子学家对待程朱几乎就像对待圣人一样皈依不二，因此他们的学说也只是忠实地介绍程朱的学说而没有越雷池一步。"[7] 他由此很不客气地将德川早期的朱子学大儒称之为"精神奴隶"。

从佛学到儒学，日本从中世到近世的一千余年时间里始终处在中国思想和文化的巨大影响之下，但它并没有像朝鲜那样成为中国朝贡体系中的一个藩属国，日本通过"大化革新"建立起来的唐式律令制国家，和中华帝国的治理模式有着重大差异。到了德川幕府统治时期，国家最高权力的二元结构——天皇享有国家名义上的最高权力和将军掌握国家实际上的最高权力，使日本更像是一个封建制国

5　[日]丸山真男：《日本政治思想史研究》，译者：王中江，生活·读书·新知三联书店，2000 年版，序言，第 7 页。

6　转引自同上书，第 23 页。

7　同上书，第 20 页。

家而不是一个中央集权制国家。[8] 宫崎市定在他的《日出之国与日没之处》一书中认为："西方人和中国人动辄认为日本因靠近中国而被包含在中国式体制之中，不得不说这是一个极大的误解。数千年以来，日本始终独立于中国体制之外，保持着日本式体制，并且不断地用日本式体制撼动着中国。"[9] 宫崎市定这本著作的书名就是来源于推古天皇遣使隋朝觐见隋炀帝时所发出的问候："日出处天子致日没出天子，无恙"，这被宫崎市定视为是日本独立于中国的一个重要标志。他由此认为："虽然东亚范围内有时也有国家向中国要求平等，但都早已灭亡，只剩下日本数千年来始终维持着平等的精神，这就是日本式体制对于世界历史的意义。"[10]

从日本独立于中国朝贡体系以及两国之间的重大制度差异而言，宫崎市定认定日本在历史上始终处于和中国的平等地位，的确未尝不可。问题就在于，地理和政治上的独立是不是就意味着文化上的独立？内藤湖南先生对这个问题的看法显然要比他的弟子更为客观一些，他认为大致在十三世纪末至十四世纪的日本南北朝时期，由于日本面临社会革新的形势，"以往一切皆墨守中国陈规的日本文化也

8　法国年鉴学派史学大家马克·布洛赫撰写的《封建社会》一书，研究了日本的封建化状况。作者认为日本在公元 7 世纪末受到中国的影响建立了政府体系，大约到 11 世纪，"习惯上称之为封建社会的时期开始了"，日本的封建主义按照欧洲封建制的标准来看，似乎并不典型，两者的差异在于附庸化的程度，也就是说，"日本的附庸制是比欧洲附庸制程度高得多的从属行为，其契约性质则少得多。日本的附庸制更为严格，因为它不允许效忠多个领主。"参阅［法］马克·布洛赫：《封建社会》下卷，李增洪等译，商务印书馆，2004 年，第 705-706 页。马克思在其《资本论》的一个注释中，谈到日本德川时期的社会性质，认为日本有"纯粹封建性的土地占有组织和发达的小农经济"，与欧洲中世纪的社会状况极为相似。参阅《马克思恩格斯全集》第 44 卷，人民出版社，1995 年，第 824 页注释。中国史学大家冯天瑜撰写的《封建考论》，对日本作为"东洋版的封建制度"进行了更为系统的考证和阐释，认为"日本的武家政治是一种典型的封建制"，明治维新实行的主要政策：王政复古，公武合体，废藩置县，版籍奉还，实质是去封建化，重新建立中央集权制国家。参阅冯天瑜：《封建考论》，线装书局，2020 年。第 176 页-190 页。

9　［日］宫崎市定：《日出之国与日没之国》，第 126 页。

10　同上书，第 128 页。

面临得以独立的机遇。"[11] 独立的主要标志是北畠亲房于 1339 年编撰了六卷本《神皇正统记》，该书记述了从神武天皇到后村上天皇的皇位传承的历史。湖南先生对该书给予了高度评价，他认为日本历史上能够提出自己的真知灼见并付诸笔墨的人寥若晨星，"《神皇正统记》是一部令人景羡的皇皇历史巨作"[12]，该书开辟了明治维新王政复古思想的先河，同时也意味着日本文化独立的开始，"在此之前，日本敬仰中国，而在这一时期，中国已不足道，印度亦不足道，没有哪个国家能像日本如此尊贵，这样一种观念成为了当时的新思想，这一时期日本的文化正是基于这样一种观念才得以实现独立。"[13]

德川朱子学与日本民族意识的觉醒

宫崎市定从政治史观、内藤湖南从文化史观来阐释日本政治和文化的独立性，显然都贯穿着一种民族史观或民族主义叙事，因此，他们关于日本如何以及何时独立于中国的史学见解究竟在多大程度上符合中日两国文化交往的实际历史情况，则需要进一步探讨，民族意识和民族观念有可能会遮蔽或妨碍他们对历史的某些事实判断。在我看来，在宫崎市定和内藤湖南的历史叙事中，至少没有合理地解释：为何在德川时代，也就是湖南先生所说的南北朝终结之后约两百多年，日本重新从中国引进朱子学，并将朱子学确立为幕府的官方意识形态和社会的基本道德准则？由此是不是可以进一步问道：到了德川时代，日本独立的文化意识、历史意识和民族意识实际上并没有从中华文化的巨大影响下脱颖而出？或者更准确地说，日本文化独立于中国的这一历史性任务，是在德川时代的朱子学确立其思想统治地位之后才逐步开始的？

11　[日]内藤湖南：《日本历史与日本文化》，商务印书馆，2012 年，第 105 页。
12　同上书，第 112 页。
13　同上书，第 118 页。

　　按照日本思想史权威源了园的看法，德川三百年是一部“被推迟的近代”的历史，在德川时代之前的安土、桃山时代，日本在精神层面上已经达到了与文艺复兴时代的欧洲相差无几的高度，日本进入了“下剋上”的社会大动荡之中，以织田信长为代表的一代枭雄[14]，不仅对前人主张自我，甚至面对神佛也不忘张扬自我的精神，可以与15世纪显赫一时的凯撒·博尔吉亚相提并论。[15] 但是，织田信长之后，丰臣秀吉颁布的“狩刀令”和德川家康建立的身份制度以及德川家光时代颁布的“锁国令”，导致“德川幕府在建立幕府初期实施的大部分政策对日本走向近代都起到了阻碍作用”，“确立近代资本主义十分困难”，“对这期间西方世界所发生的惊人进步和变化几乎毫无所知”。[16] 也就是说，德川时代本来应该和欧洲同步完成的“近代化”进程，因为受阻于德川政权实施的身份制度和“锁国令”而开始踏上一条与近代欧洲截然不同的发展道路。[17] 朱子学之所以被德川

14　织田信长（1534—1582年），日本战国时代到安土桃山时代的大名，被称为“日本战国三杰”之一，他实行“天下布武”政策，即以武家政权支配天下，终结了室町幕府。天正十年（1582年）6月，在即将一统全国前夕，于京都“本能寺之变”中被心腹家臣明智光秀谋反而自杀。他死后，部将丰臣秀吉和德川家康在他奠定的基础上完成了统一全国的大业。

15　凯撒·博尔吉亚（Cesare Borja，1476？—1507年），教皇亚历山大六世的私生子，曾经担任过瓦伦西亚大主教和枢机主教，以邪恶、残忍和卓越的军事指挥才能著称，被称之为博尔吉亚家族中最恶名昭著同时也是最具魅力的一个人物，同时代的大画家达·芬奇形容其拥有“宁静的面孔和天使般清澈的双眼”，却残酷贪婪，为了权力和财富不择手段。马基雅维利以他为原型撰写了传世之作《君主论》，后来独裁者希特勒、墨索尼里等都对他顶礼膜拜。此人在一次可疑的战斗中被长矛穿胸而死。

16　参阅[日]源了园：《德川思想小史》，郭连友译，外语教学与研究出版社，2009年，第1-4页。

17　末木文美士撰写的《日本思想史》，认为在德川家光时代，幕府强化了禁止自由海外贸易的政策，完成了所谓的“锁国”（1639年）。但“锁国”一词的出现要晚得多，该词源于兰学者志筑忠雄，他将一部外国人撰写的《日本志》的一部分翻译为《锁国论》（1801年）。不久，又从锁国发展到攘夷还是开国的争论。末木文美士认为，尽管幕府实行锁国政策，但日本并未完全紧逼国门，更确切地说，是把国际贸易往来汇集在长崎一带，置于幕府管制之下。在此期间，不仅日本和荷兰的贸易备受关注，而且日本与满清中国的关系更加密切。参阅氏著：《日本思想史》，王颂、杜敬婷译，北京大学出版社，2022年，第116-117页。

家康所吸引，就在于"家康所期待的是通过儒教来维持秩序，以此来补充其在军事和政治上的统治"，[18] 而他的儒学导师们，从藤原惺窝到林罗山父子，在接触了朱子学之后，是更为深刻地认识到社会在结束长期的战乱之后重建人伦秩序的重要性和迫切性。按照源了园的概括，朱子学对于德川时代的影响主要体现在六个方面：，第一，朱子学提供了佛教没有的世俗伦理；第二，朱子学的"理"就是"上下定分之理"，由此确立社会的上下身份等级关系；第三，朱子学主张"修身齐家治国平天下"，唤醒了武士的公共责任心；第四，朱子学倡导"尊王"论，幕府的权力只有得到天皇的认可才是正当的；第五，朱子学本身具备的合理性具有思辨特征，思辨性是西方自然科学之母；第六，朱子学的"理"在幕末维新时期起到了"自然法"的作用，构成了接受西方国家平等思想的基础。[19]

确立朱子学为德川时代的意识形态，对于巩固德川政权和教化社会意义重大，但这个思想局面其实并没有持续多久，以林罗山于1605 年进入德川幕府担任侍讲为标志，朱子学确立了其作为德川官学的地位，然而，这个地位很快就遇到了挑战。挑战首先来自于山鹿素行发表于 1666 年的《圣教要录》，这篇四千余字的文章对朱子学的批判是颠覆性的。素行有言："宋之心学、道学流布，可谓盛也。然不达治平之效，礼乐不盛，更有夷狄之祸，及至南宋之偏安。"[20] 一句话就击中了宋学的痛处。朱子学作为中华帝国的意识形态，没能在本土解决好夷夏之变，何以能指导日本取得治平之效？

因此，从 17 世纪下半叶起，朱子学就处在了不断分化和解体的过程中，出现了从水户学到古学再到国学的思想演变。用丸山真男的话来说："'朱子学的思维方式'在江户时代初期，刚一达到社会普遍化，就在 17 世纪后半叶和 18 世纪初之间开始逐渐崩溃，并开始面对新兴古学派而发出的挑战。"[21] 丸山的著作就是旨在从朱子学思维

18　[日]源了园：《德川思想小史》，第 14 页。
19　参阅同上书，第 21-23 页。
20　转引自丸山真男：《日本政治思想史研究》，第 31 页。
21　同上书，序言第 21 页。

方式所经历的历史变迁中，追寻德川时代正统世界观的解体过程。

德川朱子学为何在其确立为幕府官方意识形态之后不过半个世纪就面临着一个自我解体的过程？其自我解体的动力学机制何在？丸山真男的解释是基于两个关键词：内生性和近代性。在日本德川思想史研究中，丸山的著作无疑是建构了一个理论高地，他首先是把德川朱子学解体视为一个内生的过程，着力证明德川朱子学解体并不是来自于外部的压力，而毋宁是朱子学在日本的条件下所进行的自我革新，或者说，是一个自我的解体过程。丸山这样写道："日本朱子学派、阳明学派的产生，特别是排斥宋学、直接复归原始儒学的古学派的兴起等，近世儒学的这种发展过程，同中国宋代的朱子学、明代的阳明学、清代的考据学的产生过程，从现象上看，是颇为类似的。但其思想的意义却完全不同。日本近世儒学的发展是这样一种过程，即通过儒学的内部发展，儒学思想自行分解，进而从自身之中萌生出完全异质的要素。"[22]

这个"完全异质的要素"，实际上涉及到丸山著作中的第二个关键词——近代性，也就是丸山自己强调的"用'近代意识'成长的观点来叙述德川思想"，[23] 阐明从近世朱子学的解体过程中日本的近代思想是如何成长起来的。正是基于"近代意识"，丸山把荻生徂徕视为朱子学解体过程中的一个关键性人物，认为徂徕接续山鹿素行对宋学合理主义的批判和伊藤仁斋主张回到原始儒学的立场，进一步通过论述"公私二元论"、政治优先于道德的观点以及进行以"礼乐刑政"为目标的政治实践（经世致用），最终为从藤原惺窝开始展开的近世儒学划下了一个句号。丸山实际认为，徂徕著作中的这些"完全异质的要素"，为后来的明治维新变革封建社会、建立近代秩序提供了"逻辑武器"，从而"能在德川时期的思想发展过程中，完

22　[日]丸山真男：《日本政治思想史研究》，第 10 页。

23　同上书，序言第 17 页。源了园在他的著作中也认为，德川时代其实可以说是由"封建性和近代性"这一双重性格构成的时代，无论好与坏，德川时代都是成为明治以后、起码是明治时期日本近代化前提的一个时代。参阅源了园：《德川思想小史》，第 9 页。

全探寻出乍看起来犹如深渊相隔的维新后的'近代'思想的逻辑脉络。"[24]

丸山从"内生性"和"近代性"这两个视角切入来把握德川朱子学的自我解体过程，显示出他基于自由主义学理的深邃理论能力，克服了日本史学长于叙事而短于理论概括的局限，将逻辑的叙事方式和历史的叙事方式结合在一起，从而能够持续地对后来的研究者给予极大的启示。但是，丸山关于德川思想史的叙事未必可以视为问题的最终解决。丸山研究德川思想史的"近代意识"，其真正用心显然不仅仅在于将荻生徂徕的思想"提前"纳入到近代性的思想谱系中，而且更重要的是要通过这项研究将明治维新的近代化变革的思想源头上溯到德川时代，由此证明，日本从德川向明治的思想转型，一方面体现出"去中国中心主义"的思想趋势，另一方面则体现出内在于日本思想结构中的近代化动力，在此动力之下，日本从明治维新开始了它的"东亚现代性"进程。因此，丸山的"内生性"和"近代性"的叙事最后必定会导向一种"民族主义"叙事，这既是由德川思想转型的民族主义逻辑所决定的，也是由丸山本人的民族意识和民族主义观念所决定的。

德川朱子学解体的民族主义逻辑

丸山的名著《日本政治思想史研究》由三篇论文组成，前两篇分别以"内生性"和"近代性"为关键词，探讨德川朱子学解体的内在动因和由此产生的近代性因素，后者构成了明治维新的近代化逻辑。该书第三篇论文以《"早期"民族主义的形成》为题，产生了丸山的德川思想史研究中的第三个关键词——民族主义。在丸山看来，民族意识的自觉是民族统一和国家独立的先决思想条件，"民族主义恰恰

24　[日]丸山真男：《日本政治思想史研究》，第 160 页。

就是近代国家作为近代国家而存立所不可缺少的精神力量”。[25] 从这个前提性认识出发，丸山确认德川封建体制所形成的二百七十个“屏藩”以及碎片化的社会结构，对于日本形成民族统一意识是一个根本性的桎梏——“封建体制及其他所包含的意识形态顽强阻止基于国民统一意识的国民向国家秩序凝聚”，明治维新则是通过“一君万民”的理念，排除了介于国民与国家政治秩序之间的障碍，打开了民族主义的发展轨道，从而迎来了划时代的变革。[26] 在丸山的视野里，尽管日本民族主义的觉醒是在明治时代完成的，但“这一前提是在近世封建制的胎内逐渐形成的。它的形成过程也就是德川封建社会的解体过程”，或者“从广义上说，一切反对乃至超越封建的思维形态，它自身之中就包含有近代民族主义的因素”。[27] 从民族主义的视角观察，可以发现德川朱子学解体的内在动因和演变方向，均和日本民族意识的觉醒紧密相关。对于日本国学和后期水户学的主张者来说，朱子学作为来自于中华本土的学问，不足以成为建构日本民族意识的核心思想，日本需要建构来源于自己思想传统的民族意识。

中国学者吕玉新的著作《政体、文明、族群之辩——德川日本思想史》，以晚明儒者朱舜水东渡日本为切入点，揭示出德川朱子学的自我革新和解体——从水户史学的建构到以伊藤仁斋、山鹿素行、荻生徂徕为代表的古学派对宋学的批判，最后完成对宋明理学和心学的超越而走向古典儒学，完全是来自于朱舜水的思想启示，朱舜水从“外部”为德川的思想变迁和转型提供了关键性的学术和知识支持。[28] 这个看法堪称是对丸山真男的德川思想“内生自我变革”论的一个挑战，至少是一个重要的补充。吕著通过对水户学、古学、国学三

25　[日]丸山真男：《日本政治思想史研究》，第 269 页。

26　参阅同上书，第 279-280 页。

27　同上书，第 280 页。

28　参阅吕玉新：《政体、文明、族群之辩：德川日本思想史》。该书对朱舜水和日本水户学、古学的互动关系有令人信服的分析和展开，材料详实，见解独到。值得注意的是，日本学者关于德川思想史研究很少有人谈到朱舜水的“外部影响”，这是不是因为民族主义情结而有意遮蔽这一点？本文限于篇幅，点到为止，不再展开论述。

个学派的产生以及相关的研究，发现近代日本思想界从学儒以求圣人之道的共识，最终衍生出高唱本土文化与大和民族为世上最优者的自我认知，也即是现代日本极端民族主义意识，右翼思想的理论根源，实际上是来源于德川中叶以来一直鼓吹日本是神授之国、日本民族优于世界各民族的意识形态。后期水户学彻底扬弃了"中华史观"而以日本"国体优越"论和"皇国史观"取而代之，为日本民族主义走向国家主义开辟了道路。[29] 这和丸山的看法基本一致，后者在总结"早期民族主义思潮"时认为，尽管德川时期的民族主义思想内容充满着歧义性，但是，"它所具有的内在倾向，像一条红线一样，贯穿在整体之中"，不仅影响到德川时代的民族认同和思想建构，而且最终对明治之后的民族主义进一步变质为国家主义具有奠基性作用。

德川朱子学的解体，从幕府统一的意识形态逐步分化为水户史学、古学、国学和后期水户学的不同思想形态，其原始动力不管是来自于外部，诸如吕玉新所论的朱舜水对日本儒者的思想启示，还是来自于内部——丸山真男的"内生变革"论，最后是在明治维新的前夜促进了日本民族意识的高涨和民族主义的觉醒。所以说，在主导德川思想演变的"内部因素""外部因素"和"近代因素"之外，还有一个"民族因素"始终贯穿于德川时代。由内藤湖南先生所揭橥的日本自白畠亲房撰写《神皇正统记》以来，日本的历史意识和民族意识不断觉醒的力量，是在德川朱子学的解体过程中完成了关键性的突破。

事实上，在学习朱子学阶段，以藤原惺窝、林罗山、山崎闇斋等为代表的官学和私学，尽管在学理上完全服膺于宋明理学和心学的一系列基本教义，但这并没有改变他们的民族意识和民族情结。[30] 德

29　参阅同上书，第 28 页，第 286 页。

30　一个被广泛记载的故事是，山崎闇斋曾向弟子提问："中国若以孔子为大将、孟子为副将进攻日本，将何以应之？"弟子无以作答，他便自己做了回答："将孔子虏之，孟子斩之，以报国恩。此乃为臣之道，孔孟之道也。"这个故事充分反映出日本儒者在接受孔孟之道时并没有放弃而是进一步强化了日本的民族意识，民族意识是外来文化难以彻底消除的思想之根。参阅 [日] 铃木贞美：《日本的文化民族主义》，魏大海译，武汉大学出版社，2008 年，

川初年发生的明清变革不仅对于汉族士人构成前所未有的冲击，而且对于朝鲜和日本的知识人也有重大和深远的影响，由此在朝鲜和日本产生一个核心问题：谁是中华？在中华母土发生了华夷之变时，作为中华文化次生地带的朝鲜和日本，必然面临着谁是中华文化的真正传承人的问题意识。当时不少日本儒者都主张“华夷变态”论，所谓“中华有夷狄，夷狄有中华”，日本取代满清成为中华文化新的中心。林罗山后人林春胜、林信笃父子编撰的《华夷变态》（1674 年）记述了从 1644 年至 1724 年满清入主中原之后所发生的各种事情，认为“崇祯登天，弘光陷虏，唐鲁才保南隅，而鞑虏横行中原，是华变于夷之态也。”[31]

在华夷变态的观念下，德川朱子学的建构一开始就具有双重面向，一方面是为幕府主导的政治统治秩序的合法性和正当性提供学术性支持，这是对中国儒家思想“敬”的一面。[32] 另一方面则是为培养日本的历史意识和民族意识而展开一系列自我理论建构，这是对中国儒家思想“变”的一面。“华夷变态”的实质，就是要变中华为日本。

观察从藤原惺窝、林罗山、山崎闇斋为代表的正统朱子学，到伊藤仁斋、山鹿素行、荻生徂徕的古学派，再到贺茂真渊、本居宣长、平田笃胤的国学派，可以发现日本的民族意识和民族情绪不断膨胀的过程，不仅主导着朱子学的解体，而且还主导着“中国中心论”的解体。具体表现为，古学对朱子学的突破，是扬弃宋学而走向古典（先秦）儒学，从“四书”走向“六经”，从坐而论道走向经世致用，这个变化大致还是在中国儒家思想谱系中进行的。但是，国学对宋学乃至古学的突破，已经完全离开了中国儒家思想谱系，国学回到古典，不再是回到中国古典儒学，而是回到日本古典，以《日本书纪》

第 32 页。

31　转引自杨栋梁主编：《近代以来日本的中国观》第二卷，赵德宇、向卿、郭丽著，江苏人民出版社，2012 年，第 59 页。

32　伊藤仁斋认为对孔子所编的六经真谛，惟以“敬”一字概括之。参见吕玉新：《政体、文明、族群之辩——德川日本思想史》，第 114 页。

《古史记》《万叶集》等日本古典文本为思想源头，驱除日本文化中的"汉意"和"汉心"，重新构造属于日本自己的思想世界——以皇国史观为核心的思想建构。通过这种思想建构，最终是为了证明日本实乃皇国，日本民族实乃皇民，皇统万世一系，居于世界第一。[33]

在德川思想演变中可以看出，日本民族意识和历史意识的觉醒和建构，经历了从学习朱子学到改造朱子学再到抛弃朱子学的不同阶段，最后在国学和后期水户学阶段，完成了日本皇国史观以及一系列以日本话语为中心的民族主义叙事。特别是在平田笃胤的倡导下，国学向更加能动的意识形态方向的发展，塑造出被神格化的以天皇为中心的国民统合概念，由此深刻地影响着明治维新时期的思想转型。用日本学者吉野耕作的话来说："其结果，对尊皇运动、还有战前、战时的民族主义意识形态的主轴即国家神道的发展产生了重要影响。"[34]

---

33 日本国学的文本依据主要是《日本书纪》、《古事记》和《万叶集》，但是，在日本著名历史学家冈田英弘看来，《日本书纪》未必完全可以作为一部信史，他根据与《隋书》的比较研究，认为圣德太子实际上并不存在，当时执政的也不是作为女王身份的"推古天皇"，而是《隋书》记载的一个名叫"阿每多利思比孤"的男王，他由此断言："关于7世纪初日本建国前夕的情况，《日本书纪》无疑是撒了一个弥天大谎"。关于《古事记》，冈田英弘认为这是一部伪书，是9世纪平安朝初期的伪作，而不是产生于公元712年，作者更不是所谓的"太安万侣"，理由是奈良朝的任何一本书籍，都看不到《古事记》名字，也没有一处引用《古事记》，《古事记》的内容多是根据《日本书纪》和各种传说整合而成。冈田英弘认为，产生于8世纪的《万叶集》，才真正显示出日语的诞生，而这一时期的和歌具有明显的汉语表述的语法特点。冈田英弘的日本史观对于日本国学文本正当性的冲击无疑是根本性的。参阅氏著：《日本史的诞生》，王岚、郭颖译，海南出版社，2018年，第96页，第170页，第220页。

34 [日]吉野耕作：《文化民族主义的社会学：现代日本自我认同意识的走向》，刘克申译，商务印书馆，2005年，第57-58页。

明治民族主义的文化和政治诉求

明治维新作为制度转型，从时代上看，是从"近世"走向"近代"，从制度上看，是从幕府封建体制走向天皇中央集权体制，从国家形态上看，是从家族国家走向民族国家。由此可以判断，明治时代是对德川时代一个质的变革和超越。但是，从德川到明治的思想转型，则并不是像制度转型那样，新旧时代的关系犹如深渊相隔，主导明治思想演进的皇国史观和民族史观以及最后形成民族主义运动，实际上是来源于德川时代民族意识的滥觞。明治思想绝不是与德川思想的断裂，而是对德川思想的发扬光大。

德川思想和明治思想的关系可以用一句话来概括：德川的"种子"开出了明治的"花"，明治思想是德川思想合乎逻辑的结果。明治维新的成功，从思想上看，是基于德川思想在明治前夜完成了三项前提性的工作：

第一，水户史学提出的"尊皇敬幕"的主张，以确认天皇作为国家最高权威和幕府作为国家实际最高统治者的双重合法性，经过后期水户学的再阐释，被改造成一个彻头彻尾的皇国史学，以确认"神州万国之元首，皇统不得有二，以万民奉一君，其义在尽臣子之分也。"[35] 这套说法为明治维新的"尊王倒幕""大政奉还"的政治主张创造了直接的理论根据。

第二，古学派对宋学的批判、返回古典儒学以及倡导儒学"经世致用"的传统，彻底解构了朱子学作为德川时代的官方意识形态的地位。虽然"儒学在幕末的最后瞬间，还顽强地保留着流通市场"，[36]甚至在明治维新之后天皇颁发的《教育敕语》中被改造成一系列道德教条，但儒学对日本官方和民间思想的束缚已经被打破，这为日本迎

35　[日]会泽正志斋：《下学迩言》，转引自吕玉新：《政体、文明、族群之辩：德川日本思想史》，第 280 页。

36　[日]丸山真男：《日本政治思想史研究》，序言第 22 页。

接新的西方思想扫清了障碍。[37]

第三，国学派彻底告别儒学，回到日本的古典，以《日本书纪》《古史记》和《万叶集》为依据重建日本历史意识和民族意识，不仅为皇国史观提供了主要思想资源，而且也为后来的一系列民族主义动员提供了重要的学术性支持，国学、国粹、国体成为民族主义和国家主义可以共享的关键词。

如果说德川时期所完成的上述三项前提性工作是理论动员和理论准备，是"文化民族主义"，那么，明治维新则是将理论动员直接转化为政治实践和政治制度建设，"文化民族主义"则转化为"政治民族主义"。民族主义构成了明治维新思想转型和制度转型的一个主要动力。对于新生的明治政府来说，在等级分明的"四民"（士农工商）转变为平等的"国民"之后，首先需要在国民中建构一种新的国民意识，即对国家的认同——"使全国人民的心里都具有国家的思想"。[38] 在新的国家体制中，王政复古，政令归一，一君万民，天皇成为国家的最高统治者和人格化象征，忠于国家就是忠于天皇。福泽谕吉基于自由主义的理念，充分意识到了天皇制的"国体论"与"文明论"之间的深刻悖论：

"王制革新的原因，并不在于人民厌恶霸道的幕府而怀慕王室，也不在于弃新而慕旧，更不在于一时心血来潮想起了已经忘却千百年的大义名分，而是由于当时人民要求改变幕府政治以致促成了王制革新。革新大业既成，天下的政权重归王室，作为一个日本国民，

37　中国学者王柯认为，江户时代日本在思想和意识形态上的变化过程，也是一个日本人对"中华"思想的认识发生变化的过程。在国学思想形成以前，在朱子学的影响下，"中华"一词由于它的文化和道德内涵而受到日本思想界的普遍尊重，同时，"中华"成为一个可以与作为地理概念的"中国"剥离开来的理念，如山鹿素行将日本视为"中华"之地。但是，在明治维新之后，甲午战争的胜利开始让日本人产生对中国人的民族主义歧视，他们虽然仍然以"中华"自居，却开始告别中国中心主义。参阅氏著：《民族主义与近代中日关系》，香港中文大学出版社，2015 年，第 280 页。

38　[日]福泽谕吉：《通俗国权论》，转引自向卿：《日本近代民族主义（1868-1895）》，社会科学文献出版社，2007 年，第 177 页。

尊奉王室当然是应尽的义务，但人民和王室之间，仅仅存在政治上的
关系而已，至于感情，绝不是骤然之间所能建立起来的，如果勉强建
立，不但不可能建立起来，反而会使社会上产生更多的伪君子，使人
情更加浇薄。所以说，皇学家们的国体论，在今天是不能维系人心的，
也不能使人民的品格趋于高尚。”[39]

福泽谕吉提出文明论的初衷显然是试图以自由主义的理论方式
来建构一种不同于“皇国史观”的民族主义叙事，也就是丸山真男所
说的“福泽的民族主义”或“近代民族主义”，在民族主义的“国权
论”和自由主义的“人权论”之间达成某种思想平衡。但是，明治维
新以来日趋高涨的民族主义思潮表明，这一思想平衡很难被建立起
来。这也就是丸山真男所探讨的日本“早期”民族主义形成过程中的
问题：既没有民众的自觉参与——民众只是被灌输的对象，又缺乏自
由民主的因素，由此必定导致民族主义向国家主义的质变。在这个过
程中，即使福泽谕吉本人事实上也没有避免掉落在民族主义“国权
论”的陷阱之中，丸山严肃地指出了这一点：

“尽管福泽的‘国家理由’思想和马基雅维利主义具有产生期的
健康性，但也难免有危机意识在思想深处所造成的陷阱。这一点明显
地表现于以下两个方面。第一是他的东洋攻略；第二是他对国家独立
与国内变革之间关系的处理方法。”[40]

福泽的危机意识首先是来源于日本的国际关系，一方面是所谓
日本的“东洋攻略”，即日本的朝鲜政策和中国政策直接关系到日本
在东亚乃至世界中地位，他最初提出“脱亚”论，主要是因为对朝鲜
和中国的近代化可能性感到绝望，对西力东渐之急骤势头抱有担忧，
由此逐步衍生出主张用日本的武力强行推进东亚“近代化”的思想，
甚至发展到主张加入列强瓜分中国的争斗中。另一方面，福泽主张发
展民权以促进国内“近代化”，对天皇体制不以为然，认为“内政”

39　[日]福泽谕吉：《文明论概略》，第182页。
40　[日]丸山真男：《福泽谕吉与日本近代化》，第94页。

落于谁手之事和"扩张国权"比较起来，轻微不足论。[41] 从这两方面看，丸山认为福泽"文明论"的逻辑并没有始终如一地贯彻在他自己的言论中，"实质上已经发生变化，而这个变化决定了福泽单方面地倾向于国权论。"[42] 尤其是到了福泽晚年，他亲眼见证了日本取得了甲午战争的胜利，这个历史性的胜利在他看来并不意味着日本近代化任务的完成，但他还是从胜利的喜悦中获得一种满足感，使他的危机意识迅速缓解，以致对日本的近代化和独立的前途产生了乐观的展望。然而，在丸山看来，"福泽逝世以后半个世纪的历史事实，不仅彻底否定了他的乐观展望，而且反过来证明了他初期构想的根本正当性。"[43] 这是一个多么深刻的见地，回望福泽的思想，他的真理性源头在早期的文明论而不在后期的国权论。

确如丸山所言，民族主义是近代民族国家形成的理论前提，也是近代民族国家形成后的结果。当"民族"以"国家"的形态出现时，民族主义对于推动形成统一的民族（国民）意识，加强国民的民族（国家）认同，意义重大。而且，近代民族国家建设不是如以前封建体制那样，处在在与外部世界隔绝的条件下，而是处在一个以民族国家为主体的新的世界秩序中。这个情况对于明治初期的日本来说，意味着必然面临民族主义建构的双重挑战。一方面，是如何通过民族主义教育来整合日本的国民意识，培养日本的民族精神；另一方面，是如何通过民族主义动员来应对外部挑战，特别是应对来自于欧美发达国家的挑战。事实上，正是这两个挑战，对于明治维新之后的日本思想转型和制度转型产生了重大影响。

---

41 参阅同上书，第 94-96 页。
42 同上书，第 96 页。
43 同上书，第 97 页。

自由主义与民族主义的内在紧张

明治维新初期首先是致力于以天皇制为中心的制度建设，经确立“五条御誓文”，统一建国理念，实行王政复古、废藩置县、版籍奉还等政策，民族国家的雏形初现。但随后也出现一系列混乱，期间有藩阀执政、西南战争，西乡隆盛兵败自杀，木户孝允病死，大久保利通被刺身亡，明治三杰均退出历史舞台。内政动荡，外交亦是风起云涌，从 1873 年起，日本对外关系中先后出现“征韩论”（1873 年）、征台之役（1874 年）、朝鲜壬午之乱（1882 年）、甲申之变（1884 年）、中日甲午战争（1894 年），直至 1905 年发生日俄战争。因此，日本的民族主义建构和民族国家建设紧密相关，如何在国内建设一个既符合天皇制又具有英美式文明准则的国家，以及如何在既有的世界秩序中维护国家主权和争取国际地位，就成为明治政府迫切需要解决的时代课题。

明治十四年（1881 年）10 月 12 日，明治天皇下达颁布建立帝国国会的告谕，宣布将于 10 年之内，在明治二十三年之前召开帝国国会，这项重要决定标志着日本将走上一条西方式的宪政之路。政治制度建设的这个重大转折在很大程度上是日本自由民权思想及其运动不断展开和深入的结果。明治十三年 3 月，在大阪召开了国会期成同盟第一次大会，由关西京畿地区的民权派团体开始向关东乃至东北各地区辐射，以推动国会召开为目的而结成的政治联盟。同年 11 月 11 日，国会期成同盟在东京举行第二次大会，会盟名称改为“大日本国会期成有志公会”，会议号召日本全国民主团体共同研究日本宪法草案。这次会议首开日本政党政治的先河，河野广中、植木枝盛等人在会上提出了建立自由党的主张。随即在 12 月举行了自由党筹备会，会议提出四项盟约：一、我党是所有希望扩充我日本人民自由、伸张人民权利并加以保障的人士集结起来而组织的；二、我党致力于促进国家进步，增进人民福利；三、我党相信我日本国民应有同等权利；四、我党相信我日本国民适合立宪政体。[44] 在明治天皇颁布建立帝国国会的告谕之后五天，"大日本自由党"在东京召开成立大会，正式宣告自由党成立，板垣退助出任首任总理，日本也是亚洲第一个西方式政党诞生了，西方自由主义宪政理念在日本有了重要进展。

坂野润治撰写的《近代日本的国家构想》一书，分析了日本从1871 年废藩置县以后至 1936 年"二·二六"事件发生前的 65 年间的政治史，认为在这 65 年里，日本的立宪政治在一定程度上获得了人们的尊重，由初期应该引进的制度，最终成为应该维护的制度。为此，他专门引用了木户孝允于 1873 年起草的国是意见书中的一个看法："在文明之国，虽有君主却不擅权专制……为有司者亦保一致协和之民意……人民也戒其超制，有议士者凡事验查，抑制有司随意臆断。此乃政治之美之所以也。"[45] 为从制度上实现"政治之美"，日本进入了"举国一致内阁时代"，而内阁时代的前提是政党政治，即通过不同政党之间的竞争来形成内阁政府。但是，明治初期开创的"举国内阁时代"却充满着自由（民权）主义和民族（国权）主义的内在紧张。坂野润治观察到的一个政治现象是：日本从 1880 年前后自由民权运动进入全盛期，其标志是日本自由党成立，一直到 1892 年藩阀政府干涉大选，多年来"官民倾轧"不断；至 1893 年召开帝国议会第四次会议期间，自由党却突然转换方向，出现了一百八十度的大转弯，"官民倾轧"变成了"官民调和"；直到大正末年为止的三十年间，"官民调和"一直支配着日本。坂野润治由此认为，自明治政府以来，不管是藩阀政府与民权派政党的对立，还是政党之间，诸如政友会与民政党的对立，都并非本质上的对立。在 19 世纪 80 年代曾经与藩阀政府展开正面对决的自由党，在 90 年代却加入了伊藤博文

44　参阅［日］近代日本思想史研究会：《近代日本思想史》，第 1 卷，马采译，商务印书馆，1985 年，第 65 页。

45　转引自［日］坂野润治：《近代日本的国家构想》，崔世广、王俊英译，社会科学文献出版社，2014 年，第 40 页，第 1 页。

内阁成为执政党，自由党不再拥有“光荣的历史”。[46]

　　自由党的重大政治转向——从“官民倾轧”到“官民调和”，看起来像是达成了“官”（国权）和“民”（民权）之间的一种政治平衡，这是福泽谕吉一直试图达到的目标：基于平等、自由、独立的观念，建立“民权”和“国权”的统一。从政治理念看，福泽谕吉是主张以英国君主立宪模式为榜样，在日本建立议会内阁制度。这个制度的优点在他看来，在于国会由两党构成，“一党为守旧，一党为改进。两党虽时常对峙，相互不容，然守旧未必顽陋，改进未必粗暴，只是因循古来之遗风，人民中所见不同者分为两派而已。从人民中选举人物以议国事，称之为‘国会’。”[47] 福泽谕吉之所以特别推崇英国的政治制度，是因为立宪制、议会制以及责任内阁制是基于相同的执政逻辑，“议会制只有建立在私权与政权均等抗衡的基本原则上才算正常化”，“日本开设议会，在原理上当然应是政党内阁制”。[48] 正是基于英国宪政的理念与经验，福泽谕吉明确反对“卢梭—雅各宾型”的民主主义，主张“官民调和论”，主张“国权”和“民权”的统一，即“对内主张民权，是为对外伸张国权……民权与国权，两立不可分也。”[49] 就民权和国权的关系而言，福泽谕吉从自由主义的理念出发，始终是在理论上把民权置于比国权更加重要的位置，他所提倡的“官民调和论”更多地是一种策略主张或权宜之计。丸山真男对此作过总结：第一，福泽的“官民调和论”是与各种具体状况相关联的主张，因此理解时需要注意其上下文关系；第二，福泽一直担心官民之间猜疑和恐怖的恶性循环会导致军部独裁；第三，正如打破男尊女卑的主要责任在于男子一样，“官民调和”中首先应自我克制的是政府；第四，他充分意识到从“调和论”中得利的首先是政府；第五，晚年他对政府听不进“调和论”表示失望。[50]

46　参阅同上书，第2-3页。

47　转引自同上书，第79页。

48　参阅［日］丸山真男：《福泽谕吉与日本近代化》，第79页，82页。

49　［日］福泽谕吉：《〈通俗国权论〉绪言》，转引自同上书，第86页。

50　参阅同上书，第83页。

　　"官民调和论"对政府有利，为何政府还听不进去？说明明治的政治转型具有学者们无法控制的性质。按照坂野润治的标准，1880 年前后关于日本"政治体制构想"的对立，从思想上看可以划分为三条路径：以井上毅为代表的保守路径，[51] 以福泽谕吉为代表的稳健路径，以中江兆民为代表的革新路径，[52] 但在实际的政治史分析中，这个"三极结构"并没有得到人们充分重视。[53] 这个判断符合明治政治制度演变的实际状况。事实上，在思想家们提供了宪政转型的"第一推动力"之后，便是政治家们跑在时代潮流的前列，而思想家们则跟在政治家后面被动地作出反应。明治十五年（1882 年），伊藤博文受命前往欧洲各国调查宪法制度，他的第一站就是德国，与德国著名法学家鲁道夫·冯·格奈斯特和他的学生阿尔伯特·毛瑟进行了长达数月的讨论，由此坚定了按照德国第二帝国模式来建构日本帝国制度的决心。明治十七年，由伊藤博文领导成立制度取调局，开启制宪进程，研究制订宪法。伊藤博文亲自牵头，与井上毅、伊东已代治、金子坚太郎三人在德国顾问洛斯勒和阿尔伯特·毛瑟的指导下，经过多次修改和讨论，最终在明治二十一年完成宪法草案。明治二十二年 2月 11 日，天皇正式颁布《大日本帝国宪法》和《皇室典范》以及附属的《议院法》《贵族院令》《众议院议员选举法》等法令。在制宪过程中，民间版本的"私拟宪法"根本没有对天皇"钦定"的"明治宪法"产生实际影响，福泽谕吉钟情的英国君主立宪制和议会内阁制更是不入伊藤博文的法眼。帝国宪法第一条明确规定："大日本帝国，由万世一系之天皇统治之"，天皇拥有"国家统治大权"，被赋予召

51　井上毅（1844-1895），日本武士、法制官僚、政治家、子爵，曾任明治政府法制局长官、文部大臣、枢密顾问官。其政治主张是推崇德国式的国家体制，认为在没有建立安定政权和政治稳定的情况下，日本不宜导入议会内阁制。他与伊藤博文共同起草了大日本帝国宪法、皇室典范、教育敕语、军人敕谕。

52　中江兆民（1847-1901），日本明治时期自由民权运动的理论家、政治家、唯物主义哲学家、无神论者，1881 年参加自由党，反对君主世袭，主张君民共治、地方分权。

53　参阅［日］坂野润治：《近代日本的国家构想》，第 3 页。

集、解散国会，统率海陆军，宣战，缔约，制定法律，宣布戒严，授予勋章爵位荣典，大赦特赦等广泛的权力，天皇制成为国体。坂野润治对“明治宪法”的批评代表了战后大部分日本知识人的看法：

> “明治宪法中最臭名昭著的就是第 11 条的‘统帅权独立’和第 55 条的‘国务大臣单独责任制’。前者是导致 1931 年（昭和六年）满洲事变以后当地军人不受控制的原因，后者是造成 1941 年（昭和十六年）对英美开战以及战争结束时自首相以下的各大臣互相推诿责任（无责任体制）的原因。”[54]

“明治宪法”确立了天皇体制，尽管并完全不符合以福泽谕吉为代表的自由主义者的宪政理念，但宪法的颁布与实行，仍然是他们梦寐以求的事情。自由民权家高田早苗评价“明治宪法”是“远远高于期望的宪法”，福泽谕吉则对于国乱之际仍能颁布宪法和开设国会感到由衷的喜悦。自明治宪法颁布之后，日本的自由主义实际上退出了政治舞台，而让位于“绝对主义”——从民族主义到国家主义的理论与实践。[55] 日本取得甲午战争的胜利，对日本国民的民族主义情绪无疑是个巨大的鼓舞，对于福泽谕吉这样具有自由主义情怀的思想家来说，似乎也解决了持续存在于他内心的“民权论”和“国权论”之间的悖论，日本战胜中国并获得巨额赔款，让他深感欣慰，也让他从内心中爆发出“狭隘民族主义烈焰”，认为当世界已经沦为弱肉强食的“禽兽世界”时，日本要生存下去，也不得不作为禽兽的一员来行动。这在丸山真男看来，无疑意味着“福泽意识到了当时已再没有给日本的国家及其权力行使附上道德性美化形容词的余地了。”[56] 这话毋宁是说，明治时期的民族主义已不需要或已被剥去了自由主义

54　[日]坂野润治：《日本近代史》，杨汀、刘华译，香港商务印书馆，2019 年，第 154-155 页。

55　明治的“绝对主义”思想有三个核心观念：1、全面否定以天赋人权为基础的人类观；2、宣扬以天皇为本家、家长，而把国民比作他的赤子；3、将天皇中心的权力机构——天皇制国家绝对化。参阅[日]近代日本思想史研究会：《近代日本思想史》，第 1 卷，第 108 页。

56　[日]丸山真男：《福泽谕吉与日本近代化》，第 157 页。

的外衣。明治政府在短短 30 年的时间里，通过民族主义总动员在全体国民中激发出前所未有的巨大能量。中日甲午战争之前，从天皇到普通平民，纷纷捐款，共同筹备军费，全国上下，团结一致，同仇敌忾，誓与大清帝国决战到底。德川时代古学派和国学派一直梦寐以求的以日本取代中华的梦想，终于在明治时代一举实现，日本以东亚大国的身份跻身世界列强之林，这等民族崛起的图景让每一个身临其境的日本人都会油然而生一种民族自豪感。在这样的时代氛围中，即使是再冷静的思想家恐怕也不能不被感染。问题就在于，由皇国史观和民族史观所主导的"明治奇迹"能不能持续地维持下去？由民族主义为动力的"明治列车"究竟会驶向何方？

三、大正民主主义运动及其蜕变

"大正政变"：开启民主主义时代？

1912 年 7 月 30 日凌晨，明治天皇驾崩，死于心脏衰竭。宫内大臣和总理大臣共同宣布了这一消息。凌晨 1 点，内务大臣捧着剑、玉、玉玺和国玺去正殿。之后举行了授予剑和玉的仪式，新天皇发布诏书，定年号为"大正"。一位外国记者在报道明治天皇的死讯时描述了日本民众在得知天皇驾崩时的举国悲痛的情境："睦仁不仅是日本最负盛名的天皇之一，也是当今世界最伟大的君子之一。为证实这一点，人们只需要回想一下在第一次获悉天皇病情时，日本民众心中所充满的痛苦即可。一连好几天，泪流满面的人群不顾酷热高温，朝着皇宫的窗户不停地磕头，异口同声地向神灵祈祷。病房的微弱灯光，宣布天皇在承受临终的痛苦，群众悲痛恸哭的声音难以想象。"[1]

9 月 13 日，日本政府在青山阅兵场为明治天皇举行了声势浩大的大丧仪，送葬的队伍经过二重桥时，陆军开始鸣放志哀礼炮，远处的海军在位于品川的战舰上鸣炮回应。城内外寺庙的钟声同时敲响。就在御灵车离开皇宫的当晚，陆军大将乃木希典和他的妻子静子在其府邸殉死，并留下绝命诗：

明君神化身

功盖天下万世久

---

[1] 参阅［美］唐纳德·基恩：《明治天皇：1852-1912》，曾小楚、伍秋玉译，上海三联书店，2018 年，第 822 页。

悲痛泣难休

皇恩沐浴数春秋

愿了此生君侧留[2]

　　明治天皇对日本近代转型的历史贡献，是怎么评价也不会过的，在他的统治的 30 余年时间里，日本发生了惊人的变化，从一个东方蕞尔小国一举成为世界强国之一。伊藤博文总结了明治天皇对于维新事业成功所起到的决定性作用：

　　"无论是什么原因帮助日本取得了进步，也无论这些年我们在哪些方面取得了成功，如果与对天皇陛下应尽的义务相比，这些都将变得微不足道。一直以来，陛下都是引领着这个国家的明灯。像我这样竭力帮他建立开明政府的人即便做出了再多贡献，但如果在每一个新的改革措施的背后，没有他一贯给予的大力、明智和渐进式的支持，也不可能取得如此非凡的成就。"[3]

　　正是基于明治天皇的卓越历史贡献，吉田茂在《激荡的百年史》一书中，将明治天皇的驾崩视为是"划时代的大事"，他借用著名小说家夏目漱石的话说，"明治的精神，始于天皇，也终于天皇"。在他的心目中，明治天皇是一位"出色的君主"，其杰出领导让明治时期的日本成为一个现代法治国家，政府成为汲取国民活力的巨大国家组织，从而得以出乎世界的预料而取得了两次战争的胜利。"随着明治天皇的驾崩，以冒险精神和激发国民活力为特征的明治奠基事业也画上了句号，艰苦的转型期开始了。"[4] 这个"转型期"在吉田茂看来，是"日本从大正时期到昭和时期的历史"充满着尝试和困惑，一方面是国内"要求实现民主主义政治体制的运动蓬勃发展"，国会的力量在不断加强，藩阀政治日趋向政党政治转化；另一方面是"国际主义运动也在蓬勃发展"，第一次世界大战之后形成了"凡尔赛—

2　　转引自同上书，第 825 页。

3　　转引自同上书，第 819 页。

4　　[日]吉田茂：《激荡的百年史》，赵晓丹、赵一乔译，北方文艺出版社，2019年，第 33 页。

华盛顿体系”，日本被纳入在新的国际秩序中。[5] 吉田茂概括的“民主主义”和“国际主义”两条线索，实际上恰恰是明治时代的“民权”论和“国权”论在大正时代的进一步展开，展开的过程并非一帆风顺而是出现了极其复杂的情况。就“民权”论而言，政党政治尽管取代了藩阀政治却没有形成稳定的民主制度，实际上还是官僚政治在国家运作上发挥了核心作用。就“国权”论而言，日本寻求改变既有的国际秩序、重新确立其国际地位的主张遭致了英美国家的抵制和约束，尤其是日本对华“二十一条”的要求引起了以美国为首的列强的反对，并激起了中国的反日运动。因此，大正时代作为日本近代化的“转型期”，从一开始就面临着复杂的国内和国际形势，充满着转型的痛苦和曲折。

如同德川的“种子”开出了明治的“花”，大正时代的社会和政治问题在明治后期已经在酝酿之中。坂野润治认为，从日俄战争结束到明治末年的七年间，日本社会结构内部存在着“三大地雷”。第一大地雷是“日比谷纵火事件”引发的社会骚乱，[6] 共有超过十万人参加，涉及各个阶层和职业，参加者的共同特点是对藩阀政府不满，反对“无赔偿媾和条约”。这次骚乱成为大正民主主义运动的先声。第二大地雷是农村地主的叛离，因为米价暴跌加上战争后继续实施的非常特别税的沉重负担，他们强烈要求减轻地租，迫使政府从“积极主义”财政向“消极主义”财政转换。第三大地雷是因为战争的胜利而进一步膨胀的陆海军的扩军欲，扩军以假想敌为前提——陆军以俄罗斯为假想敌，海军以美国为假想敌，为此提出的扩军方案是：陆军增加 8 个师团；海军新造 12 艘战列舰和 8 艘巡洋舰，与正在建的 4 艘加起来，组建由 16 艘战列舰、8 艘巡洋舰组成的庞大舰队。[7] 坂

5　同上书，第 40 页，第 41-46 页。

6　1905 年 9 月 5 日，《朴茨茅斯合约》签署的当天，失望的日本民众聚集在东京日比谷公园召开国民大会，反对该条约，因为日本得到的只是战略利益，而非民众指望的巨额赔偿金。群情愤怒的日本国民宣布废弃该条约。参会者与警察发生了冲突，民众猛烈地袭击了公园附近的内相官邸，纵火焚烧房屋。骚乱持续了三天，最终被政府军镇压。

7　参阅[日]坂野润治：《日本近代史》，第 191-192 页。

野润治的"三大地雷"说可谓概括精准，大正元年（1912 年），爆发了第一个地雷，也就是第一次宪政维护运动，运动明确提出了"打倒阀族，拥护宪政"的口号，由此开启了"大正民主主义运动"（大正德谟克拉西），史称"大正政变"。"政变"并非是国家政权更替，而是藩阀政府桂太郎内阁的辞职下台，日本由此从藩阀政治走向了政党政治。

日本藩阀政治是明治政治的主流，明治维新中起主导作用的萨摩、长州、土佐、肥前四藩领导者，在维新后依据出身藩的不同，形成了藩阀的不同政治势力范围及其领袖。明治维新三杰——大久保利通、西乡隆盛和木户孝允，以及在明治后期对政治有重大影响的政治家——山县有朋、伊藤博文、松方正义等，均来自于萨摩藩和长州藩。同时，由藩阀派生出军阀，萨摩藩主掌海军，长州藩主掌陆军，形成了军队的主要派系。1889 年，明治政府颁布帝国宪法，1890 年开设国会，但政党政治格局一直未能形成，主导内阁的决定性力量被不同的藩阀人物所垄断。按照升味准之辅的描述，1896 年 1 月，自自由党参与第二次伊藤内阁以来，在政界战场上形成了藩阀三派（伊藤博文、山县有朋、松方正义）和民党五派（板垣退助领导的自由党形成了内部五派：河野广中的东北派、星亨的关东派、林有造一的土佐派、松田正久的九州派、大隈重信的改进党），藩阀与民党之间互相竞争和互相干扰，民党各派分别与藩阀各派接触，得到官制、金钱等报酬，以争取掌握被"提携"的机会；而藩阀各派也用诚心诚意的说法和解散议会等威压办法操纵议会，当发现这些办法无效时，便用官制和金钱来分化和怀柔民党。1898 年第三次伊藤内阁解散议会时，民党取得一次重大突破，自由党和立宪党联合组建宪政党，利用藩阀各派矛盾（主要是伊藤博文与山县有朋的矛盾），成功组阁，藩阀政府垮台，政权转到宪政党手里，阁员除陆海两相以外都是宪政党员。用升味准之辅的说法："这个内阁的阵容是明治宪法下最像政党内阁的阵营。民党运动达到了顶峰。"[8] 但是，由于自由派内部失和以及

---

8 参阅［日］升味准之辅：《日本政治史》第二册，董果良译，商务印书馆，1997

藩阀的介入与策动，宪政党政府只存在了四个月便垮台了。此后，明治政治再次陷入藩阀政治轨道，民党人物只能通过与藩阀势力的勾兑与妥协获得“提携”机会。日俄战争前后，山县有朋的掌门弟子桂太郎成为新的藩阀政治的主导者，他与伊藤政友会的代表人物西园公寺望密约授受政权，从 1906 年起，开启了持续了 8 年的“桂园时代”——桂太郎和西园寺轮流组阁，你方下台我上台。

藩阀垄断政治的局面直到“大正政变”时才被彻底打破，第一次宪政维护运动把“打倒阀族”设为首要目标。民党（国民党）领袖犬养毅在 1913 年第二次护宪大会上发表演讲，明确提出“打倒阀族”是大正维新的真正意义：

> “在大正的新天地之中，首先就要除去一切旧事物。要排斥那些混饭吃的既没有主义有没有韬略的政治家。我们希望的是具有真正意义和韬略的政治。为此，除了必须首先征伐政治上的阀族，而且还要借此机会整治令国家持续腐败的所有之‘阀’的觉悟。学阀如此，党阀如此，财阀也是如此。一扫全部的‘阀’而将适当的人才安置在适当的位置，难道这不正是我大正维新的真正意义吗？”[9]

1913 年 2 月 11 日，在全国性群众抗议活动中，桂太郎内阁不得不提出总辞，其本人于同年 10 月抑郁而终，西园寺亦退出政治舞台，“桂园时代”结束了，“大正民主主义”时代开始了。1918 年（大正七年），多数党领袖原敬被任命为日本第 19 任首相，他是日本第一位平民出身的首相，组织了日本第一个政党内阁。在原敬内阁执政的三年时间里（大正时代政治寿命最长的内阁），民主政治取得了一些重要进展。1919 年日本政府降低了纳税资格，有选举权的人从 45 万人增加到 300 万；1925 年（大正十四年）日本实行了男子普选制度，废除了选举资格上的财产限制，凡年满 25 岁以上的日本成年男子皆被赋予了选举权资格（被选举权为 30 岁以上），使得日本的选举人

年，第 254 页，255 页。

9　转引自张秩：《大正十五年：东亚视域下的帝制日本（1912-1926）》，上海书店出版社，2020 年，第 53 页。

口从 334 万增加到 1415 万。仅从这项指标看，日本民主转型的速度惊人，迅速迈进了世界宪政进程的前列。与民主政治发展相适应的是新闻言论自由空间的不断扩大，东京、大阪的著名大报社均有全国的通讯网和读者网，《大阪朝日》《大阪每日》等报纸的发行量为百万份，东京的《朝日》《日日》《报知》等报纸的发行量也在七八十万份。[10] 独立于政府的新闻界形成了一股巨大的社会势力，成为国家的"第三种权力"，它们共同"追逐时代的潮流，对'民主'采取共鸣的态度，在政治上支持所谓护宪运动而制造反政府的气氛。"[11] 两次护宪运动之所以获得成功，在很大程度上有赖于新闻界的广泛宣传与动员。

在"大正民主"的时代氛围中，社会生活也趋于宽松，国民的精神状态和文化生活出现了与明治时代完全不同的风格，大众消费文化取代了明治的精英文化，竹村民郎的研究表明："大正时代大众文化的成立，将明治文化构架上具有极大影响的汉学、儒教精神一洗而空"，取而代之以"美国大众文化和以遵从家国为基础的传统社会道德的嫁接"，包括接受欧洲文化——"由福楼拜、莫泊桑、易卜生、托尔斯泰、印象派艺术所代表的世纪浪漫主义、自由主义、人文主义文化"。文化变迁的时代潮流，推动城市和市民的色彩风格也发生了重大变化，明治时代的"禁色"习俗向大正时代的"染色"风尚演变，使日本从一个"色彩极端贫瘠的国家"一举变为一个五彩缤纷的国家。[12] 荷兰学者伊恩·布鲁玛比较了大正年间的东京与魏玛时期的柏林，认为这两个城市在品味和风格上极为相似：洋溢着轻佻间或虚

10　参阅［日］竹村民郎：《大正文化：帝国日本的乌托邦时代》，欧阳晓译，上海三联书店，2015 年，第 3 页。

11　张秩：《大正十五年：东亚视域下的帝制日本（1912-1926）》，第 212 页。

12　日本著名的民俗学家柳田国男在其著作中，观察到从明治到大正的色彩演变——从"禁色"到"染色"，书中讲了一个有趣的故事：大阪一位盲人幸运复明，有人问他，时隔八年有余重新开眼看世界，对什么感触最深，答曰：女子衣裳变得格外多彩艳丽。作者以这个故事来说明大正时代的色彩变化体现了国家环境和国民精神的重大变化，耐人寻味。参阅氏著：《大正浪漫：日本近代社会世相》，谷瑞捷、石晶晶译，中国工人出版社，2023 年，第 4 页。

无的享乐主义精神，达达主义、表现主义、立方主义、建构主义、“新觉醒”这些最时尚的艺术风潮都曾大肆流行。精英学府的学生同样也对性思潮如饥似渴，他们的穿着打扮酷似坂本龙马，不修边幅，散漫不羁，还喜欢把“流氓无产者”“布尔乔亚自由主义”等字眼挂在嘴边。学生们对“笛康叔”（笛卡尔、康德、叔本华）兴趣盎然。女性解放也取得了重大突破，1918 年，东京诞生了第一所女子大学。[13]“大正民主”时代由此也被称之为“大正浪漫”时代，或“帝国日本的乌托邦时代”。

无拘无束的日本“魏玛精神”如同魏玛共和国一样，仅仅持续了15 年时间便终结了。1921 年 11 月 4 日，首相原敬遇刺而亡，对大正民主作出重要贡献的原敬内阁意外终止。原敬既是一个民主主义者，也是一个现实主义者，他对日本民主进程持渐进主义立场，一直试图疏导日本民主主义潮流，不想让其发展过快，以免引起社会动荡。由于渐进理念的一致性，原敬得到了明治最后一个元老山县有朋的大力支持，这是原敬内阁能够存续三年的一个重要因素。在原敬死后三个月，山县也魂归蒿里，在升味准之辅看来，大正时期这两个重要政治人物先后离世，“预告着激烈变动的时代即将到来”。[14]

民本主义的展开与挫折

大正民主主义运动看似由各种政治人物所主导，运动的现象学形态呈现出政党政治的特征，但是，在政治人物的背后以及决定政党政治逻辑和发展方向的思想层面，真正起决定性的作用的是那些为时代变迁提供政治理念的思想家们。明治时代最重要的政治遗产——藩阀政治，在大正时代被彻底清算，既是源于政党斗争，也是源于

13　参阅［荷］伊恩·布鲁玛：《创造日本：1853—1964》，倪韬译，四川人民出版社，2018 年，第 61-62 页。

14　［日］升味准之辅：《日本政治史》第二册，第 261 页。

政治理论上的觉醒。在这个时期，吉野作造提出的"民本主义"理论，"奠定了大正民主主义政治学的理论基础"。[15]

吉野作造在青年时期受洗成为基督徒，后考入东京帝国大学法科部专攻政治学，大学毕业后于 1906 年应袁世凯聘请任教北洋政法学堂，1909 年任东京大学副教授，欧美留学后任教授。大正五年（1916年），吉野在《中央公论》上发表《论宪政本意及其贯彻之途径》，为大正民主主义运动提供理论依据。这篇文章详细阐述了"民本主义"政治学，提出民本主义就是民主主义（旧译德谟克拉西）的一种翻译，本意是指"国家主权运作的基本目标属于政治上的人民"，宪法的根本精神在于民本主义，进而指出了民本主义所要求的两大纲领是：国家主权运作政治是为了一般民众的福祉，政策的决定依归于一般民众的意志。为实现民本主义的两大纲领，吉野主张改革枢密院、贵族院、军部等特权机构，提倡基于言论自由和普选制的政党政治。[16] 对于议会政治的具体运作方法，吉野做了详细的说明：

"作为宪法之根本义的民本主义，并不仅在于（给予民众）广泛的参政权，还包含通过参政权彻底贯彻尊重民意的意思。将参政权转化为制度的方法多种多样。……最为常见的是通过议会制度来落实参政权。"

"现代宪政的政治组织如果按照我所说的民本主义要求进行运作的话，大体如下。由议会监督政府当局，再由人民来监督议会。议员由选举产生，因而完全受人民掌控自不待言，政府的意见也取决于议会中多数党的意向，这就是所谓的责任内阁主义。在这样的体制之下，最终监督权掌握在人民手中，民间舆论将成为政界的最高权威。"[17]

15　[日]鹿野政直：《日本近代思想史》，周晓霞译，民主与建设出版社，2022年，第 128 页。

16　参阅同上书，第 127 页。

17　转引自赵晓靓：《一战后日本思想界的对外认识与国家转型：以北一辉和吉野作造思想为例》，社会科学文献出版社，2020 年，第 75 页。

吉野作造的民本主义理论代表着大正时代对明治时代的自由民权思想的重要突破，亦是对以福泽谕吉为代表的明治一代的“民权”和“平民主义”思想的继承与发展。自明治六年（1873 年）的“明六社”开启明治时代的启蒙运动以来，最有代表性的思想是福泽谕吉的“民权”论，德富苏峰的“平民主义”，中江兆民的“民约”论和“君民共治”说，包括加藤弘之曾经倡导的“天赋人权”说。明治时代的自由民权运动与这些思想的传播紧密相关，但是，思想如何转化为具体的政治实践和政治制度安排，却是明治思想家们始终无法逾越的门槛。就政党政治而言，自由党 1881 年成立，1884 年解散；立宪改进党 1882 年成立，1884 年因党首大隈重信和河野敏廉宣布退党而名存实亡。在这两党解散之前，立宪帝政党早在一年前就宣告解散。明治时代出现的三大政党在短短三年时间里相继消亡，自由民权运动遭遇重大挫折。这一方面是藩阀政治刻意打压的结果，另一方面也是自由民权思想的局限性所致。最具有自由主义品格的福泽谕吉面临着“民权”论和“国权”论的思想冲突，而德富苏峰和加藤弘之则很快就背离了平民主义立场，转向国家主义。明治时期的政党政治由此沦为升味准之辅所说的“19 世纪 80 年代挤进去拉进来运动的自由民权版”，[18] 也就是自由民权人物与藩阀领袖们进行各种幕后活动以获得“提携”机会，政党政治完全被藩阀政治所主导。

大正民主主义运动在吉野作造民本主义理论的指导下，具有明确的政治纲领和具体的政治运作方式，它区别于明治时期自由民权运动的一个显著特征，就是确立“议会主义”指导下的代议制和内阁制，突出强调“能够接受国民监督而运行的政治是最好的政治”，其核心要义是：第一，彻底遵守选举道德，并实现思想、言论自由和普选；第二，实现以责任内阁为基础而建立起来的政党内阁；第三，限制上院和元老的各种超法律权力，尽可能减少枢密院、贵族院、军部等非立宪势力对政治的介入。[19] 因此，大正民主运动提出的“打破阀

18　[日] 升味准之辅：《日本政治史》第一册，董果良译，商务印书馆，1997 年，第 176 页。

19　参阅陈秀武：《日本大正时期政治思潮与知识分子研究》，中国社会科学出

族，拥护宪政"的口号体现了民主政治的一种彻底性，政党政治不再受制于藩阀政治而是具有了独立决定政治发展方向的支配力。日本大正时期的著名评论家长谷川如是闲撰写的《日本现代史（1868-1928）》一书，按照马克思主义的理论方式来分析无产阶级运动在大正时期的发展，从他的观察视角亦给予大正民主运动以极高的评价，认为大正十四年（1925 年）加藤高明内阁通过的普选决议是"众望所归"："日本民主主义运动终于达成所愿，迎来了普选，并通过普选建立了无产阶级政党，进入了民主主义的辉煌时期。"[20]

尽管吉野作造无愧为大正民主主义运动旗手的称号，但他始终有两个重大障碍没有跨越，一个是涉及"国体"论，民本主义提倡的人民主权论——其制度载体是议会主权论，与明治宪法所确立的天皇主权论——"大日本帝国，由万世一系之天皇统治之"，天皇拥有国家统治大权，天皇制是日本国体，构成了根本性的理论冲突。吉野作造一直回避谈论国体论，他把"德谟克拉西"翻译为民本主义而不是民主主义，就是试图在不直接对抗天皇国体论和明治宪法的前提下，主张人民的参政权以及确立议会在国家权力架构中的最高位置，却放弃了对天皇主权论的合法性追问。吉野作造对"国体"的论暧昧态度以及把主权和治权分开来进行表述的做法，显示出民本主义理论的不彻底性。吉野作造的同事，东京帝国大学法学部教授美浓部达吉提出的"天皇机关"说，是对"国体"论的正面回应，该学说明确认为："统治权的主体不在天皇，而属于国家，天皇是国家机关"。[21]很显然，美浓部达吉的宪法理论对明治宪法的批判实际上是对君主主权的批判，如果这一理论付诸实践，那就意味着天皇制的国体就要被根本改变。这当然不能被吉野作造所接受。坂野润治在比较吉野作造和美浓部达吉的理论差异时，更倾向于接受前者的政治设想："通过政权交替恒常反映国民意愿即议会意向的内阁，掌握所有天皇大

版社，2004 年，第 169 页。

20　[日]长谷川如是闲：《日本现代史（1868-1928）》，王兴译，沈阳出版社，2020 年，第 200 页。

21　参阅[日]鹿野政直：《日本近代思想史》，第 129 页。

权，这在政治上是可能的。”[22] 他由此认为，吉野作造的理论代表着议会/国民中心主义，而美浓部达吉的理论代表着内阁中心主义。这样的解释或许成立，但不容忽视的问题在于，在法律上承认天皇主权而在政治上实现民主主义，也就是实现天皇主权和内阁治权之间的平衡，在大正后期遭遇了根本性挑战，吉野作造一直试图回避的日本天皇制国体恰恰就是大正民主主义寿终正寝的终极根源。

吉野作造面临的另一个重大障碍就是民族主义，在“中国政策”论上无法始终如一地贯彻他所主张的“国际民主主义”精神，而是被一种潜藏于其内心的民族主义情结所牵引。他和福泽谕吉一样，尽管坚持自由主义和民主主义的理念，但是，一旦涉及到中日之间的地缘政治冲突时，基本上是站在本国政府一边，支持以一种战争的方式来解决中日关系问题。[23] 日本自取得了日俄战争的胜利之后，国际地位显著提高，成为世界五强之一，国际形势让日本几乎所有学者都成了民族主义者，吉野作造也不能幸免。作为国际问题研究专家，中国是吉野作造关注的主要外部对象，他一生中关于中日关系的论著颇丰，其中介绍中国革命和中日关系的专著 4 部，中国时政评论文章162 篇，此外还与他人合著了一部中国革命史。[24] 许多研究者都指出了吉野作造在中国研究中的矛盾之处，一方面支持政府提出的对华二十一条要求，另一方面也重视中国的革命势力，甚至尊重中国的民族自决。[25] 理论之所以无法自洽，在杨栋梁看来，是因为“明治政

22　[日]坂野润治：《近代日本的国家构想》，第 138 页。

23　甲午战争爆发时，福泽谕吉有过劝民对官做无条件妥协的言论。参阅[日]丸山真男：《福泽谕吉与日本近代化》，第 83 页。

24　参阅杨栋梁：《近代以来日本的中国观》，第一卷，总论，江苏人民出版社，2012 年，第 182-183 页。

25　参阅[日]鹿野政直：《日本近代思想史》，第 136 页。中国学者陈秀武认为，吉野作造在 1919 年提出，日本顺应世界潮流应该采取的政策是：“在内政上彻底贯彻民本主义，在外交上确立国际的平等主义”。基于这两个原则，吉野作造不仅支持中国学生的爱国运动，而且也支持中国人民反对日本官僚军阀。简言之，吉野作造的内政观和外交观并不矛盾。参阅氏著：《日本大正时期政治思潮与知识分子研究》，第 174-175 页。另一位中国学者赵晓靓则认为吉野作造的中国研究存在着内在矛盾，他对一战后吉野作造以中国政策论为中心所展开的对外认识作了比较系统的考察，认为吉野作造在

府的帝国主义教育和日俄战争中日本的胜利，无疑培养了他'弱肉强食'的帝国主义生存观"，把国家实力的壮大视为实现国际平等的首要因素。[26] 因此，基于实力生存和扩张的国际丛林法则，日本政府对中国提出的"满蒙特殊利益"是决不会轻易放弃，而对吉野作造来说，"在对其进行调整时无论如何必须予以审慎的考虑"，他的基本立场是："旅顺、大连租界地和在'满铁'沿线驻扎军队等中日双边条约所规定的政治权益事关日本的国防安全和民众生活，因此必须保留；在'满铁'的经营管理和收益分配等经济问题上则可以向中国做些让步。"[27] 坚定地维护"满蒙特殊利益"成了明治、大正、昭和时期日本朝野的普遍共识，吉野作造也莫能外。鹿野政直认为，"民本主义揭示了一种去帝国主义化的可能性"，[28] 吉野作造也一直试图以民本主义的理念建构一种"国际民主主义"（或国际平等主义）的国际秩序，但这种理论努力在大正时期始终没有取得良好结果，因应于国际形势的重大变化而使民族主义取代民主主义成为国际政治的主流。

从 1916 年到 1920 年，被称之为是民本主义的"吉野时代"，吉野作造因为著作热销而稿费收入颇丰，用坂野润治的话来说，"吉野收入之多确实是其'民本主义'主张人气高涨的证明"。但是，从 1924 年开始，吉野民本主义的人气就基本结束了，民主之类的读物被弃至旧书店的角落，或者出现在夜间营业的小店的杂物桌上，任由无意阅读它的人随手乱翻。[29] 随着吉野人气的逐渐散去和其稿费收入的急剧下降，取而代之的是影响更加广泛的国家主义思潮。

主张国际平等主义原则时并不彻底，不仅曾经支持日本政府提出的对华"二十一条"，而且在"九一八"事变时完全支持日本政府的帝国主义政策。他的结论是："吉野作造的民主和平论在以下两个方面存在原理上的矛盾：第一，'自由民主主义'与天皇观的矛盾；第二，'国际民主主义'与帝国主义生存观之间的矛盾。"参阅氏著：《一战后日本思想界的对外认识与国家转型：以北一辉和吉野作造思想为例》，第 215 页。

26　参阅杨栋梁：《近代以来日本的中国观》，第一卷，总论，第 186-188 页。

27　参阅同上书，第 189 页。

28　[日]鹿野政直：《日本近代思想史》，第 138 页。

29　参阅[日]坂野润治：《日本近代史》，第 220 页。

从德富苏峰到北一辉：走向国家主义

大正时代的思想和意识形态从表面上看，是由吉野作造的民本主义和美浓部达吉的“天皇机关”说引领风气之先，但是，从民族意识的深层结构看，真正引导国家现实政治走向的却是国家主义思潮。有不少学者曾认为大正后期取代民本主义的是社会主义思想，如长谷川如是闲所述，大正十三年 2 月，日本劳动总同盟发表宣言，“为日本的劳动者指出了新方向，其影响十分深远。不可否认，这是日本劳动运动历史上的至关重大的事件。”[30] 坂野润治亦看到了大正后期蓬勃发展的社会主义运动对民本主义的挤压：“当为‘民主’狂热的学生们转向直接行动型的社会主义时，普选运动和吉野民主主义就失去了‘左派’的支持。”[31] 社会主义运动一直拒绝参与普选制，而期待以俄国苏维埃革命的方式来建立一个无产阶级政权。当时准备组建共产党的山川均就认为，“普选是统治阶级用来使年轻人的革命意识钝化的陷阱。”[32] 社会主义者激进的政治主张不仅试图彻底颠覆天皇制度，而且也试图彻底颠覆普选制。因此，社会主义运动从诞生起，就与日本政治转型进程格格不入，它最后走向北一辉的“国家社会主义”，是一个被注定的结局。

在永田广志看来，甲午战争以前，社会主义还没有出现明确形成的形势，由《国民之友》和部分学者、思想家所撰写的有关社会问题和社会思想的论文，还没有形成为一股社会思潮时，“国家主义思想的势力”就开始日益增长，像加藤弘之这样的启蒙思想家已经开始转向国家主义，此人发表于明治二十二年（1889 年）的《日本的国是》，提出了“武国主义”还是“商国主义”的问题，强调了应该采取“武国主义”的理由。当时颇负盛名的三宅雪岭（三宅雄二郎）组织的政教社，利用其机关杂志《日本人》，宣传保存国粹来对抗欧化主义，

30　[日]长谷川如是闲：《日本现代史（1868-1928）》，第 199 页。

31　[日]坂野润治：《日本近代史》，第 223 页。

32　参阅同上书，第 222 页。

大肆鼓吹为了"在世界上伸张正义"的国权主义。哲学家井上哲次郎，从德国留学回国后任东京帝国大学文学科教授，1891 年撰写注释《教育敕语》的《敕语衍义》，影响极大，他于 1893 年在《教育时论》杂志上连续发表长篇论文《教育与宗教的冲突》，抨击基督教的"非国家主义"性质，断定该教不符合《教育敕语》的精神。[33] 明治二十五年（1892 年），出现了一个更为严重的事件，自由主义的经济学家和历史学家田口卯吉在他主办的《史海》杂志上刊登了东京帝国大学教授久米邦武的论文《神道是祭天的古俗》，在征求神道家的意见时，神道家们并没有从学术上予以回应，而是以"反国体"为理由，对该文进行了激烈的批判，迫使当局免去了久米的教职以平息事态。[34] 可见，明治时期的国家主义基于明治宪法所确立的天皇制国体和日本对外扩张的"国权"论，成为思想界的主流，亦成为日本朝野的一种共识。

明治自由民权运动以来，民主主义存在着"自上而下"和"自下而上"两条路径，这两条路径最后都遭致失败。[35] 国家主义同样也有这两条路径，德富苏峰代表着国家主义"自上而下"的路径，北一辉代表着"自下而上"的路径，两条路径尽管在政治理念上存在着深刻分歧，在政治主张上亦有重大差异，但是，它们最后都汇流到国家主义的潮流中，成为国家的"统治思想"即占统治地位的意识形态，由此奠定了日本在昭和时期确立"超国家主义"（绝对或极端国家主义）体制的思想基础。

德富苏峰是明治时期"平民主义"的主要代表人物，他从 1875 年至 1882 年，接受西方教育，传授西方知识，主张以民权光复国权的民族主义思想。1886 年，出版了《将来之日本》，倡导以自由、平等、民主、和平通商的平民主义，坚持"天赋人权必须要有自由"的理念，反对藩阀专制。1887 年 1 月，创立民友社，以《国民之友》

33　参阅[日]永田广志：《日本哲学思想史》，商务印书馆，1978 年，第 288-289 页。
34　参阅同上书，第 290 页。
35　参阅[日]坂野润治：《近代日本的国家构想》，第 39 页。

和《国民新闻》为阵地，发表了大量的时政评论文章，影响巨大，被人誉为是“日本的梁启超”。明治宪法颁布之后，德富苏峰主张引进英国式议会制度，按坂野润治的说法，当时形成了以英国模式为中心的三种立宪政体构想，即井上馨的“立宪政体论”——将立宪制与健全财政主义捆绑在一起，福泽谕吉的两大政党论，德富苏峰的议院内阁制论。[36] 比较而言，德富苏峰的立宪政体构想表现得最为激进，主张实行政党政治、议会中心、责任内阁和地方分权，提倡民党联合起来向藩阀政府发起攻击。很显然，德富苏峰的立宪构想与伊藤博文主张“德国流派的帝室内阁制”完全不可同日而语，因此遭到了明治政府的打压，他的名字被列入在当时发布的保安条例适用者名单上，“因为苏峰之罪完全符合三岛警视总监在呈报书中罗列的‘发表过激之言论、意图阻隔官民’这一条。”[37] 大致从 1893 年起，德富苏峰的政治主张发生重大变化，从“官民对立”走向“官民调和”，对藩阀政府的立场也从抵抗走向妥协。尤其是在甲午战争前后，为配合明治政府对朝和对华关系的激进政策，德富苏峰彻底改变立场，从平民主义迅速向国家主义演变，用他自己的话来说：“我平素反对某种意义上的国家主义，但未尝忘却国家的真性。自由平等存在于完整的秩序法律之下，权利独立舆论自由没有国家的保护不能成立。古来只有伟大的国家才能出现伟人。”[38] 基于国家主义的观念，德富苏峰提出了“一君万民”论，明确主张“皇室中心主义”：

> “甲午战争向世界显示了日本的实力。日俄战争后，我大和民族阔步于世界。树立皇权民权和国权源于国民的努力，归根结蒂源于皇室中心主义。因为以皇室为中心全民族能够统一，举国一致抵挡外患，伸张国权。”[39]

---

36 参阅同上书，第 39-89 页。

37 参阅同上书，第 92 页。

38 转引自米彦军：《德富苏峰右翼思想研究》，中国社会科学出版社，2012 年，第 93 页，注 39。

39 转引自同上书，第 97 页，注 6。

从国家主义必然走向帝国主义，德富苏峰在其《大日本膨胀论》中明确认为：

"我国民在向世界各处膨胀之际，不要忘记其大敌不是白色人种，而是支那人种。""我国将来的历史，无疑就是日本国民在世界各地建设新故乡的膨胀史。"[40]

德富苏峰在大正年间（1916 年）出版了《大正的青年与帝国的前途》一书，该书坦然承认自己的思想"贯串平民主义、国家社会主义的皇室中心主义，是君民一德、举国一致的帝国主义。即对内行平民主义，对外行帝国主义，而以皇室中心主义将两者一贯、统制起来。"自述其思想的发展是"从个人的平民主义到国家的平民主义、从自由和平等的理想家到力的福音的信者，最终作为帝国主义者而成为东洋自治的倡导者。"[41] 对于德富苏峰从平民主义向国家主义的思想转变，以及他从一个民间新闻人士向国家御用顾问的身份转变，许多自由派和民党人士曾提出过强烈批评，指责其"叛变"自由民权事业。但是，在德富苏峰看来，20 年前他的思想转变被非难讥讽，20 年后与他大同小异的意见已经平常可见，他为此感到"快慰"。的确，德富苏峰有理由这么认为，因为由他引领高唱的国家主义的主旋律已经响彻在大正时代的上空，并且在民间也得到了持续的回响。

北一辉的国家主义是在民粹主义路径上突进，如果说德富苏峰一直试图通过运作政治上层力量来影响日本政治走向，那么，以北一辉为代表的一批"大陆浪人"则是长期在偏离政治中心地带从事政治活动。按《角川日本史辞典》的解释：大陆浪人是日本帝国主义侵略亚洲的尖兵，与日本的政、军、商界勾结，以朝鲜和中国大陆为活动舞台，其中有投身于革命者，有为军部刺探情报者，也有穷困潦倒的政治家、一诺千金的野心家和坑蒙拐骗的无赖。[42] "大陆浪人"成分

40　转引自杨栋梁主编：《近代以来日本的中国观》第三卷，刘岳兵著，第 348、349 页。

41　参阅刘岳兵：《日本近现代思想史》，世界知识出版社，2010 年，第 141 页。

42　中国学者赵军将"大陆浪人"分为五类：一是以岸田吟香和根津一为代表

复杂，从事的活动各异，但有一个共同的特点，就是与中国革命及其政治演变紧密相关。北一辉区别于其他大陆浪人的地方在于，他不仅直接参与了孙文的同盟会和 1911 年之后宋教仁领导的宪政运动，而且通过总结中国革命经验形成了用于指导日本“兴隆”的“国家民族主义”思想，用他在《支那革命外史》（1921 年）中的话来说：“日本人对支那革命应受之光荣，非当前的物质助力或置酒青楼争功者的个人会谈，而存乎赋予日本以兴隆和思想的国家民族主义。”[43] 在子安宣邦看来：“北一辉是与中国的国家民族主义相呼应并参与了革命的日本国家民族主义者，是介入了新中国国家改造的日本国家改造论者”，“他们将明治维新的日本国家民族主义变革视为亚洲变革之起始，认为中国的民族变革将与新的日本民族变革形成联动。”[44]也就是说，北一辉是从日本国家改造的视角来观察孙文领导的中国革命的政治后果，即革命之后的“国体”究竟是君主制还是共和制，是美国式的联邦制还是日本式的中央集权制。“国体”选择不仅对中国制度变革意义重大，而且构成了日本国家改造的一个重要参考。

北一辉的日本国家改造论在其 1905 年自费出版的《国体论及纯正社会主义》一书中作了首次阐述，该书因为直接批判了天皇制国体论而被官方禁止，却为作者赢得了巨大声誉。留学德国的经济学家福田德三将该书与马克思的《资本论》相提并论，而板垣退助则感叹说，如果此著早 20 年出现的话，将改变自由党的运动方向。[45] 吉野

的在经济和教育领域中深入中国进行调研活动的先驱性人物；二是同情和支援中国资产阶级民主革命的大陆浪人，代表性人物有玄洋社的头山满、平冈浩太郎，黑龙会头目内田良平，在惠州起义中战死的山田良政，以及与孙中山关系密切的宫崎滔天、平山周、萱野长知等；三是以北一辉为代表的与“湖南派”革命党人具有密切关系的大陆浪人，宋教仁遇刺后回到日本而远离革命党；四是以川岛速浪、佃信夫等为代表的反对辛亥革命、援助清政府的大陆浪人，武昌起义后支持宗社党开展“满蒙独立运动”，企图将“满蒙”从中国分裂出去；五是混入中国民间的“马贼”或“胡匪”。参阅杨栋梁：《近代以来日本的中国观》，第一卷，总论，第 138-139 页。

43　转引自[日]子安宣邦：《近代日本的中国观》，王升远译，生活·读书·新知三联书店，2020 年，第 1 页。

44　同上书，第 4 页。

45　参阅刘岳兵：《日本近现代思想史》，第 163 页。

作造读了北一辉的著作之后，感慨万分，曾专程去拜访作者，与他尽心畅谈。[46] 北一辉之所以对日本思想界有如此大的冲击力，在于他的国体论直接对天皇制国体进行前所未有的批判，主张国家的主权既不属于天皇，也不属于国民，而是属于由天皇和全体国民组成的、具有实在人格的"国家"，明治宪法中规定的"天皇的国民"与"天皇的日本"，在他的"国体论"中被改变为"国民的天皇"与"国民的日本"。在挑战"天皇主权"论的同时，北一辉提出了以"纯正社会主义"来改造日本国家的理论方案，提出了"国家主权的社会主义"。他理解的社会主义不同于同时代的社会主义者如片山潜、安部矶雄、幸德秋水等人提出的社会主义，后者是基于个人主义和自由竞争的欧洲经验来规定社会主义的性质，[47] 而北一辉的"纯正社会主义"实质是国家社会主义，即建构以国家为轴心的社会主义体制，以暴力的形式来改造国家，以社会主义的名义来剥夺私有制，以国家的名义来控制和垄断社会的一切资源，实行国家所有制。梅森直之将北一辉称之为"特异的社会主义者"，正是基于其"国家主义者"的身份。

北一辉发表于 1920 年的《日本改造法案大纲》，根据国家主义理论纲领，提出了全面改造日本的政治设想：停止明治宪法，废止华族制，实现普遍选举，恢复国民自由，国家改造内阁，国家改造议会，皇室财产的国家管理，私有财产限度超过额的国有，私有土地超过限度的国纳，私人生产业限度超过部分的国有，保障劳动者的权利，等等。《法案大纲》的国家主义体现出浓厚的民粹主义色彩，看起来高

---

46 参阅［日］野村浩一：《近代日本的中国认识》，张学锋译，江苏人民出版社，2014 年，第 66-67 页。

47 梅森直之认为，无政府主义几乎与社会主义同时被引入日本。1902 年烟山专太郎出版了《近世无政府主义》，仅比安部矶雄的《社会问题解释法》晚一年，早于幸德秋水的《社会主义神髓》、片山潜的《我的社会主义》，后两本书出版于 1903 年。在梅森直之看来，"如果明治社会主义的重要母体是美国的话，那么无政府主义的重要母体是俄罗斯。"社会主义和无政府主义有共同的诉求，那就是特别强调个人，主张消灭国家，这在北一辉看来，恰恰是背离了社会主义的真谛。参阅氏著：《日本早期社会主义思想史：大杉荣与他的时代》，王盈、臧志军译，上海译文出版社，2022 年，第 39 页。

度关注“底层正义”，把建立国家社会主义制度视为实现“纯正社会主义”的唯一可行路径。

从国家主义必然走向帝国主义，野村浩一观察到：“北一辉从明治维新中看到了最重要的成功要诀，那就是日本的国家民族主义的兴起。北一辉从中国革命中发现的也是国家民族主义这个东西。在这一点上，他认为日本与中国二者间是相同的。”[48] 北一辉以这一共同点为轴心而展开的中日关系构想，是以国家民族主义为思想武器，以国家的力量为后盾，以战争的方式挑战欧美构筑的国家秩序。用他自己的话来说，日本作为世界上的无产者，为反抗横跨全世界之大富豪英国和占有地球北半球之大地主的俄国，只能“诉诸战争匡正非正义之国际性划界。假若此为侵略主义、军国主义，那么，日本就应在全世界无产者阶级欢呼雀跃声中，加冕此黄金之冠。”北一辉关于改造日本的法案大纲已不限于国家主义层面，而是“倾向于超国家主义”，成为日本二战前右翼的“教主”和“日本的超国家主义的理论指导者”，[49] 他的“远大抱负”是夺取全地球，建立一个“革命性的大帝国”。

从德富苏峰到北一辉，日本的国家主义在上层和底层同时展开，不仅仅体现为政治思潮的影响力在朝野均有持续的回应，更重要的是它会转化为一种强大的政治实践和政治力量，进而决定政治制度演变的方向与路径。大正民主主义或许不惧与国家主义的理论对抗，但它最终无法抗拒国家主义必定演化为一种国家暴力的趋势，文人始终是无法与刺刀对话。

民粹主义与国家主义的合流

民粹主义看起来是与国家主义相对立的思想或情绪，因为民粹

48　[日]野村浩一：《近代日本的中国认识》，第 67 页。
49　参阅同上书，第 65 页。

主义是基于底层民众的利益和诉求而对国家官僚、精英阶层提出不满。不管是运用马克思主义的阶级分析方法，还是借助于一般社会学的分析工具，都无法否认所有国家都普遍存在着不同阶级、阶层、群体或利益集团之间的分裂，以及他们在财富、教育程度和享受社会资源方面所存在着的巨大差别。扬—维尔纳·米勒对"民粹主义"做过一个批判性阐释：

> "民粹主义是一种特定的对政治的道德化想象，是一种在政治领域内一群道德纯洁、完全统一，但在我看来纯属虚构的人民，对抗一群被视为腐败的，或其他方面道德低下的精英们的认识方式。批评精英是符合民粹主义者的必要条件但非充分条件，否则，任何国家中任何批评当权者与现行体制的人都会被界定为民粹主义者。除了反精英之外，民粹主义通常也反对多元主义：民粹主义者主张，他们且仅有他们能代表人民。在他们未当权时，他们会说其他的政治竞争对手不过是道德低下的精英阶层的一部分；在他们主政时，他们绝不会承认有任何的合法反对派。这一民粹主义者的核心主张同时也暗示，任何不真正支持民粹政党的人首先就不会是严格意义上的人民的一部分。"[50]

米勒认为，民粹主义是随着代议制民主的出现而崛起，它是代议制民主的阴影。借助于民主主义的意识形态，民粹主义承诺实现民主最高理想——让人民来统治，但它的最终结局会是某种公然反民主的政治形态，因为民粹主义的核心主张，是一种道德化形式的反多元主义。米勒对民粹主义的批判性分析大致是符合民粹主义的各种历史和现实形态的总特征，但他没有指出或进行系统分析的是，民粹主义最终会走向对国家主义的认可和支持，甚至成为国家主义的基础或附庸，因为只有在国家主义的制度安排中，多元主义的一切诉求才会被彻底消灭干净。

50　[德]扬—维尔纳·米勒：《什么是民粹主义？》，钱静远译，译林出版社，2020 年，第 25-26 页。

北一辉关于改造日本国家的理论，最典型地体现出国家主义和民粹主义的两面性以及它们的统一性。一方面，他主张通过国家的力量来完成社会进化，把国家视为社会存在的前提，进而把国家间的"生存竞争"，即现实中的帝国主义战争视为建立"革命性帝国"的首要方式。另一方面，他着力揭示社会不公的根源在于财阀官僚占有了社会的主要资源，把改造国家的希望寄予社会底层，认为来自底层的反抗才是革命性变革的唯一动力，尤其是军队下层军官最有希望成为改造国家的有生力量。

按照升味准之辅的划分，发源于北一辉的民粹主义思想动员，在现实中形成了三个集团。首先是北一辉最忠实的弟子西田税发起的青年军官运动，此人在陆军士官学校就学时就开始对北一辉的日本改造法案大纲产生了深刻共鸣。他在 1925 年因病被编入预备役（任中尉）后，便在北一辉身边奔走从事改造运动。1927 年，他策划组织成立了以青年军官为中心的改造团体——士林庄，同年 7 月，基于该组织成立了"天剑党"。他撰写的《天剑党章程》明确指出："天剑党为以军人为基础、广泛联络全国战斗的同志结盟的改造国家的秘密结社，是把《日本改造法案大纲》作为经典来实行的剑。""我党的目的，是要在上窃取天子统治大权，在下从骑在全体国民头上作威作福的那些骄恣不义的亡国贼手中夺回国家，而甘愿受敌人囚虏之辱。以为天子皇室会下赐国家改革的锦旗令箭，那是妄想。"[51] 西田税领导的青年军官组织，企图从国家手里夺取军队，再通过政变来改造国家。他们之所以高度认可北一辉的理论，既是因为他们长期被灌入作为"天皇的股肱"的自豪感，也是因为他们深信士兵家庭的困苦完全是政党、财阀、元老、重臣祸害的结果。正如米勒所说，这些青年军官在北一辉教诲下，内心充满着拯救国家和国民的崇高道德感，为此不惜付诸暴力和生命。

第二个集团是恐怖主义集团——血盟团，其盟主井上日召曾作

51　参阅［日］升味准之辅：《日本政治史》第三册，郭洪茂译，董果良校，商务　　印书馆，1997 年，第 693 页。

为军事密探和走私商人在满洲和华北流浪 12 年，1921 年回国后，投师头山满门下，与内田良平等玄洋社、黑龙会的浪人来往密切，后热衷于《华法经》和坐禅，修炼后感觉能与树木花草心灵相通，可以预见疾病，又能念咒治病。1927 年，井上日召成为水户大洗立正护国堂的主持，以念佛和坐禅吸引和锻炼附近的农村青年，有了不到 10 名的同志，"他们在解脱的同时，也从尘世的系累束缚中解放出来而进入对杀人和自杀均能泰然处之的'自在'境界"，把暗杀尊为"菩萨行为"。[52] 在此信仰的指导下，井上日召在 1931 年成立血盟团，专门从事暗杀活动，提倡一人一刀杀一人，为此制定了一个庞大的暗杀计划，暗杀名单包括日本退居幕后的元老重臣、现任首相、外务大臣、司法大臣、著名财阀等，总计 20 人。1932 年 2 月至 3 月，在不到一个月时间里，血盟团先后暗杀了财务大臣井上准之助和三井财团理事长团琢磨。井上日召为此被捕，1934 年被判无期徒刑，他在狱中自述中叙述了自己的国家观、国体观、世界观、人生观，也概述了包括天皇亲政、废除议会制、改革教育、限制私有财产等内容的"国家改造"构想，与北一辉的日本改造法案大纲如出一辙。[53]

第三个集团是以大川周明和桥本欣五郎大佐为核心的"樱会"组织，其成员主要是一些陆军幕僚和青年军官。1919 年，大川周明与满川龟太郎共同发起成立"犹存社"，社名取自中国古代诗人陶渊明《归去来兮辞》中的诗句——"三径就荒，松菊犹存"，以松和菊寄寓自己高洁的政治志向。犹存社甫一成立，大川和满川就深感自己的理论建构能力不足，于是，将北一辉视为精神导师。1919 年 8 月 8 日，大川周明亲赴中国上海寻找北一辉，两人见面后相谈甚欢，关于改造国家的想法高度一致，北一辉正在撰写的日本改造法案大纲深

52　参阅同上书，第 694-695 页。

53　井上日召生于 1886 年，1934 年因"血盟团事件"被判无期徒刑，1940 年被假释出狱，1941 年成为近卫文麿内阁的智囊团，1945 年继续领导日本的右翼组织活动，1947 年成为公职放逐对象，1953 年参加日本左翼团体维新运动关东协会，1956 年从右翼活动中退出，晚年再度致力于禅宗，1967 年 3 月 4 日病死。

深打动了大川周明。上海会面之后，两人的历史性合作从此展开，北一辉加入了犹存社，而大川周明则全力投入到出版北一辉改革计划的活动中，将北一辉的书印了一百多份，分送给高层官员和其他精心挑选出来的对象。虽然书很快被禁止，但书中的思想得到了广泛传播，据说该书被内务部处以三十元罚款，内务部长本人却给他寄了三百元表示认可。正是借助于北一辉著作的巨大影响力，犹存社登上了日本激进运动的舞台。大川周明和北一辉的互相认知也达到了一个新的高度，大川周明称北一辉是"魔鬼之王"，因为他觉得北一辉"与佛陀和魔鬼都相处得游刃有余"；而北一辉把大川叫作"素盏鸣尊"，这是日本神道教中的暴乱之神，因为他一旦打定主意，就不会犹豫。[54]

在北一辉的思想影响下所形成的民粹主义的三个集团，主要以浪人、落魄文人、云游和尚、无业游民和下级军官等底层边缘人群组成，在价值观上与社会主流人群格格不入，他们打着改造国家的旗号而从事反国家的行为，将实际掌控国家权力的政阀、军阀、财阀等势力视为革命的对象，甚至将皇室也列为攻击的对象，因此遭致了政府的持续打压。但是，民粹主义并没有成为国家主义的对立面，相反，它最终还是进入到国家主义的轨道，成为被国家主义利用和操控的底层力量。

在民粹主义和国家主义的合流进程中，大川周明扮演了一个远比北一辉更重要的角色，他成了军部的灵魂人物。1922 年，他们俩人产生隔阂而疏远了，据日本司法省刑事局编的《右翼思想犯罪事件的综合研究》一书称："大川、北两大巨头的互相反目与敌视，导致了我们军部中可以视为大川系的中坚高级军官派，与可以称为北一西田系的尉级青年军官派之间同时以改造国家为目的而在感情上的相互对立。"[55] 北一辉在 1920 年代初期曾定期会见日俄战争的英雄东乡平八郎大将，后者对他的革命理论饶有兴味，但北一辉并未由此

54　参阅［美］埃里克・贾菲：《逃脱东京审判：大川周明的奇异疯狂》，黄缇萦译，中国友谊出版公司，2016 年，第 71 页。

55　转引自［日］升味准之辅：《日本政治史》第三册，第 695 页。

在日本政界和军界形成一个广泛的关系网，他更注重于在底层军官中发展自己的"敢死队"。大川周明则在与北一辉的合作过程中越来越意识到，此人变化无常的性格导致犹存社被禁锢于受到排挤的日本边缘群体之中，认为更明智的做法是向统治阶层渗透，对高层人物形成政治影响。按照美国学者埃里克·贾菲的说法："大川借助犹存社扮演着斗士的角色，通过玄洋社和黑龙会的合作，试图把犹存社的想法灌输给日本的最高层领导者。"[56] 1922 年，大川周明受聘成为东京社会教育所的讲师，该所每年从日本农村招募 20 位有潜力的青年教师，他们将接受一系列严格的职业培训。这个培养项目由政府出资，选择大川周明担任导师，无异于承认了他是日本青年的精神领袖。1923 年，大川周明将研究所改名为"大学寮"，扩大了招生规模，引进了新的研究课题，如经济、社会和国防问题等。大川周明开设的课程叫作"日本精神研究"，这项研究传递的最重要的信息是——日本是最好的国家。1923 年，大川周明与北一辉彻底分道扬镳，犹存社解散，但他们共同开创的改造国家的事业并未中断。大川周明开始游走上层路线，在 1920 年代中期赢得了一群有权有势的政治和军事精英的垂青。宫内大臣牧野伸显和宫内次官观屋贞三郎成了他的朋友，荒木贞夫和渡边锭太郎两名陆军大将也偶尔到学院去讲课。1925 年，大川周明结婚，证婚人是海军大将余领六郎。同年，大川周明宣布成立"行地社"，成员包括曾去大学寮聆听他讲课的那群军官。他还创办了一份名为《日本》的月刊，里面的文章充斥着军事色彩，发行量很快就攀升至几万份。他撰写的煽动性小书——《亚洲，欧洲和日本》，预言为了达到东方和西方在道德上的统一，将会爆发一场战争："如同历史告诉我们的那样，在创造新世界的过程中，东方和西方之间的殊死搏斗是必然的。"他竭力向日本国民证明，东方最强大的代表是日本，西方最强大的代表是美国，两国会在争夺霸主地位的斗争中短兵相接。他深信："日本在将要爆发的美日战争中会取得辉煌的胜利，意味着新世界的曙光将驱散黑夜的迷雾。"他为此号召日

56　[美]埃里克·贾菲：《逃脱东京审判：大川周明的奇异疯狂》，第 75 页。

本国民：“天国将决定何时召唤你去执行那神圣的任务，你时刻准备着接受那召唤。”[57]

大川周明将民粹主义运动引向国家主义轨道，对日本从大正到昭和的政治演变所产生的重大而深远的影响，在战后才被人们充分意识到。1946 年 5 月 3 日，东京大审判——“历史上不会有比这更加重要的战争审判了”（大法官威廉·韦布语）——开场了，大川周明作为甲级战犯被押上审判台，他是坐在审判席上唯一的平民，既没有参与政治，也没有当过军人，但盟军的检察官们认为，他才是日本帝国主义行为背后的中枢，是让整个战争期间不断上演着阴谋保持活力的火花塞，“大川才是全局的核心”，他的大脑主导着整个帝国的力量，在“意识形态层面煽风点火”，理应“是战犯中的罪魁祸首”。[58] 东京审判表明，反动文人的思想力量在国家主义机制下会成百倍地放大武夫们所施行的战争暴力，大川周明全力营造的“昭和维新”，实践了他与北一辉关于国家改造的构想，为迎来了一个军部主导的极端国家主义时代奠定了思想基础。

57　参阅同上书，第 75-77 页。
58　参阅同上书，第 3 页，第 11 页。

四、昭和时代的极端国家主义运动

走向军部时代

大正天皇卒于 1926 年，在他生命的最后 4 年里，他因病无法施政，皇太子裕仁受封摄政。1921 年，裕仁以皇储身份第一次也是唯一一次访问欧洲，经由香港、新加坡，借道锡兰（今斯里兰卡），来到英、法、荷、意四国，时间长达一年。欧洲行被定为皇储登基前的一节"必修课"，以培养这位未来的天皇与欧洲主要国家的高层关系。据说访欧期间的所见所闻让皇储印象颇深，尤其是访问英国时，英王乔治五世亲临车站迎接让他备受感动，英式的君主立宪制更让他进一步坚信，在这种政治体制下"人们无须担心会滋生极端思想"。回国后，他尝试模仿英伦风范，但在荷兰记者伊恩·布鲁玛看来，除了爱上并吃了一辈子的培根煎蛋之外，这种模仿很快便宣告结束。1928年 11 月 14 日，裕仁天皇在正式登基两年后，一身戎装君临东京，不动声色地看着三万五千名军人列队从他前面走过，之后，他又检阅了拥有两艘航母、两百零八艘战舰和三十九艘潜艇的帝国海军。当天，千百万日本国民通过广播听见了军靴行进、礼炮轰鸣和海军战机低空飞过的声音。[1] 昭和时代的来临，一开始就被笼罩在军人的巨大声威中，与其"百姓昭明，协和万邦"的寓意构成了强烈的时代反差。

"昭和军人"创造的军部时代是明治以来军事体制演变的必然结果，与天皇制国体紧密相关。明治宪法明确规定："天皇为国家元首，总揽统治权"，统帅陆海军，拥有对外宣战权。而且，"天皇神圣

1　参阅［荷］伊恩·布鲁玛：《创造日本：1853—1964》，第 76 页。

不可侵犯”，这意味着“不能以任何理由剥夺天皇的皇位，不能让他为行使君权时逾越了法律界限而负责。行使其君权的所有责任必须由国务大臣和其他机关承担。所以不会专对天皇进行任何批评，而只能批评其君权的工具。法律，尤其是刑法，原则上不适用于天皇，因为没有一个法庭能够审判天皇本人，他不受制于任何法律。”[2] 因此，日本天皇绝不是英国式的“虚君”，而是拥有国家“非常大权”的“实君”，他的行为不受任何法律限制，同时又不必对其行为的后果承担任何法律责任。

天皇作为人格化的神和现实中的君主，在日本国民中享有崇高威望，对代表政府的内阁、议会和司法部门享有绝对的权力，而在其拥有的最高权力结构中，天皇对陆海军的统帅权构成了他最重要的权力基础。1882 年，日本陆军省以天皇名义发布《军人敕谕》，要求所有军人尊天皇为大元帅，定下尽忠节、正礼仪、尚勇武、重信义、强质素五条精神，将“武士道”精神所推崇的义、勇、仁、礼、诚、名誉、忠义纳入在新的军人规范中，转化为对天皇的道德忠诚，要求军人用生命誓死捍卫天皇。如新渡户稻造在《武士道》一书中所概括的：“把生命看作是臣事主君的手段，而其理想则放在名誉上面。因此，武士的全部教育和训练就是以此为基础来进行的。”[3] 《军人敕谕》同时也规定了军人“不介入政治”的原则，要求军人在效忠天皇的同时不参与政治事务，这既是参照了欧美政军分离制度的先例，也是惩戒古代政治被武士“窃取”的历史。但是，自明治政府以来，以长州藩和萨摩藩为代表的藩阀政治所衍生出来的军阀系统，实际造成了军人可以介入政治、政治家却不能介入军事的局面。明治内阁制度实行一条特殊规定：内阁成员中陆相和海相必须是现役陆军和海军大将或中将，陆相和海相名义上为内阁成员，却只须对天皇负责，可以直接向天皇请辞。在此规定下，陆相和海相在内阁中成为关键性

2　《日本年鉴 1944—1945》，第 117 页，转引自[美]戴维·贝尔加米尼：《天皇与日本国命：裕仁天皇引领的日本军国之路》，上卷，王纪卿译，民主与建设出版社，2016 年，第 1 页。

3　[日]新渡户稻造：《武士道》，张俊彦译，商务印书馆，1993 年，第 57 页。

阁员，他们的去留决定了内阁的存废。军部与内阁发生冲突时，他们可以指使陆相或海相向天皇请辞，同时又不指定继任者，从而导致内阁不完整，首相只能率内阁总辞。

明治最后一届内阁，亦是大正时期第一届内阁——第二次西园寺公望内阁（1911.8.30—1912.12.21）总辞职的直接原因，就是因为内阁不能满足陆军的扩军（"增师"）要求。按照陆军参谋总长和海军军令部长在 1907 年 4 月制定的《帝国国防方针》和《国防所需兵力》的规划，决定陆军建设目标是平时保有 25 个师团，战时保有 50 个师团，海军建成"八八舰队"（八艘战列舰、八艘巡洋舰）。在第一次西园寺内阁时期（1906—1908 年），军部的扩军计划被内阁以财政困难为理由否决，后来双方都作出让步，同意陆军增加两个师团，从 17 个师团增至 19 个。但是，军部和内阁的矛盾并未就此解决。到了第二次西园寺内阁时，陆军继续提出"增师"计划，在内阁编制 1912 年度预算时，陆相石本新六向大藏省提出增师预算，要求拨付增设款 5000 万元，内阁会议未予承认。因为此时内阁面临着沉重的财务危机，更为重要的税制、国债、铁道等改革亟需实行。内阁为此提出将陆军增师计划延迟于 1914 年执行，陆相则坚决不同意拖延，以"帷幄上奏"的形式向天皇提出辞呈，西园寺召开临时内阁会议，向山县有朋请示后任陆相，山县顾而言他，拒绝推荐后任陆相，第二次西园寺内阁遂于 1912 年 12 月 5 日总辞职。这是军部和内阁自明治政府以来的首次冲突，用升味准之辅的话说："在政府财政匮乏时企图扩张军备的陆海军，变成了压力团体，将其运动发展成为倒阁。"[4] 倒阁的后果是，西园寺隐退，桂太郎去世（1913 年 10 月 10 日），日本"桂园时代"彻底终结了，山县有朋重新主导政治局面。但他却无法阻挡大正民主主义潮流，只能选择支持基于政党政治而产生的原敬内阁来达成与军部的政治平衡。

大正民主主义结束了藩阀政治，初步奠定了军队国家化的基本

4　[日]升味准之辅：《日本政治史》第二册，董果良译，商务印书馆，1997 年，
　　第 258 页。

框架。1913 年，接替西园寺公望担任新一届内阁首相的山本权兵卫（日俄战争时期的海军大将），对 1900 年由山县有朋推行的"军部大臣现役武官制"进行改革，改为"军部大臣武官制"，亦即不仅现役的大将、中将可以出任陆相、海相，预备役和后备役的大将、中将也可以出任，这项改革措施无异于削弱了陆海军对于内阁的影响力。1919 年原敬内阁成立，新首相推出的第一项重大措施就是更改选举法，将选举资格从缴纳国税十日元以上下降为三元以上，这个改动让拥有选举权的男性国民从 142 万增加到 306 万。随后原敬在 1920 年解散议会再度大选，民党政友会大获全胜。其后就是两大民党组织政友会与宪政会—民政党的交替执政。明治以来的"议会主义"趋势，至 20 世纪 20 年代后半期达到顶峰。问题在于，这个局面并不意味着民主政治的定型，相反，政党政治一直被藩阀政治的遗产所包围，作为藩阀政治的堡垒所设置的贵族院、枢密院、军部、官僚制，实际成了对抗政党内阁的反对势力。在这些反对势力中，军部具有特别强烈的攻击力，维持政党内阁的首要条件是取得与军部的谅解，桂园内阁能够持续数年之久，原敬内阁能够巩固，皆因与军部达成了一种互相谅解的关系。但是，以凡尔赛和会为契机而高涨的中国民族主义运动，威胁到日本的满蒙权益，使得陆军充满着危机感。1922 年华盛顿条约和 1930 年伦敦条约，对日本海军发展规模作出限制，让海军也倍感焦虑。[5] 于是，"因对外的退守封闭而日益焦躁的军部对内压力强烈起来，使得内阁既与军部对抗又能达成谅解变得越来越困难了。"[6] 升味准之辅对此总结道：

"在日本已成为东亚的强国，可与西洋列强为伍的帝国主义的发

5　1922 年，美国、英国、日本、法国和意大利在华盛顿举行会议，共同签署《限制海军军备条约》（华盛顿海军条约），限制主力舰的吨位（35000 吨）和主炮口径（不得超过 16 英寸），并规定美、英、日、法、意五国海军的主力舰（战列舰和战列巡洋舰）总吨位的比例为：5.25:5.25:3.15:1.75:1.75，日本在五国海军中名列第三。1930 年五国在伦敦签订的《限制和削减海军军备条约》（伦敦海军条约），对华盛顿海军条约作了补充规定。

6　[日]升味准之辅：《日本政治史》，第三册，第 546 页。

展，因中国民族主义运动的攻击和华盛顿体系的重压而被迫退守的时候，从军部喷出的逆流，开始打击随着帝国主义对外发展而在国内进行的议会主义化的潮流。由大陆浪人、军部幕僚、青年军官们发起的，旨在冲破政党政治与财阀统治、镇压左翼运动的国家改造运动，开始扩大。"[7]

军部并非是一个抽象的统一的整体，其内部存在着复杂的构成。如果说由北一辉和大川周明发起的国家改造运动，是从"外部"对军部的影响，那么，在军部"内部"，自大正以来实际上一直存在着一股强大的势力——少壮派军人，他们主张通过改造军队进而来改造国家。1921 年裕仁天皇以皇储身份访问欧洲时，曾专门接见了时任日本驻瑞士武官永田铁山少佐、驻俄罗斯武官小畑敏四郎少佐和参谋本部外派专员冈村宁次少佐（他们后来被称为"陆军三羽乌"），并接受他们的效忠宣誓。这三个青年军官是日本士官学校第十六期同学，派驻欧洲期间充分领略了军队体制、武器、战略战术现代化的重要性，立志以欧洲先进国家为榜样改造日本军队。1921 年 10 月，三人与东条英机少佐一起，在德国南部度假胜地巴登巴登签署密约，约定"消除派阀、刷新人事、改革军制、建立总动员态势"。密约既是军事纲领，也是政治纲领，力求以此为指导从根本上改变日本的政治军事局面，既反对军部中的"萨长系"势力，也反对政党内阁对军队的控制与限制，主张军队不再是传统的国家保护者，而是能动性的国家体制改造者。

裕仁天皇登基之后，少壮派军官开始着手推动"昭和维新"运动，军队系统内部形成了多个青年军官组织。首先是 1929 年 5 月成立的"一夕会"，该会由永田铁山成立的"二叶会"与铃木贞一成立的"木曜会"合并而成，吸引了一批少佐级军官参加。"一夕会"的主要目的是要刷新陆军人事，拥立非萨长系的荒木贞夫、真崎甚三郎、林铣十郎三位将军重整陆军，把解决满洲问题作为重点。该会主要成员除了上述"陆军三羽乌"之外，还有建川美次、河本大作、土肥原贤二、

7　[日]升味准之辅：《日本政治史》，第三册，第 546-547 页。

坂垣征四郎、东条英机、山下奉文、石原莞尔、铃木贞一、武藤章等，这些人后来都成了日本主导发动侵华战争和太平洋战争的主要罪犯。

军部的另一个少壮派军人组织是 1930 年成立的“樱会”，该会以大川周明和桥本欣五郎中佐为核心，会员大部分是陆军大学出身、在陆军中央担任幕僚的少佐或大尉级军官，人数从最初的 50 名很快就发展到 100 名，“满洲事变”（1931 年“九一八”事变）后，据说仅东京就有 300 名会员，参谋本部里的近三分之一军官成了“樱会”骨干。该组织在理念上与“一夕会”有相同之处，但在行动上表现得远比后者激进，主张采取以武装政变和暗杀等暴力方式来消灭军部和内阁的官僚体系。从 1931 年春天起，“樱会”连续制定了两个政变计划，先是准备在 3 月发动政变（“三月事件”），计划动员民间方面左翼、右翼一万人，从四面八方向议会游行示威，爆破政友会、民政党两党总部和首相官邸，军队实行紧急状态，以保护议会的名义包围议会，断绝其内外一切交通，然后由真崎甚三郎中将向各大臣宣布国民不信任现内阁，推举宇垣一成大将担任新的内阁首相。这一政变计划因为宇垣一成“变心”而未遂。于是，桥本欣五郎再次组织政变，在 8 月与关东军高级参谋坂垣征四郎大佐共同约定：满洲方面的军事行动听凭关东军决定，当政府对此不赞成时，便断然实行政变。政变时间定于 10 月 21 日（“十月事件”），参加的军官仅东京有 120 人左右，政变计划包括袭击内阁会议，斩杀首相及以下阁僚，占领警视厅，包围陆军省、参谋本部，请东乡平八郎晋谒天皇，新内阁由荒木贞夫任首相兼陆相，桥本欣五郎任内相，建川美次任外相，大川周明任藏相等。陆军省和参谋本部在获知政变消息后于 10 月 17 日采取行动，抓捕了桥本等十余人，以重禁闭的名义软禁在各地宪兵分队长的官宅内，享受酒肉美女的招待。政变计划虽然再次以未遂而告终，但对内阁的震动极大，使首相和大臣们都意识到在以后的内政外交中如果不配合军部行动，很可能会再次招来军队中的极端分子铤而走险。而军部不从重处罚政变人员，表明高级军官们也乐意看到青年军官的“下剋上”的行动会对内阁形成巨大压力，从而造成军部实际掌控国家政权的局面。

1931 年由"樱会"少壮派军人策划的"三月事件"，以及为策应满洲事变（九一八事变）而策划的"十月事件"，充满证明了政党内阁已经无法控制军部的运作，而军部中所谓"统制派"也早已无法控制底层军官和民间右翼分子擅自发动的极端行动。1930 年 11 月 14 日，民政党内阁的滨口首相被右翼分子枪击，次年 8 月 26 日因枪伤恶化死去。1932 年春天，井上日召领导的"血盟团"接连暗杀了前财务大臣兼立宪民政党党魁井上准之助和三井财阀团逐磨（未遂的暗杀名单中有 20 几个政要和财阀人士）。接着发生"五一五事件"，以海军少壮派军人为主的政变者枪杀首相犬养毅，使大正以来的民主主义发展受到致命的打击。重光葵在战后（1950 年）回顾这个事件的严重后果时明确认为：犬养首相的被暗杀，"意味着政党政治的最后终结"，日本自明治以来跟随世界潮流，以国民为基础的政治机构的发展，在自由主义者与反动势力的斗争中，结果惨败。[8] 政变平息后，政变者在被审判期间居然赢得民众的广泛同情，有多达 35 万人以鲜血署名签署请愿书，请求法庭从宽发落。法庭最后果然遵从"民意"，对参与政变者均轻判了事。5 月 26 日，成立以海军大将斋藤实为首相的"举国一致"内阁，政党内阁时代结束了，军部时代确立，随后是看哪些军人来主导这个时代。

昭和维新：法西斯主义的鼎盛期

丸山真男把日本法西斯主义或"极端国家主义"的形成与发展，划分为三个阶段，第一个阶段是准备期，大致从大正八、九年（1919—1920 年）第一次世界大战结束到 1931 年"满洲事变"（"九一八事变"），这段时期可以称之为"民间右翼运动的时代"。第二个阶段是

8　[日]重光葵：《昭和的动乱》（汉译书名《日本侵华内幕》）齐富霖等译，解放军出版社，1987 年，第 52 页。

成熟期，从昭和六年（1931 年）的满洲事变前后到昭和十一年（1936年）著名的“二二六事件”为止，这段时期，民间的右翼运动开始具体地与一部分军部势力勾结在一起，军部成了法西斯主义运动的推动力，可以称之为“急进的法西斯主义的全盛期”。第三阶段是从“二二六事件”之后到二次大战结束，这一时期可以称之为“日本法西斯主义的完成期”，也即是“体制化时期”，国家主义运动以“近卫新体制和战争”的形式而高度集中。[9] 丸山真男对于日本法西斯主义的批判无与伦比，但他毕竟是在战后追究和反思军部的战争责任以及法西斯体制的内在动因，在昭和时期的实际历史进程中，朝野上下几乎没有人认识到法西斯主义对于推动日本走向自我毁灭的巨大危害性，相反，“法西斯主义的思想及运动”被冠名为“昭和维新”而成为时代的主旋律。

右翼分子和军部之所以用“维新”来定位昭和的时代性质，是因为他们认为明治维新所确立的天皇制国体在大正民主主义的冲击下面临着崩塌的危险，昭和时代所要完成的历史使命就是要“革新”日本的国家体制。在堀幸雄看来：“昭和维新刚开始的目标是北一辉、大川周明、西田税等推动的国家改造运动，后来成为包括纯正日本主义运动在内的一般右翼运动的宣传手段。”[10] 到了“满洲事变”之后，一些有头脑的军部分子开始构想关于“昭和维新”的理论纲领。石原莞尔是自永田铁山之后在日本少壮派军人中涌现出来的灵魂性人物，他提出的“外先内后”的战略主张，与桥本欣五郎提出的“内先外后”的战略主张，构成了当时关于国家改造的两大方案。石原莞尔“主张先处理外政（处理满洲问题等）而后实行内部改造者的理由是，以此贫弱的国土改造了内部，也不会对国利民福产生多大效果，而且，如不利用外部的余勇，就会失去内部改造的机会。”[11] 基于这

9　参阅[日]丸山真男：《现代政治的思想与行动》，陈力卫译，商务印书馆，
　　2018 年，第 27 页。

10　[日]堀幸雄：《战前日本国家主义运动史》，熊达云译，高士华校，社会科学
　　文献出版社，2010 年，第 97 页。

11　[日]升味准之辅：《日本政治史》，第三册，第 696-697 页。

个战略主张，石原莞尔一直在理论上论证对美"最终战争"的必然性，鼓吹日本应该尽快通过战争方式解决所谓"满蒙问题"。1928 年 10 月，石原莞尔担任关东军参谋，参与策划满洲事变。1932 年 4 月回国，同年 6 月授大佐衔，1935 年 8 月担任参谋本部作战课长，1937 年 3 月任第一部长，同年 9 月任关东军副参谋长，1939 年 9 月任第十六师团长。1941 年 3 月授中将衔，转为预备役。从 1940 年起，石原莞尔开始撰写和出版《世界最终战争论》（1940 年）、《昭和维新论》（1940 年）、《国防论》（1942 年）等重要著作，他尤其看重《昭和维新论》一书，在出版后 5 年内共修改了 13 次。按照堀幸雄的说法："在日本的国家主义者中，石原与北一辉齐名，是描绘过国家'蓝图'的罕见人物。几乎所有的国家主义者都只知道以破坏为己任，与此相比，能够描绘未来的蓝图，其资质具有特别之处。小林英夫称其为'新体制构筑派'。"[12] 石原莞尔从军事史的角度研究"战争的进化"，主张日本必须通过全体国民也就是总体战来赢得最后战争的胜利，认为"日美开战乃必然的命运"，"此乃 20 世纪最大、最重要的事件，是世界历史之重要关节"，"解决满蒙问题乃当前第一急务"，"满蒙的价值在政治上是国防的据点，是统治朝鲜、指导中国的根据，在经济上足以救燃眉之急"。[13] 为配合进行国民总体战，石原莞尔提出了建设"统制国家"的构想，即制定国家产业统制政策，在国家层面最为合理且最为有效地动员现行经济机构以及运用这些经济机构的有用之才，强化国家对经济和国民生活的统一管制与管理。石原莞尔对"昭和维新"的定义是：

> "所谓昭和维新，就是从西洋式的个人主义、自由主义、功利主义向全体主义、统制主义、国家主义的跃进。"[14]

在石原莞尔的视野里，"昭和维新"不仅要完成日本由自由主义转向统制主义的国家革新，而且还要完成以东亚大同为目标的东亚

12　[日]堀幸雄：《战前日本国家主义运动史》，第 159 页。
13　参阅同上书，第 160-161 页。
14　转引自同上书，第 163 页。

革新，最后是通过最终战争完成世界革新。为此，石原莞尔赋予了日本军队的伟大使命——“军队不仅担负国防重任，还必须担负起为昭和维新训练国民的道场的作用。”[15]

石原莞尔的“昭和维新”论为建构日本军部时代提供了最重要的理论根据，但吊诡的是，他的政治主张既不能为军部中的“皇道派”所接受，也没有因此成为军部“统制派”中的核心人物。1937年中日爆发全面战争前，石原莞尔因担心自己的国防计划受挫而反对事变扩大，结果失败，以后在陆军中一蹶不振。1941年他因为与东条英机不和而被迫转入预备役，标志着他军人生涯的结束。他为此被人称为是“悲剧将军”，理论丰满而成果有限。这个情况表明，决定军部走向并非是某个人的思想或军部高层的决策，“昭和维新”在军部引领下走向法西斯主义，具有广泛的社会基础和很高的民意支持度。

以1931年“满洲事变”为转折点，日本开始进入法西斯主义时代，从国家到社会，从军部到民间，从右翼到左翼，均被笼罩在一种强烈的法西斯主义的思想氛围中，最终演化为法西斯主义运动的总体性推动力量。

首先，民间右翼团体在昭和期间得到迅猛发展，大正年间形成的右翼组织，如“大正赤心团”“皇道义会”“大日本国粹会”“关东国粹会”“赤化防止团”等，主要是为对抗左翼运动而成立，对国内改造没有什么积极的计划。以北一辉和大川周明为代表的“犹存社”提出的“日本改造方案”，才是昭和时期法西斯主义运动的思想指南。陆军激进派成立的秘密组织“樱会”和大川周明等民间右翼组织走到一起，开始发挥其政治实践力。在丸山真男看来，在右翼运动史上开创新世纪的是“全日本爱国者共同斗争协会”和“大日本生产党”的诞生（1931年），这两个组织“开始将零散的右翼运动汇集成一股更统一的政治势力，在这种动向以明确的形式出台时，法西斯主义运动也开始从那种消极的、单纯的反左翼活动中脱离出来，显露出一种社

15　同上书，第163页。

会运动的趋向。"[16] 昭和七年（1932 年）成立的"神武会"，以大川周明为会长，依靠关西财阀石原广一郎的资金支持，广泛吸收右翼分子，并得到军部的支持，搞得轰轰烈烈。

其次，在右翼积极参与法西斯主义运动的同时，左翼亦被法西斯主义思想所主导——出现了"无产阶级政党内部的法西斯运动"，首开其端的是社会民众党内部赤松克麿等掀起的国家社会主义运动，当该党内部发生分裂之后，他们又筹划成立国家社会主义新党。与此同时，全国工农大众党松谷与二郎也表示积极支持军部势力策动满洲事变，后来又主张成立日本国家社会党。由此形成了丸山真男所说的"纯右翼系统与社会主义系统的合流"，"法西斯主义运动的浪潮逐渐渗透到无产阶级运动中去"。[17] 1933 年，日本共产党领导人佐野学和锅山贞亲共同发表"转向"声明，宣布脱离共产国际，转向"天皇制下的一国社会主义"，反对"反君主斗争"，主张建设日本、满洲、朝鲜、台湾劳动群众结合的社会主义国家。另一位共产党干部中村义雄出狱后，于 1934 年成立"皇魂社"，从共产主义者变成了天皇主义者。[18] 大学作为左翼的大本营，也开始向右翼转变。1931 年东京大学成立"朱光会"，大肆鼓吹皇国史观，信奉天皇中心主义，誓言要将大日本精神"宣布世界"。到了 1937 年中日爆发全面战争，知识分子几乎整体参与到军部发动的"总体战"的理论动员中，为大东亚"圣战"的合法性和正当性制造理论根据。

第三，以在乡军人和官僚为主体结成的政治势力，成为法西斯主义运动的中坚力量，前者的主要代表是成立于昭和七年（1932 年）以田中国重大将为中心的"明伦会"，该会极力主张法西斯主义，鼓吹用武力征服中国。成立于昭和八年（1933 年）的"皇道会"，亦是右翼重要的社团组织，成员既包括"在乡军人"，也包括"农民协会"的会员。后者的主要代表首推平沼男的"国本社"、安冈正笃的"金鸡学院"及新官僚为主的"国维会"，这些组织聚集了军部、官僚、

16　[日]丸山真男：《现代政治的思想与行动》，第 31 页。

17　同上书，第 32 页。

18　参阅[日]堀幸雄：《战前日本国家主义运动史》，第 191-192 页。

财界等占领导地位的人物，强化了统治阶级内部的横向联系，为后来自上而下的法西斯主义全面铺开起到了极大的推动作用。[19]

在法西斯主义的时代氛围中，右翼势力从 1935 年开始发动对美浓部达吉“天皇机关”说的批判运动和“国体明征”运动，运动标志着昭和“维新”时代对大正民主时代的彻底否定。美浓部达吉的“天皇机关”说，和吉野作造的“民本主义”，共同构成了大正民主主义的理论基础，其学术合法性在大学和国会从未被质疑，包括裕仁天皇也理解“天皇机关”说把天皇视为国家统治的主体，也视为国家的法人，是组成国家的一个部分，并无不妥。但是，右翼学者为迎合军部势力和民间的法西斯主义情绪，把“天皇机关”说不是当作一个学术问题来讨论，而是当作一个政治问题来讨伐，强调“天皇机关”说是反国体学说。1935 年 1 月下旬，拥护国体联合会向陆海军人、在乡军人、教育者、神道家、社会团体散发右翼学者蓑田胸喜撰写的《论美浓部达吉博士、末广岩太郎博士紊乱国宪的思想》的小册子，煽动舆论围攻两位教授，要求他们辞去公职，并要求文部大臣和内务大臣禁止发行他们的著作。众议员江藤原九郎（原陆军少将）认为美浓部达吉的学说干犯了天皇大权，紊乱国宪。菊池武夫（原陆军中将）在贵族院全体会议上发表质询意见，认为“司法不能饶恕扬言统治主体不在天皇之类的学者”，骂他们是“学匪”。民党议员也参与到攻击美浓部达吉的运动中，众议院以全体一致的方式通过了政教刷新建议案和国体明征案。

所谓“国体明征”案，实质是进一步宣扬皇国史观和进一步巩固天皇制国体。自明治立宪以来，天皇制国体的合法性从“神道”、宪法和国民教育三个层面获得了全面论证。其一，展现“国体论”的神道体系，强调日本国体是万世一系的皇国，也是被诸神护佑的神国，基于王政复古而打造国家神道，将“惟神之大道”视为“国体论”的灵魂，将天皇视为天下大神，提倡“敬神崇皇”和“忠君爱国”。从 1879 年东京招魂社升格为官币敕祭的靖国神社，全日本形成了以国

19　参阅同上书，第 32 页。

币、官币神社为根干，都道府县市町村各级神社配套成龙的国家神道体系。其二，将"国体论"写进国家大法，明治宪法明确规定"大日本帝国，由万世一系之天皇统治之"（第一条），"天皇神圣不可侵犯"（第三条），"天皇为国家元首，总揽统治权"（第四条），从而将"皇国论"和"神国论"等"国体论"的核心价值观植入国家大法。其三，1890 年发布《教育敕语》，将"国体论"确定为教育总方针，敕语强调"朕惟皇祖皇宗肇国深远，树德深厚；我臣民克忠克孝，亿兆一心，世济厥美。此乃我国体之精华，而教育之渊源亦实在于此。"明治时期确立的天皇制国体论，在大正民主主义时期并未遭到否定，吉野作造的"民本主义"对国体问题存而不论，而美浓部达吉提出的"天皇机关"说将国家最高权力置于国家而不是君主，认为君主是作为最高的国家机关而总揽国家的统治权，君主不可将这一权力视为自身的权利而享有之。"天皇机关"说在不触犯天皇主权的前提下，对帝国宪法进行了最大限度的宪政主义诠释。这一前所未有的诠释曾获得了专业领域的广泛认可和国民的理解。丸山真男就认为，在专门学者和文化人中间，包括在官吏和司法官中间，普遍认为"天皇机关"说已成为多年来司空见惯的常识。[20] 但是，昭和时期的"国体明征"运动却把美浓部达吉的"天皇机关"说视为干犯天皇大权、紊乱国宪的罪恶邪说，内阁在议会两院的要求和军部的压力下，两次发表内阁声明禁止"天皇机关"说，并对美浓部达吉博士实行了禁止出售其各种著作的处分。更有甚者，大日本生产党向国会递交了美浓部达吉自杀建议书。美浓部达吉在全国一片声讨中被迫辞去贵族院议员的职务，他在辞职声明中郑重指出：提出辞呈并不是推翻了自己的理论，也并非承认自己的著作有错误，而是深深感到贵族院的气氛已使自己很难恪尽作为议员的职分。他的这个辞职声明再次迎来新一波的攻击浪潮，不仅针对他个人，而且是要求内阁总辞职。1935 年 12 月 26 日，内大臣牧野伸显辞职（据说天皇闻之大哭）；1936 年 1 月 8 日，法制局长官金森辞职；同年 3 月 13 日，枢密大臣一木辞职。国体明

20　参阅［日］升味准之辅：《日本政治史》，第三册，第 734 页。

征运动最后演化为一场倒阁运动，右翼分子和军部是想通过这个运动，彻底推翻政党内阁，建立军部内阁。堀幸雄对此认为：

"说到底，天皇机关说是议会政治的前提，受权力欲望蛊惑的政友会等把它视为问题是政党自掘坟墓。国体明征运动的最终目标就是要排除亲英美派、自由主义者、被他们称之为维持现状派的宫廷集团，从而使革新派扩张势力。"[21]

堀幸雄所说的"革新派"就是主张"昭和维新"的军部势力，军部中不管是"皇道派"还是"统制派"，均是打着"革新"的旗号。前者以荒木贞夫、真崎甚三郎两位大将为盟主，以来自农村的底层青年军官为主干，主张在天皇亲政下改造国家，实行"尊皇讨奸"以彰显"国体"；后者以永田铁山少将、东条英机少将等高级幕僚为核心，主张合法地进行国家革新，也就是采取由陆军大臣向政府提出政治上的要求，进而强力推进政府的方式。按照"统制派"成员池田纯久中将的概括："所谓统制派就是统制军队开展革新，尤其是把统制经济作为其重点"，强调组织和机构比人重要，革新的重点是建立军部主导的"举国一致"体制；而"皇道派是按照皇道中心的精神主义开展革新"，不重视经济政策，强调人比组织重要，革新的重点是人事，强烈要求清除蒙蔽天皇圣心的"君侧之奸"。[22]

1936 年 2 月 26 日拂晓，高喊着"坚决推行昭和维新"口号的 21 名皇道派青年军官，率领大约 1500 名士兵，袭击了冈田启介首相，杀害了斋藤实内大臣等 9 人，占领东京市中心地区达 4 天之久。"二二六事件"看起来是军部的派阀之争，是皇道派与统制派矛盾长期积累的总爆发，但其实质——以丸山真男的看法——是明治宪法以来"法西斯主义暴动"中最后一次，也是最大一次。从此以后，来自底层的青年军官和民间激进右翼组织为中心的法西斯运动开始后退，军部的皇道派被彻底肃清，统制派完全占据了军部的首脑层。这个局

21　[日]堀幸雄：《战前日本国家主义运动史》，第 239 页。
22　参阅同上书，第 245 页。另参阅[日]升味准之辅：《日本政治史》，第三册，第 743 页。

面并不意味着法西斯主义运动的终结，相反，自下而起的法西斯化被压制，由上而来的法西斯化则迅速扩展，军人的疯狂并没有因为皇道派的失败而有所收敛，后来的历史证明，军部在统制派的主导下，把日本推向了更加疯狂的战争轨道。

国家总动员与"一国一党"运动

1937 年 7 月 7 日，爆发了"卢沟桥事变"，日军向宋哲元的部队发起进攻，至 7 月底，战争迅速扩大到整个华北地区，平津沦陷。8 月 13 日，中日军队在中国淞沪地区进行大规模会战。8 月 15 日，近卫内阁发表声明，表示日军的行动目的是要教训无视日本权益的中国。9 月 2 日，日本正式将 7 月以来的一系列军事冲突总称为"支那事变"，[23] 中日两国在双方政府均没有宣战的情况下展开了全面战争。1938 年 11 月 3 日，近卫文麿首相发表了臭名昭著的"东亚新秩序声明"，声称日本发动战争的目的在于在亚洲建立新的国际秩序，这是符合世界历史潮流的行动，如果中国政府改变立场协助日本建

23　之所以用"事变"一词，既是因为中日两国开战后并没有互相正式宣战，也是因为日本认为如果正式宣战，那么美国就会根据《中立法》停止向日本出口废钢、石油以及机床等重要物资，这将使得日本难以继续进行战争。所以，日本一直认为中日两国并没有进入国际法意义上的战争状态。战后，日本历史书籍包括学校教科书才逐渐开始用"战争"而不是"事变"来表述这段历史。参阅［日］古川隆久：《毁灭与重生：日本昭和时代（1926-1989）》，章霖译，浙江人民出版社，2021 年，第 116 页。鹤见俊辅在他的书中曾提到，日本向英、美、荷宣战之前，已经有十年期间持续在一种没有宣战的战争状态中，那就是对中国的战争，因此，如何称呼对英美荷战争，一时颇为踌躇。在日本政府的会议中，曾经提出过若干名称，例如"太平洋战争"或"对英美战争"等，最后决定命名为"大东亚战争"。选择这个名称的理由是，其他候选的名称并没有把日本与中国之间持续进行的战争状态包括在内。可见，日本是在太平洋战争爆发之后，才正式承认所谓"支那事变"是"大东亚战争"的一个组成部分。参阅氏著：《战争时代日本精神史：1931—1945》，邱振瑞译，北京日报出版社，2019 年，第 52 页。

立亚洲新秩序，日本保证两国可以平等协作。1938 年 12 月中旬汪精卫逃出重庆以后，近卫内阁于当月 23 日再次发表声明，表示中国的新政权只要满足承认“满洲国”、同意日军在部分地区驻扎、共同防共等条件，日方可以不要求割地赔款，并保证在平等的基础上与中国展开经济合作。为抗击日本的侵略战争，中国国民政府主席蒋介石于 1937 年 7 月 17 日在庐山发表著名的“最后关头”的演说和《对卢沟桥事件之严正声明》，号召“地无分南北，人无分老幼，无论何人，皆有守土抗战之责任，皆抱定牺牲一切之决心。我们只有牺牲到底，抗战到底，惟有牺牲的决心，才能博得最后的胜利。”蒋介石的“庐山讲话”是中国抗日战争的总动员，显示出中华民族绝不屈服于日本侵略战争的决心与勇气。

在中国政府进行全民抗战总动员的同时，日本政府亦开始进行战争总动员。1937 年 9 月 11 日，近卫文麿首相在日比谷举行的纪念国民精神总动员运动的演讲会上，宣称这场战争是日本为了真正的国际主义，通过调和东西方的道德来为世界历史作出贡献的机会。随后，内阁迅速启动了“国家总动员”计划。1937 年 10 月，成立了“企画院”的新机构，专门指导国家总动员计划的落实与展开。1938 年 4 月，国会发布《国家总动员法》，并根据该法先后发布了《军需工业动员法》《临时资金调整法》《进出口物质等临时措施法》等相关法案，将国民经济转入战时统制模式，实行战时军需生产的物资管理，以及国家对劳动力、资金、物流等多方面的统制，对工业原料和粮食实行配给制。堀幸雄认为，战时统制经济的实质是“自由主义经济、资本主义经济机构转变为国家主义的统制经济机构”，其主要内容包括：国民征用令、薪金统制令、物质统制令、地租房租统制令、佃农地租统制令、电力调整令、公司利益分红及资金统制令、银行等资金统制令、股票价格统制令、重要产业团体令、企业整顿令、贸易统制令、新闻事业令、报纸等限制登载令。[24] 这些依据国家总动员法而颁布的敕令，如同一张大网，将国民经济和国民生活全部笼罩在国家的

24　参阅［日］堀幸雄：《战前日本国家主义运动史》，第 363 页。

统制之下，民间社会完全丧失了自由生存的空间。

基于战时统制的原则，日本的政治结构进一步发生重大变化。1931 年"五一五事件"被日本史家普遍认为是结束了政党内阁的生命，内阁的更迭改换由军部主导，但政党政治的形式至少还一直存在着，政党通过选举组成国会仍然是政党发挥其影响力的重要途径。1937 年 3 月举行众议院选举，原来两大民党——民政党和政友会——占据大多数议席的局面没有改变（分别占 180 席和 174 席），于 1932 年经由多个社会主义政党合并产生的社会大众党也取得了 36 席。这个政党结构看上去比以前有重大进步，当时《中央公论》发表评论认为社会大众党在国会取得 36 席意义重大，表明少数党的壮大是趋势，今后的选举不会后退而是不断地上升。[25] 近卫文麿在 1937 年 6 月 4 日第一次组阁时发表谈话，强调政党团结而不是对立相克，他选择的阁员包括了民政党、政友会、财界和新官僚，同时得到了陆军和社会大众党的支持，近卫内阁由此被认为是容纳了"碎片化"的所有政治势力的内阁。但是，在坂野润治看来："得到了所有政治势力支持的这一内阁，既没有基本路线，也没有可以信赖的执政党势力的支持"，[26] 其政策选择飘忽不定，时而右倾，时而中间，时而左倾。这个情况表明，政党政治只是徒有其表了。

随着国家总动员时代的到来，政界所谓革新派提出了"取消现行政党，建立举国一党"的政治主张，连政党政治的形式也不想保留了。著名右翼分子头山满和一条实孝公爵、山本英辅海军大将在 1937 年 12 月 16 日的报纸上联名发表《敬告全体国民书》，声称把宪法政治理解为政党对立的政治实乃西洋思想的余毒，号召建立"皇国之政党"，"实现我国独特的政治结合，使之成为内外国运发展之基轴，……实现强有力政党的新组织，应明征全体国民民意之归趋……"。[27] 以此为契机，1938 年 1 月 11 日成立了举国一致联盟，该联盟公开提出"一国一党"的口号，要求取消政党，通过一国一党

25　参阅［日］坂野润治：《日本近代史》，第 299 页。

26　同上书，第 304 页。

27　参阅［日］堀幸雄：《战前日本国家主义运动史》，第 367 页。

实现举国一致，支持近卫内阁的战争政策。2月17日，举国一致联盟在日比谷公会堂召开举国一党国民大会，会议结束后，一部分与会者聚集数百人冲击民政党和政友会总部，向两党施加压力，要求取消现行政党实现一国一党。

对于一国一党运动，近卫文麿持默许态度，而社会大众党对政党合并持支持立场，右翼和左翼合流。1938年10日，右翼组织"大日本皇民会"酝酿成立"大日本党"，该党纲领明确提出："实现一国一党之国家体制；经营国家体制；道义国家体制；高度国防国家；确立东洋共同体。"另有建党方案规定，首相常任党魁，强调党的目的不是为了夺取政权，也不是议员政党，而是国民的全体性组织，既是政党，也是政府的外围组织。在组织上，党排斥任何少数服从多数的票决原则，实行党魁独裁。[28] 社会大众党号称无产阶级政党，从左翼转向右翼，其支持一国一党的理由是："通过军部势力与无产阶级的结合、通过天皇势力与庶民势力的结合来推动日本革命"，提出"必须抛弃过去的想要通过阶级斗争改革资本主义的社会运动理论，而代之以必须包含改革资本主义的全体主义的指导原则，以求国家与民族的繁荣发展。"该党在1938年6月举行的议员大会上发表声明："我等期待出现为了举国一致，以全体国民的组织化为目标而建立起来的真正的大革新政党，我们愿意牺牲自己，为了实现这一目标愿意努力。"[29]

由右翼和左翼共同推动的一国一党运动在1938年开展得轰轰烈烈，却并没有在该年度取得实质性突破，原因既是近卫文麿此时对运动的态度还不明朗，也是该运动尚没有得到军部的全力支持。1939年1月4日，近卫内阁因为与军部在处理中国战事问题上存在重大意见分歧而宣布总辞，此后相继出现的三届内阁（平沼骐一郎、阿布信行、米内光政）亦是无法与军部的步调完全一致而先后下台，形势促使近卫文麿再次走上政治前台，于1940年7月22日组成第二届近

28　参阅同上书，第371页。

29　转引自同上书，第374页，译文参照升味准之辅的《日本政治史》第三册
　　做了调整，参阅该书，第765页。

卫内阁。在这次组阁前后，近卫文麿痛彻感受到没有执政党的内阁是多么的脆弱，意识到要想对抗军部干预政治，必须出现一个获得国民各个阶层支持的强有力的政党。于是，从 1940 年 5 月开始，在近卫文麿的大力支持下，一国一党（新党）运动进入了新的阶段，各民党的革新派自掘坟墓，组成了贯彻圣战议员联盟，推动政党解散，为近卫文麿第二次组阁建立一个"新体制"大造舆论。近卫文麿的御用理论家矢部贞治为"新体制"制造的理论根据是：

"要把所有的政治势力和国民的全部力量集中、统一、协同于一元化政治的指导意志之下，就是要建立一种国策的决定及落实，能够妥善、有效、迅速、果断推进的体制。

这种强有力的国家体制作为 20 世纪现代国家的体制，乃世界各国共同追求的目标。尤其是对于正面临着处理中国事变、建设东亚新秩序这种伟大事业的我们日本来说，身处世界性战乱的旋涡之中，无论是为了确立高度国防的国家，还是为了实现东亚的自主外交，都是绝对必需的根本制度。

投入全体国民的所有力量，通过其自发能动的参与，结合一元化的国家意志协同、集中，正是一君万民的日本政治的根本原理。

强大有力的政治体制的根本条件……第一，国家的政治性指导意志必须经常保持一元化；第二，全体国民的灵魂与指导意志必须结合在一起。"[30]

基于矢部贞治的理论方案，近卫内阁建立了"新体制"，其核心内容是解散政党体制，实行一国一党；建立"大政翼赞体制"，实行超政党的国民运动。1940 年 7 至 8 月，民政党、政友会、社会大众党等先后宣告解散。同年 10 月 12 日，"大政翼赞会"正式成立，近卫文麿任党魁，他把该会纲领概括为："大政翼赞会的纲领，一言以蔽之，是辅佐大政，实践臣道。"[31] 大政翼赞会成为国民总动员体制

30　转引自同上书，第 389-390 页。

31　[日]味准之辅：《日本政治史》，第三册，第 775 页。

的唯一政治组织，从道府县到市区町直至村庄街道，都建立了支部，日本真正进入了“一国一党”时代。军部对于近卫“新体制”持完全支持的立场，用时任陆军军务局长武藤章的话来说：“对于近卫公爵的出马、组建新党，军队举全力赞成。”[32] 投之以李，报之以桃，近卫内阁引入了两个重要阁员，一个是东条英机，担任陆军大臣，一个是松冈洋右，担任外务大臣。选用这两个法西斯主义极端分子，为日本进一步开辟了“走向战争的道路”，近卫内阁被称之为“发动战争的内阁”。军部与内阁达成的共识是：1、进一步加强德意日同盟关系；2、与苏联缔结互不侵犯条约；3、将英、法、荷在亚洲的殖民地置于东亚新秩序内加以处理；4、决心排除美国用武力干涉建设东亚新秩序。至此，日本进入了丸山真男所说的“法西斯主义的完成期”，法西斯主义与现实的国家机构合为一体，“军部和官僚、财阀的勾通一气的体制得以强化，开始走向正规、完善的法西斯主义。”[33] 到了第三届近卫内阁总辞时（1941 年 9 月），东条英机接棒组成战争内阁，继承了其前任开创的法西斯主义遗产，将“大政翼赞运会”进一步发展成军部主导的“翼赞运动”。1942 年众议院选举，选出的议员均是由军部、财界人士组成的“翼赞政治体制协议会”推荐的候选人，最终的选举投票率达到了 81.8%，为战败前最高水平。至此，以众议院议员为中心的政治团体“翼赞政治会”，军部内阁，民间各种右翼团体，共同构成了三位一体的翼赞政治体制，也就是东条英机的战争体制。从政治合法性来看，法西斯主义政权获得了巨大的民意支持，包括来自于知识分子的学术支持。

知识分子参与“总力战”的理论总动员

实行战时统制体制，进行国家总动员，其中的一个重要组成部分

32　转引自［日］堀幸雄：《战前日本国家主义运动史》，第 381 页。
33　［日］丸山真男：《现代政治的思想与行动》，第 65 页。

就是发动全体国民参加"总力战"。1937 年 8 月 14 日，也就是在中日淞沪战争爆发的第二日，日本政府在紧急派遣陆军部队前往中国淞沪地区参战的同时，决定开展"国民思想运动"。8 月 24 日，内阁会议通过了"国民精神总动员计划实施纲要"，号召全国上下"以举国一致、坚忍不拔的精神，克服持续的艰局，扶翼皇运，应官民一体，兴起一次大的国民运动。"[34] 9 月 11 日，近卫文麿首相在日比谷举行的纪念国民精神总动员运动的演讲会上发表演说，宣称对华战争是日本为了真正的国际主义，通过调和东西方的道德来为世界历史作出贡献的机会，他呼吁国民支持政府和相关民间团体为战争出力，节约消费、增加税收、努力工作、购买战争国债以及到政府邮局存钱。大众媒体纷纷赞扬近卫文麿的这一演说从哲学层面说明了中日战争的正当性，之后开始流行用"圣战"来称呼这场战争，把战争神圣化。

在"总力战"的体制下，从报界到大学教授和各类文化人，既是国家总动员的统制对象，又是国家总动员的推进力量，少数对战争性质持异议的人士和媒体，则遭到严厉打压。比如，东京帝国大学的教授矢内原忠雄在 8 月《中央公论》杂志上发表文章，指出对中国发动战争是不正义的，结果招来围攻，被迫在 11 月辞去了东大的职务，第二年还被扣上了违反《出版法》和《报纸法》的罪名。[35] 日本报界在 1931 年前后针对"满洲事变"和"五一五事件"，尚有部分报纸发出批判军部法西斯主义和反对战争的声音。在 1936 年"二二六事件"中，《东京朝日新闻》遭到暴徒袭击，表明独立的新闻力量已成了法西斯势力的眼中钉。但是，仅仅一年之后，在国民精神总动员强化的新闻管制下，报界几乎整体沦陷，主动或被动地全面转向支持国家"总力战"，宣传战争的正当性和神圣性。《东京朝日新闻》对国民精神总动员的意义进行了总结，指出为贯彻日本一贯的政策，"无论是公职人员还是一般国民都必须贯彻坚忍不拔的情操，承受今后可能到来的任何困难……并将尽忠报国的精神在日常的业务生活中加以

34　参阅孙继强：《侵华战争时期的日本报界研究（1931—1945）》，中央编译出版社，2014 年，第 231 页。

35　参阅[日]古川隆久：《毁灭与重生：日本昭和时代（1926-1989）》，第 144 页。

体现，这是打破目前困难局面，实现帝国隆兴的途径。”“卢沟桥事变”一周年之际，《东京日日新闻》发表社论说战争的爆发是“为了确立真正的日支亲善……援助支那的文化经济发展，建立东亚和平的基础”。[36] 新闻媒体在国家总动员时期的主要使命，是宣传日本对外战争的正当性，鼓动国民的参战热情，号召社会各界以力所能及的方式参与国家总力战。

新闻媒体是大众舆论的工具，在大多数时候它只满足于通过各种煽动的方式来行使对国民的教化作用，而要系统地论证战争的深远理论意义和历史意义，则需要哲学家、历史学家和文学家们出场。知识分子，作为包括哲学家、历史学家、文学家的整体性精神力量，在昭和时代对于建构“总力战”的意识形态所起到的巨大推动作用是难以估量的。在中日甲午战争时期，以福泽谕吉和德富苏峰为代表的日本知识人，主要是以“文野之战”论（文明对野蛮之战）为日本进行对中国的战争提供正当性理由，这个理由或许成立。但是，到了昭和时代，按照子安宣邦的说法，“昭和的意识形态”的核心是国家主义，其理论逻辑是“近代的超克”——即用东亚（以日本为中心）现代性来超越西方现代性，重建日本在“世界史”和世界秩序中的支配性地位，用战争手段推动建设“东亚协同体”和“大东亚共荣圈”。子安指出：“‘东亚协同体’论的确是日本在中国及亚洲实施的帝国主义战争的理论产物。同时也是现代日本众多的学者知识分子从一开始便参与的有关亚洲问题理论建构的历史体验。”[37] 这些历史体验既面临着如何论证对华战争的正当性，也面临着如何论证对英美战争的正义性，因此，学者们显然需要建构比明治时期“文野之战”论更为新颖的理论，以便为日本政府进行“大东亚战争”提供更为全面的理论证明。昭和时代提出的“东亚”论，“世界史”论，“近代超克”论，构成了“昭和意识形态”的主要理论基础。

36　转引自孙继强：《侵华战争时期的日本报界研究（1931—1945）》，第 238 页。

37　［日］子安宣邦：《近代日本的亚洲观》，译者：赵京华，生活·读书·新知三联书店，2019 年版，第 63 页。

（一）"东亚"论：重构亚洲主义叙事

狭间直树关于日本早期亚洲主义的研究揭示了一个基本事实：在以西方文明为中心的近代世界结构重整阶段，亚洲主义顺势而生，折射出近代亚洲，特别是"东亚文明圈"特殊的一面，亚洲作为一个洲级的地缘和文化共同体，其同质性联动，包含着与欧洲相对抗的思想构造，亚洲国家是在与欧洲形成地理和空间性的对立关系基础上，走追求欧洲式富强的路线。也就是说，亚洲主义具有双重理论面向：既学习欧洲，又对抗欧洲，亚洲与欧洲处于一种错综复杂的二重关系。[38] 到了 1930 年代前后，日本的亚洲主义叙事日趋被一种"东亚"主义话语所取代，用子安宣邦的话来说，"东亚"是一个经历了半个多世纪岁月依然无法抹去帝国日本印记的概念，是"首先在昭和历史、在日本人的话语体验中阐明与帝国日本一起出现的一个地缘政治学概念"。[39] "东亚"概念既承载着关于东亚文化共同体的想象，更是承载着帝国日本进行大规模军事扩张的政治想象。近卫文麿首相在 1938 年 11 月日军占领中国武汉后发表声明，正式提出建设"东亚新秩序"的政治主张："帝国所冀求者，在于确保东亚永久和平而建设新秩序，此次征战之终极目的亦在此也。"中国国民政府主席蒋介石迅速作出回应，严正指出"东亚新秩序建设乃吞并中国之别名"。[40] 由此可见，中日基于战争的敌对关系，对"东亚"的政治地理含义的理解迥然不同。日本开始"大东亚战争"，使"东亚"概念进一步扩大为"大东亚"，在子安宣邦看来："这个地域概念的扩大，乃是伴随着日本帝国主义战略视野向南太平洋地域扩大而出现的。它立刻要求学者来做事后正当化的理论性处理。"[41]

事实上，日本学者的"东亚"意识的形成并非只是"事后"对日本政府的对外军事行动作出理论反应，毋宁说近卫文麿关于"东亚新

38　参阅［日］狭间直树：《日本早期的亚洲主义》，第 3 页。
39　［日］子安宣邦：《近代日本的亚洲观》，第 53 页。
40　参阅同上书，第 62 页。
41　同上书，第 64 页。

秩序”的政治构想是来源于学者早已做好的理论准备，或者说学者们比政客们具有更深远的理论视野。1930 年，京都帝国大学校长、考古学家滨田耕作出版了《东亚文明的黎明》一书，该书在日本思想史上首次系统地阐述了“东亚”和“东亚文明”的概念。在作者的视野中，东亚首先是一个地理的概念，它是在亚洲的东部，以支那（中国）为中心，韩国、日本与其接壤而自然形成的一个共同的文化圈。以子安宣邦的理解，滨田耕作的东亚论具有双重关切，一是关切东亚内部存在着多元的文化，即中国文化、日本文化和韩国文化，这意味着中国文化和东亚文化并不完全是重合的。二是用“东亚”概念来取代“中华”概念，关切着东亚文明有待于日本文明的崛起而进入黎明时刻。因此，“东亚”概念的提出，首先是在文化上否定传统的“中国中心主义”，把中国从东亚的中心位置里驱除出去，取而代之以确立日本在东亚的中心位置。其次就是在政治上重新勾画东亚的地缘政治版图，这是从提出东亚概念直至全面鼓吹东亚主义的一个内在考虑，近卫文麿提出建设“东亚新秩序”，学者们已经为其做好了充分的理论准备。

中日爆发全面战争，需要学者们进一步论证战争的正当性，于是，从“东亚新秩序”的政治理念又进一步演绎出“东亚协同体”的构想，发表了大量相关著述，并通过汪伪政府翻译引进到中国，其中的代表性著作有：《大东亚战争的性质》《真正的中日和平》《东亚之自主圈与共荣圈》《东亚共荣圈与民族主义》《日本民族之优秀性》。著名社会学教授新明正道在 1939 年发表的《东亚协同体的理想》一书，肆意美化战争性质，认为“战争使以往既有变化的方向变得更加明确，并发挥了决定性的作用。与其说是战争，不如说是战争的进展使事态变得更加清楚，因此，可以说伴随历史的行进产生了清晰明了的认识。”[42] 在子安宣邦看来，所谓“清晰明了的认识”不过就是为战争的正当性提供“事后”的理论证明：

“‘东亚协同体’论的话语正是对战争状况的事后追认，即追随事

42　转引自同上书，第 64 页。

件之后而做出的理论化概括。日中战争这一不曾预料的在大陆军事事态的进展，要求日本的学者、知识分子们急速对事态从理论上做出正当性论证。有关'东亚协同体'的著述汗牛充栋，几乎全都是追随国家意识的暧昧行使，即国家意识之所谓军事上的越轨行径——日中战争的事态进展而发出的话语。"[43]

当日本面临与英美的战争时，以日本为中心的东亚概念，不仅意味着是一个去中国化的进程，而且也意味着是对西方世界的一个对抗性关系，原来基于与欧洲对抗的亚洲主义叙事重新在东亚主义的话语中被凸显出来。随着"太平洋战争"的爆发，"东亚"概念又进一步演化为"大东亚"概念。京都帝国大学东洋史学家矢野仁一在1944 年，也就是在日本即将全面战败的前夜，发表了《大东亚史构想》一书，该书提出了"大东亚史"的范围：

"大东亚史的范围应该就是大东亚共荣圈的范围。这包括以下内容：以日本为主；至今我们作为东洋史对象来处理的以支那为中心的周边诸国家民族，即认为属于支那政治文化史范围的诸国家民族；还有受印度阿拉伯等商业宗教文化影响，属于支那政治文化圈外的南方圈诸国家民族。"[44]

由上可见，学者们对于日本控制"大东亚"的战略范围有着比军部更大胆的想象，"大东亚战争"让"东亚"概念明确具有了双重面向：一方面是消解"中国中心主义"，对中国说不，进而确立日本在亚洲的中心地位；另一方面是用"东亚"概念来抵抗"西方中心主义"，对西方说不，进而确立东亚在世界秩序中的核心位置。日本东亚观的全面展开，基于东亚概念所建构起来的有关东亚的一系列哲学和历史学叙事，为日本同时进行两场战争——对中国的战争和对英美的战争——提供正当性的理论依据，从而彻底沦为国家主义政治动员的工具，加速了日本的战争列车向自我毁灭的方向疾驶而去。

43　同上书，第 61 页。
44　转引自同上书，第 64 页。

（二）"世界史的哲学"：重构世界新秩序的原理

"东亚"论确立日本在东亚国际秩序中的中心位置，必然面临着与既有的世界秩序的冲突。1920 年 1 月 10 日，《凡尔赛条约》生效，国际联盟成立，盟约规定"五大国"美英法意日为常任理事国，日本作为"国联"常任理事国的一员，理应带头遵守和维护"国联"所确定的国际规则。但是，日本却并没有这样做，1931 年日本军部策动"满洲事变"，扶持成立伪满洲国，悍然挑战了各国公认的世界秩序，引发了国际社会的一致谴责。在强大的世界舆论压力下，"国联"派出"李顿调查团"赴中国调查。次年 10 月，该调查团向"国联"提交报告，报告认为"满洲事变"并非日本声称的"自卫行为"，"满洲国"脱离中国独立也不是当地人民的意愿，而是日军以武力制造的结果。报告最后要求日本退回到"九一八"事变前的状态。1933 年 2 月 24 日，"国联"大会以 42:1 投票通过否认伪满洲国合法性的声明，达成了要求日本从中国东北地区撤军的决议案。日本全权代表松冈洋右对此当场宣布日本退出"国联"，3 月 27 日，日本政府发表通告正式确认这一决定。至此日本自绝于国际社会，成为"世界的孤儿"。

在与世界秩序相冲突的形势下，日本建立"东亚新秩序"的目的，不仅是要在东亚世界中确立日本的中心地位，而且要通过东亚地缘政治力量的崛起重组世界秩序，让日本重新成为"国际政治游戏中的主要制衡力量"（霍布斯鲍姆语）。要完成这项历史性任务，日本必须提出自己关于世界秩序的理论，重述"世界史"和"世界史哲学"就是在这样的时代背景下应运而生。子安宣邦认为："在昭和时期的日本为确保东亚的权益范围，向世界要求'秩序'重组的主张中，通过重新认识'世界史'而给出哲学上明确表述的，是所谓京都学派的'世界史的哲学'或'世界史的立场'。"[45] 其主要代表人物是深受著名哲学家西田几多郎影响的一批年轻的哲学家和历史学家，他们是西洋近代哲学研究者高坂正显、宗教哲学家西谷启治、历史哲学家高

45　同上书，第 18 页。

山岩男、西洋史学者铃木成高等。正是这批学者在 1942 年连续召开了三次座谈会，座谈会的主题分别是："世界史的立场与日本"，"东亚共荣圈的伦理性与历史性"，"总力战的哲学"。三次座谈会的纪要发表于 1942—1943 年的《中央公论》上，后结集为《世界史的立场与日本》一书，由中央公论社出版，发行量达 15000 册。京都学派的"世界史的哲学"构成了昭和战时话语体系中一个哲学和历史学制高点。

"世界史的哲学"为日本军部重构世界秩序提供了何种理论依据？西田几多郎在《世界新秩序的原理》一书中奠定了基本的看法：

"各国家民族以各自个性化历史生命为生存根基，同时，秉承各自不同的世界史使命而结合为一个普世的世界……这必然是由此次世界大战所要求的世界新秩序的原理。"[46]

高山岩男的《世界史的哲学》一书从其老师的上述看法中进一步引申出关于多元论世界的观点：

"我们在地球上的人类世界中，必须承认多种世界史、多种历史性世界的存在。总之，坚持历史性世界的多元化立场，乃是考察真实的世界史所不可或缺的条件。"[47]

西田几多郎关于世界新秩序的原理，高山岩男关于多元论世界的看法，在学术上有其正当性理由，世界普遍史的构成当然取决于各民族国家的个性化历史生命，东亚史的撰写者参与世界史的重新书写亦是其不可被剥夺的权利，尤其是在殖民主义时代形成的世界史带有深刻的帝国主义印记，重撰世界史应该成为东亚学者的理论使命。但是，京都学派的哲学家和历史学家们提出的"世界史的立场"和"世界史的哲学"，针对所谓一元论的"欧洲世界史"的统治提出了与之对抗的多元论世界，旨在证明以欧洲为中心的世界史必然崩溃解体的命运，形成了关于"欧洲近代原理彻底破产"的历史认识，

46　转引自同上书，第 10 页。
47　转引自同上书，第 20 页。

最后得出了与“世界史”同时成立的“世界秩序”必须被重组的结论。正是基于重构的“世界史哲学”和“世界史立场”，高山岩男把日本对英美的战争视为是“秩序转换之战、世界观转换之战，……要言之，对内对外均使其完成新的思想转换，这是本次战争真正的意义所在”。高坂正显表述了相同的看法：为了世界新秩序而进行战争，乃是拥有道义性生命力的民族所展开的主体性、能动性行动，所谓世界史的革新即成为道义性民族所负有的“世界史的使命”，承担此种“世界史的使命”的是日本，日本决定着世界史的方向，承担着引导世界前行的“世界史的必然性”。[48]

子安宣邦对西田几多郎遗传给其弟子的历史哲学式话语进行了无与伦比的批判，他精辟地指出他们关于“世界史”的一整套理论作为一种隐蔽的欺骗性叙事，实质在于：

“对于‘世界史’的再认识和追求其重组的要求，也便是对‘近代’进行批判性超越的要求。‘世界史的哲学’最初便披上了超越‘欧洲近代’的世界观外套。但是，这个‘世界史的哲学’从自身立场出发所形成的世界认识和近代批判的话语，成了也只能成为推行‘大东亚战争’之帝国日本立场的哲学化粉饰。”[49]

从日本新的“世界史立场”出发，日本对中国的战争和对英美的战争在学者的理论论证中都具有了重组“世界史”的正当性。高山岩男毫不掩饰其为大东亚共荣圈提供合法性证明的理论企图，认为日本作为“共荣圈的核心国家，只有以周围其他国家为媒介才能确立起世界史中的主流地位。没有政治支撑的文化是无力的，没有文化支撑的政治是盲目的。”“我们甚至可以说，当今世界已经进入新的政治史时代。而且，这种政治力量不是单纯一国的政治力量。它终将是以文化为媒介的广域政治力量。”[50] 而所谓“以文化为媒介”，不过就是对

48　参阅［日］子安宣邦：《何谓“现代的超克”》，董炳月译，生活·知识·新知三联书店，2018 年，第 55 页。

49　［日］子安宣邦：《近代日本的亚洲观》，第 20-21 页。

50　转引自同上书，第 28 页。

"世界史哲学"的一种自我期许。高坂正显也是在"实现世界史之意志"上，赋予"大东亚战争"以"圣战"的性质，认为日本通过战争重建世界秩序，标志着"世界史的转折"正在发生。

正是通过重述"世界史"和"世界史哲学"，京都学派最终建构了关于"圣战""总力战"和战争的形而上学，并把重组"世界史"和世界秩序的权力赋予国家这个"绝对性存在"，认为在历史性世界中惟有国家才具有绝对权威和权力。抽象的哲学和历史学演绎，最终走向了国家主义的政治叙事，成为国家精神总动员运动中的一个核心部分。

（三）"近代的超克"论：重构现代性理论

在哲学家和历史学家们建构国家精神总动员的理论高地时，文学家和文化人也积极地参与到关于亚洲问题理论构建的历史体验中。昭和十七年（1942 年）7 月 23 日、24 日，"近代的超克"座谈会以"知识性协作会议"的名义在东京举行，13 名与会者以《文学界》同人为主（6 名），同时邀请了电影界、音乐界、神学界、哲学界的著名人士，包括一位物理学家。按文学家竹内好的说法，这场座谈会的人员构成呈现为"三种思想要素"或"三个谱系"的组合，分别是"文学界"群体、"日本浪漫派"和"京都学派"。本次座谈会提出了一个重要的概念——"近代的超克"，这个概念在战后被冠以"臭名昭著"，子安宣邦对此有过解释："无论取自始至终哪一个人的发言观之，都会让人感到有足够的理由称其为臭名昭著。哪个人的发言，都让人感到是'为了战争''为推进战争的日本'而进行知识粉饰的哲学饶舌"。[51] 其实更准确地说——亦是子安宣邦特别强调的一个重要判断——"近代的超克"论构成了昭和时代日本人自我理解的话语，即"昭和意识形态"。

51　［日］子安宣邦：《近代知识考古学：国家、战争与知识人》，赵京华译，生活·知识·新知三联书店，2022 年，第 93 页。

　　之所以举行“近代的超克”座谈会，是因为 1941 年 12 月 8 日爆发了太平洋战争，日军向英美两国开战，战争范围从中国扩大到太平洋周围国家。经过 1937 年以来持续的战争动员，日本大多数国民是怀着“畅快的心境”来迎接这场战争，普遍认为战争一扫过去与英美交涉时所造成的心理郁积，大有从英美对世界的统治中解放出来的巨大快感。知识人和文化人对新的战争更为敏感，他们原来还沉浸在对华战争的纠结中，如高山岩男就说过这样的话：“‘支那事变’所具有的复杂性质，我觉得似乎基于世界史立场的讨论也未能给予真正的理解”。而大东亚战争则让他豁然开朗：“由于大东亚战争的进展和扩大，‘支那事变’所带有的不明朗性质被消除了，现在终于走上了一条十分明确的道路”。[52] 那就是通过与英美的直接战争来建立新的世界秩序，“圣战”的性质由此确立。吉野作造的弟子住谷悦治在听到对英美宣战的消息时“诚惶诚恐不胜激动”，撰文称“随着宣战大诏的发布，一亿国民的前进方向焕然明朗如天日……在新东亚诞生的光明之中，身心弥漫着疼痛程度的感动之情。”[53] 竹内好更是用文人的激情和语言来欢呼战争的到来：

　　“历史被创造出来。世界在一夜之间改变了面貌。我们亲眼看到这一切。感动得发颤，我们守望着一道彩虹一般飞翔的光芒划过。我们感到涌上心头而难以名状的某种激发之情。12 月 8 日，宣布开战大诏之日，日本国民的决意凝聚燃烧起来，心情无比地爽快。”[54]

　　以开战为契机召开的“近代的超克”座谈会当然不会仅仅满足于国民情绪的发泄，而是要重新建构与“世界史”叙事能够相提并论的现代性理论。座谈会主持人河上徹太郎在开幕词中把日本的近代化“范型”称为“近代的超克”，实际上就是要重新认识日本的“近代”

52　[日]子安宣邦：《何谓“现代的超克”》，第 10 页。

53　转引自同上书，第 94 页。

54　转引自[日]子安宣邦：《近代知识考古学：国家、战争与知识人》，第 87 页。[日]竹内好：《近代的超克》，李冬木等译，生活·读书·新知三联书店，2005 年，第 165 页，译文略有不同。

问题：何谓"近代"？为什么要"超克"近代？对于参加这个座谈会的人来说，战争提供了重新认识"近代"这个重大问题的机会。首先，是重新定义"近代"。在原来日本人的思想认识中，"近代"代表着一种文明化进程，是作为"欧洲世界史的阶段"来把握的，而"欧洲世界史的阶段"是欧洲扩张的产物，近代欧洲文化的传播使"非欧洲地域之欧洲文明化"的状态得以出现，日本的近代化实际上就是一个"欧化"进程。"近代的超克"就是要重新改写"近代"（现代性）标准，建立非欧洲的"世界史哲学"和"世界史立场"，实质就是要创立日本自己的"近代"尺度。其次，提出"近代的超克"是因为欧洲近代国家原理不仅具有其普遍性的延伸扩张，还包含着对立性的延伸扩展，后者引起了世界规模的战争，导致以欧洲为中心的近代世界的终结。欧洲近代模式的崩溃，意味着日本必须创造有别于欧洲的近代发展模式，重构欧洲对世界的支配及其世界秩序。第三，"近代的超克"作为一种反现代性话语，实质是反对欧洲主导的现代性，在近代日本与近代欧洲之间制造一种对抗性关系，正如子安宣邦所说，昭和意识形态实质是一种反"近代"话语："他们批判的、应该克服的对象，或者作为克服的前提而被理解的'近代'，不是别的正是西方的近代。被这个西方近代所侵犯而陷入混乱、备尝艰辛的就是近代日本。"[55] 因此，重新建构的日本"近代"是对近代欧洲模式的"超越"与"克服"（"超克"的本义），战争成了"超克"的主要形式。第四，日本"近代"与欧洲"近代"的对立，必然在东方与西方之间制造地缘政治学的对立，这是日本发动对英美战争的特有逻辑：不是与欧洲帝国主义相同的"近代"逻辑，而是承担着超越"近代"逻辑的日本"世界史"逻辑，由此赋予日本对外战争以重新建构世界秩序的正当性，也就是赋予大东亚战争的"圣战"性质。

国民精神总动员进程中主要由知识人参与制造的"东亚论""世界史的哲学"和"近代的超克"论，为日本军部政府展开对中国和英美国家的全面战争提供了正当性证明，从"东亚"论到"东亚协同体"

55　[日]子安宣邦：《近代知识考古学：国家、战争与知识人》，第91页。

论再到“东亚共荣圈”论，从重构“世界史”到重构世界秩序，从重新解释“近代”标准到确立近代日本与近代欧洲的对抗性关系，均是为了证明日本进行的大东亚“圣战”具有转换“世界史”和建设“世界新秩序”的深远意义。知识人的理论动员为军部操纵的战争列车疯狂驶向深渊指明了方向。

走向最后的崩溃

1941 年 10 月 16 日，近卫文麿辞去内阁首相一职，这是他自 1937 年首次组阁以来第三次，也是最后一次。辞职的原因表面上看是因为他的私人顾问尾崎秀实涉及“左尔格案件”被捕而让他的声名大损，更深层的原因是他不愿意在任内面对与美国开战的前景。在第二次近卫内阁时期，日本为准备战争而实行举国一致体制，进行国家总动员，法西斯主义体制进入了丸山真男所说的“完成期”，但近卫文麿内心很清楚，日本根本不具备与美国进行一场战争的能力。1941 年 8 月 27 日，“总力战研究所”的一群研究生在首相官邸与内阁面对面交流，他们拿出了一份冗长的报告，报告是过去六周对一系列数据的仔细研究并模拟各种外交和战略形势后形成的，最后的结论是：如果日本与美国开战，日本必败无疑。[56]

在 1940 年，日本企画院曾经对比过日本和美国的工业产量，根据调查，美国的石油产量是日本的 500 多倍，生铁 20 倍，铜 9 倍，铝 7 倍，再加上其他产品，美国的平均工业产量是日本的 74 倍以上。[57] 国力悬殊如此巨大，任何稍有理性和常识的政客或军人都应该明白一个道理：对美开战无异于自杀。近卫文麿作为内阁首相一直试图避免与美国的战争，他在第三次组阁（1941 年 7 月 18 日）时将

56　参阅［日］堀田江理：《日本 1941 年：导向深渊的决策》，马文博译，新华出
　　版社，2020 年，第 167 页。
57　参阅同上书，第 235 页。

主战派松冈洋右外相清除出内阁，就是为与美国最终达成《日美谅解案》扫清障碍。但是，这些努力在军部强硬分子的抵制下，尤其是在东条英机执掌内阁后，全部化为乌有，由此导致堀田江理所形容的那种局面："模拟政府认为毫无胜算的战争在现实政府眼中却几乎是非打不可。"[58]

近卫文麿在 1937 年由西园寺公望提名首次出任首相时，曾被国民和朝野人士普遍视为是未来日本的希望所在。他的血统源于著名的藤原家族（公元 8 世纪），是镰仓时代（1333 年）之后形成的"五摄家"之一近卫氏第 30 代传主，[59] 明治维新实行华族制度后又成为公爵，其父近卫笃麿曾担任明治时期学习院院长和贵族院议长，首席华族身份亦被国民视为是天皇的分身。显赫的家族背景，西园公寺望的全力推荐，再加上高挑的身材和俊朗的外表，让近卫文麿成为国民众望所归的政治领袖。如德富苏峰的评论："近卫内阁成立的消息，使我们国民有了一种期望积云散去而见青天的感觉。"[60] 他的首次组阁被称为"青年内阁""明朗内阁"，国民对其寄予的良好期待由此可见。但是，在近卫文麿的三届内阁时期，日本政治日趋向战争和法西斯主义方向发展。第一届近卫内阁发动了对中国的全面战争；第二届近卫内阁彻底埋葬了政党政治体制，建立了法西斯主义的举国一致体制，签署了《德意日三国同盟条约》；第三届近卫内阁在意识到与美国开战的巨大风险时，却已经无力阻止军部的疯狂行动了。在最后一次辞去内阁首相前，他对东条英机说：

"我对中国事变负有最大责任。经过了 4 年，日中战争仍然没有结束。我的确无法同意再开启一场前景未卜的战争。我建议我们同意美国的撤军要求，避免日本与美军交火。我们确实需要结束日中战争……日本未来的发展无疑是最重要的，但为了取得巨大飞跃，我们

58　同上书，第 181 页。

59　镰仓时代之后，藤原家族有资格任摄政、关白职位的五个门第，即近卫、九条、二条、一条、鹰司五家的总称。

60　参阅 ［日］升味准之辅：《日本政治史》，第三册，第 759 页。

有时必须（向更强的一方）妥协，这样我们才能保持和加强我国国力。"[61]

此时，近卫文麿这番肺腑之言对于决意与美国开战的东条英机来说，已无济于事。后者在出任内阁首相后曾面临着三种政策选择：不与美国开战；迅速备战并开战；继续与美国进行外交谈判，同时进行战争准备。东条英机倾向于第三种方案，但以参谋总长杉山元为代表的陆军势力则推动着东条内阁毫不犹豫地向战争方向奔去。杉山元代表参谋本部向内阁提出的要求是：（1）放弃与美国关系正常化的想法；（2）决定开战；（3）开战日设在 12 月初；（4）确定最后战略；（5）开展欺骗式外交，以帮助军方占据战争有利地位。[62] 1941 年 11 月 2 日，军令部长永野吉三郎海军大将和参谋总长杉山元陆军大将向天皇呈交了详细的作战计划，计划包括山本五十六海军大将率领帝国海军于 12 月 8 日袭击美国夏威夷珍珠港。11 月 5 日，天皇御前会议通过了战争决定，此前一直主张与美国谈判以避免战争的外务大臣东乡茂德也收起了反战言论，声称日本即将开启拯救亚洲的伟大计划，所有与会人员都认为，惟有主动开战才能掌控日本的命运。11 月 15 日，内阁与军部的联席会议达成了《推动对美英荷战争终结计划》，目标是"立即消灭美国、英国和荷兰在远东地区的基地，以确保我们的生存和防御，我们应积极促使蒋介石政权的投降，与德国和意大利合作，首先加快英国投降，然后尽力削减美国继续战斗的意志。"[63] 在战争的前夜，近卫文麿仍然试图劝阻内阁停止执行立即开战的方案，但为时已晚。原来对战争持摇摆立场的海军也成为了主战派，开始积极准备战争。12 月 1 日，东条内阁再次召开御前会议，会议批准了对美国、英国和荷兰的开战决定。12 月 8 日，山本五十六指挥的帝国海军舰队成功偷袭珍珠港，太平洋战争如期爆发了。

日本海军偷袭珍珠港赢得了初步胜利，在国内极大地刺激了民

61　转引自［日］堀田江理：《日本 1941 年：导向深渊的决策》，第 217 页。
62　参阅同上书，第 243-244 页。
63　参阅同上书，第 294 页。

众的战争热情，许多人认为这是日本为了缔造亚洲的美好未来而作出的光荣而英勇的选择。其后仅仅半年时间，日军势如破竹，先后侵占了新加坡、缅甸、新几内亚和所罗门群岛等战略要地，征服了东南亚和西南太平洋等广大领域，控制了这个领域的 1.5 亿人口和 386 万平方公里土地，连同以前侵占的朝鲜、中国沦陷区和印度支那，总面积达 700 万平方公里，人口约 5 亿，形成了一个北起阿留申群岛，南临澳大利亚，西迄印度洋的庞大帝国，基本上实现了"大东亚共荣圈"的扩张计划。但是，确如"总力战研究所"在战前作出的预判："如果爆发战争，日本很可能在初期几场战役中占据上风，但随后将拖入僵持战，日本将看到自己的资源不断消耗并最终用光。"[64] 相反，美国在战争的压迫下彻底结束孤立主义，强大的战争潜力被迅速开发出来。1939 年，美国一年只能生产 2141 架战斗机，而日本的产量是美国的两倍以上；到了 1941 年，美国制造了 19433 架战斗机，日本只有 5088 架，日本的优势瞬间消失了。[65] 1942 年 4 月 18 日，美军杜立特尔中校率领 16 个 B25 轰炸机组从海军航空母舰大黄蜂号上起飞，成功空袭东京，对日本国民心理造成极大的冲击。6 月 4 日至 7 日，美国海军在中途岛海战中重创日本帝国海军，成为太平洋战争的转折点，美军转入战略进攻，日本被迫转入战略防御。至 1944 年 3 月，美军发动"马里亚纳海战"时已拥有绝对的军事优势，共投入了 15 艘航母、14 艘护航航母、7 艘战列舰、25 艘巡洋舰和 180 艘驱逐舰，还包括 35 艘潜艇和 2000 架军用飞机，与之对抗的日本联合舰队只有 9 艘航母，5 艘战列舰，搭载的舰载机 439 架，可谓螳臂当车，不堪一击。经此一役，日本帝国海军的核心力量遭到毁灭性打击。同年 10 月 23 日至 26 日，美军再次发动"莱特湾海战"，几乎全歼日本帝国海军的残余舰只，使其丧失了远洋作战能力。同时进行的陆地战争也呈现出一边倒的局面，麦克阿瑟将军指挥的美军所向披靡，他在 10 月 20 日淌着海水登上菲律宾海滩时，通过大功率电

64　参阅同上书，第 167 页。

65　参阅［日］加藤阳子：《日本人为何选择了战争》，章霖译，浙江人民出版社，2019 年，第 271 页。

台向全世界发表了著名的“我回来了”的演讲，这是胜利的宣言。

在日本败局已定的形势下，除了一些极端的军部分子还想负隅顽抗之外，居然还有一些学者出来鼓动年轻的学生们为国赴死。1943年5月19日，京都帝国大学哲学教授田边元为学生作了题为“生死”的演讲，演讲吸引了大量学生，《京都帝国大学新闻》纪录了当日演讲的盛况：

“第一教室已是人山人海而无立锥之地了，为此，校外的听众被转移到第二、第三教室用扩音机来听。这外校听讲者中甚至有从遥远的福井县赶来的，由此可以窥见这次星期一讲座受到了全国怎样的关注。”[66]

田边元在演讲中区分出三种有关死的立场，即“自然的立场”“自觉的立场”和“实践的立场”，前两种立场都是观念性的，死是和生相关联，如海德格尔所说，向死而生，因此，它们没有在充分的意义上达到死的解放。田边元向学生们推销的是死的“实践的立场”，即“不是将死观念化，而是实际上赴死”。这是日本武士道经典《叶隐》中所宣扬的“武士道乃寻死之道”——“生死两难之际首选赴死”。田边元为此提供的哲学证明是：

“我们所说的决死乃是更为积极的实践，并非把死视为可能，而是觉悟到其必然发生而仍然果敢地区实践。这实际上是将生投入死之中，而非一边活着一边在观念上思考死，并非自己处于安全的生之境地而去思考死的可能性。懂得必死，知道死无法逃遁，而依然去做应该做的、实践应该实践的，即把我们的生投向死。”[67]

子安宣邦在评论田边元上述关于“死的实践”观时明确认为，在学生们死之将至的时刻向他们宣扬“为国而直截了当去赴死”的意义，“与其说是厉害，不如说是惊世骇人！”[68] 因为他清楚地记得自己

66　转引自［日］子安宣邦：《近代知识考古学：国家、战争与知识人》，页192。
67　转引自同上书，第194页。
68　同上书，第192页。

在 1943 年作为小学高年级学生与同学们一样，也曾在恐怖之中被决意去死的情境，他要追问的是，"为国而死"作为民族主义的终极命题究竟有何意义——"为了国家，人们何以必须去死？"[69] 田边元的国家哲学将国家与神的存在关联在一起，强调人惟有通过献身国家而与神同构一致性，在子安宣邦看来，纯粹是"虚拟的神国主义话语"，是"残酷的哲学逻辑"，必须予以唾弃。在田边元的演讲 10 天之后即 5 月 29 日，人们看到了阿图岛上日军玉碎的报道。10 月 21 日，征召入伍的学生们怀揣着岩波书店文库本为难免一死而准备的书——《叶隐》，以及铭记着田边元教授为他们讲授的关于"死的实践"的教诲，毅然奔赴战场，迎接死亡。

1943 年，日本太平洋战争陷入了绝境，山本五十六战死，阿图岛发生集体自杀，意大利投降，招募学生兵成为东条内阁最后一搏的努力。按照美籍日裔学者大贯美惠子在其《神风特攻队、樱花与民族主义》一书中的记载，1943 年 10 月 21 日，从东京地区 77 所学校征召的 25000 名学生聚集在明治神宫外，首相东条英机和教育大臣冈部长景检阅了他们的游行。此前已有 6000 名学生成为军人，奔赴战场，这些学生兵战死率极高，其中东京大学参战的 500 名学生就死了 446 名。[70] 1944 年 10 月，日军成立神风特攻队，鼓励士兵操纵鱼雷、小型滑翔机、小型快艇和零式战斗机，以自杀性进攻方式与美军战舰同归于尽。这一战术的实际效果极其有限，却反映出日军高层鼓励年轻士兵"视死如归"的决策与田边元的国家哲学如出一辙：从来就没有把年轻士兵的生命当作真实的存在。因为神风特攻队行动的必死性，高层军官决定不以海陆军的名义实施，而是以天皇的名义发布命令。参加神风特攻队的士兵有不少是来自于大学生，大贯美惠子的研究揭示了一个不为常人所注意的事实：这些年轻的特攻队员都是顶尖的知识精英，是名牌大学的公费学生，为了应征入伍提前毕业。他们思想活跃，阅读广泛，既拥抱现代性，也试图超克（overcome）

69　同上书，第 195 页。

70　参阅［美］大贯美惠子：《神风特攻队、樱花与民族主义——日本历史上美学的军国主义化》，石峰译，商务印书馆，2016 年，第 195 页。

之；他们学习西方文明成就，但也抵制西方的文化与政治霸权。大学期间，他们阅读了大量日本及西方思想和文学巨匠的作品，其中一人读了 600 本，另一人读了 500 本（作者开列了他们阅读的书单），阅读的范围从古希腊罗马时期的人物，如亚里士多德、柏拉图、苏格拉底、斯多葛学派创始人芝诺，到日本及西方 19 和 20 世纪的文学和哲学，涉及的作者有康德、黑格尔、尼采、歌德、席勒、马克思、托马斯·曼、卢梭、马丁·杜加尔、纪德、罗曼·罗兰、列宁、陀思妥耶夫斯基、托尔斯泰和别尔嘉耶夫等，而且常常阅读的是外文原版。但这些著作却没有挡住田边元对他们的影响，他们阅读的日本作者的书，最多的还是田边元。大贯美惠子在书中提到了此人在京都帝国大学发表的那个“臭名昭著的但也是极具煽动性的演讲”，认为这个演讲对学生而言，就是参战，就是赴死。[71] 年轻大学生们原来并不想死，田边元的演讲强化了他们去牺牲的决心。

美国学者约翰·道尔认为：“日本作为现代国家的兴起令人震惊：更迅猛、更无畏、更成功。然而最终也比任何人能够想象的更疯狂、更危险、更具有自我毁灭性”。[72] 事实上，这位美国学者观察到的日本在二战前后所发生的令人震惊的变化——从疯狂的崛起到疯狂的自我毁灭，在许多时间节点上是可以被避免的，但是，日本最终还是走上了毁灭与自我毁灭的道路。战争让日本付出了巨大代价，总计约 270 万军人和平民死于战争，毁灭了整个国家大约 1/4 的财富，包括广岛和长崎在内的 66 个主要城市被严重炸毁，至少 30% 的人口无家可归，农村的生活水平降到了战前水平的 65%，城市生活水平则降到了 35%。[73] 日本的自我毁灭，究竟应该由谁来承担责任？是天皇？是东条英机这些战争罪犯？还是京都学派的这些教授？这是战后追责应当完成的任务。

71　参阅同上书，第 13-14 页。

72　[美] 约翰·道尔：《拥抱失败：第二次世界大战后的日本》，译者：胡博，生活·读书·新知三联书店，2008 年，第 1 页。

73　参阅同上书，第 14-15 页。

五、日本战后的"近代"之争

——以丸山真男、竹内好、子安宣邦、沟口雄三为例

丸山真男对法西斯主义的批判

1945 年 8 月 15 日正午，日本天皇向全日本广播，宣布接受美英中三国促令日本投降之波茨坦公告，实行无条件投降，结束战争。9 月 2 日，时任外相重光葵代表日本天皇和政府、陆军参谋长梅津美治郎代表日军大本营，在美军"密苏里号"战列舰上签署投降书。随后而来的不仅是日本的战后重建和新的国家政治秩序的建立，而且是要追究战争责任——究竟是哪些人应该对日本发动的既毁灭了自己也给他国造成了巨大灾难的战争承担责任？1946 年 5 月 3 日，远东国际军事法庭在东京对日本 28 名甲级战犯进行国际大审判，追究他们对中国和亚洲乃至全世界犯下的累累罪行。[1] 按照美国学者戴维·贝尔加米尼的说法："在挑选这些被告时做得小心谨慎，他们在法庭上的表现证明这样做是有道理的，这二十八个男人将要承担日本的骄傲、贪婪和残忍所犯下的全部罪行。"[2] 然而，实际情况却大相径庭，被控的所有甲级罪犯在法庭上均否认对他们的战争犯罪指控，他们普遍以国家职务行为和执行上级命令为由宣称自己无罪。[3]

1　在被控的 28 名甲级罪犯中，有陆军 15 人，海军 3 人，文官 9 人，民间右翼分子 1 人（大川周明），其中 7 人被判绞刑，16 人被判终身监禁，2 人被判有期徒刑，因为病疾或是中途病死等原因免于起诉的 3 人。

2　[美]戴维·贝尔加米尼：《天皇与日本国命：裕仁天皇引领的日本军国之路》下，王纪卿译，民主与建设出版社，2016 年，第 457 页。

3　"东京审判"和"纽伦堡审判"中都出现了同一种情况，那就是被告均以

被告中唯一的民间人士大川周明，在庭审时不仅无视控方证明其是同时代人中“罪孽最深重的罪人”的所有证据，否认对其作出的“军事极端主义者的精神支柱”的指控，反而是指责东京审判是政治性的，“就像中世纪的宗教审判”。[4] 因此，东京审判尽管在法律上和道义上都体现出正义对邪恶、文明对野蛮的终极审判，但是，更深层次的战争追责和反思还有待在理论上展开。

丸山真男可以说是在日本战后“第一时间”里首先展开对法西斯主义系统性批判的思想家，他撰写的《现代政治的思想与行动》一书，收集了作者自第二次世界大战后约十年间发表在杂志上有重大反响的论文和评论，这些理论成果的一个重要主题就是展开对法西斯主义的批判，深刻追究“日本法西斯主义的思想及行动”得以形成的历史根源和制度根源，其中的三篇文章具有奠基性意义。

第一篇文章是《极端国家主义的逻辑与心理》，发表于 1946 年——战争刚刚结束。丸山真男在该文中痛彻感受到了民族主义向国家主义的恶性发展给日本以及亚洲国家所带来的灾难性后果，他用“超国家主义”或“极端国家主义”概念来概括日本国家主义的思想

“不受法律制约的最高行动”和“依照上级命令”行事为理由来质疑审判的合法性与正义性。所谓“不受法律制约的最高行动”，是指一个主权国家不能对另一个主权国家提起诉讼，因为平等者之间无管辖权。而所谓“依照上级命令”行事，则将执行命令的个人行为视为职务行为，个人不应为此承当责任。汉娜·阿伦特深刻地质疑了这两个理由：第一，“不受法律制约的最高行动”违背了人类最基本的正义感，因为国家主权并不是一个抽象的概念，在现实中受独裁者掌控的国家主权实际上是一个“犯罪团伙”，因此，不能把国家犯罪视为合法和常规的国家行为与秩序。第二，“依照上级命令行事”即使在纳粹德国时期也是违背相关法律的，因为这些法律全部认定，不得执行公然具有犯罪性质的命令，个人不能因为执行这类命令而享有免责的权利。但是，阿伦特还是承认，在纽伦堡审判之前，人类还没有遇到过公然以上述两个理由为自己辩护的罪犯，她撰写的《艾希曼在耶路撒冷：一份关于平庸的恶的报告》一书，就是试图从理论上揭示纳粹时代的恶，“破坏了道德律令的根基，分裂了法律规范，践踏了人性的判断力。”参阅氏著：《艾希曼在耶路撒冷：一份关于平庸的恶的报告》，安尼译，译林出版社，2017 年，第 12-14 页。阿伦特在这方面的理论建树为认识日本战争罪犯的犯罪性质以及追究国家制度的战争责任提供了重要的启示。

4　参阅[美]埃里克·贾菲：《逃脱东京审判》，第 236 页。

特征，认为近代国家普遍具有的国家主义与极端国家主义的重要区别在于，后者“极端”性充分体现在国家对外扩张和对内压制的精神动力上。在丸山看来，欧洲近代国家的最大特色是“中性国家”的观念，换言之，就是对真理、道德的价值判断持中立的立场，国家主权的基础置于不受价值取向影响的、纯粹形式上的法律机构。然而，日本在明治以后近代国家的形成过程中从未显示过这种国家主权的、技术上的中立性，相反，日本的国家主义无处不将自己的统治依据强加于某种内容的价值实体上，赋予国家主权以“君权神授”的性质，也就是将天皇制国体视为国家主权的唯一合法性来源。国家不仅在“国体”中垄断了信仰和真善美的价值判断，而且也垄断了一切私人领域，个人的私事离开了国家的认可就没有正当性。由此导致的结果是：“国家主权在垄断了精神权威和政治权力后，国家行为（作为国体）便拥有了维护其正统性的独有准绳。因此，国家的内政外交就可以不受超越国家意志的那种道义上的制约。”[5] 正是基于伦理和权力相互渗透的关系，日本实际上成了一个“神权”国家，“整个国家秩序便呈现以天皇这一绝对的价值存在为中心的连锁式结构，自上而下的统治依据是跟天皇的距离成正比的”。或者说，“从极端国家主义来看，天皇是权威的中心实体、道德的源泉之一”。[6] 当把这一逻辑推向世界时，便催生出“万邦各得其所”的世界政策，由“万国宗主”的日本来确定各个国家所处的身份秩序，“天皇的威光照遍世界才具有世界史上的意义，其光芒无疑是以皇国武德之显露而得以实现的。”[7] 丸山真男由此揭示出极端国家主义的一个基本动向，那就是“天壤无穷”保障了价值取向的范围不断扩大，反过来说，“皇威武德”的扩张又加强了中心价值的绝对性，这种循环往复的过程自中日甲午战争至太平洋战争为止，一直呈螺旋式上升之势。这意味着：“只

5　［日］丸山真男：《现代政治的思想与行动》，陈力卫译，商务印书馆，2018年，第11页。

6　同上书，第16页。

7　丸山真男引述此话源自佐藤通次撰写的《皇道哲学》，该书出版于1941年，参阅同上书，第20页。

有在以极端国家主义为一切基础的国体丧失了其绝对性的今天，国民才可能真正成为自由的主体。”[8] 从这个判断出发，丸山真男把 1945 年 8 月 15 日这天，不仅视为给日本军国主义打上句号，同时也视为将新的命运交给了日本国民。

第二篇文章是《日本法西斯主义的思想及运动》，1947 年的一个讲座文本，该文的重要性在于，在日本思想史上前所未有地展开对日本法西斯主义的全面批判。如前所述，作者在该文中划分了日本法西斯主义运动的三个历史阶段，即法西斯主义的准备期（1919—1920年），其主要特征是“民间右翼运动”；法西斯主义成熟期（1931—1936 年），其主要特征是民间右翼运动与军部势力相勾结，形成了急进的法西斯主义的全盛期；法西斯主义的完成期（1936—1945 年），其主要特征是自下而上的法西斯主义运动宣告终结，取而代之的是自上而下的国家统治的过程，法西斯主义成为国家意识形态和国家体制。正是从日本法西斯主义的演变进程中，丸山真男比较了日本法西斯主义运动与德国、意大利法西斯主义运动的异同之处，指出它们既共享世界法西斯主义意识形态的要素，比如，排除个人主义的世界观，反对议会政治中的自由主义政治表现，主张对外膨胀，对军备扩张和战争的赞美倾向，强调民族神话和国粹主义，排斥全体主义下的阶级斗争，等等；同时也指出了日本法西斯主义运动与德国、意大利法西斯运动的重大差别，即前者是自上而下的国家运动，后者则是依靠自下而上的革命重构国家权力。“日本法西斯主义不是所谓‘合理的’激进的崛起形式，而是从统治机构内部中一步步合法地扩展。利用激进的法西斯主义的重重压力，并以此为武器强化由上而下的自我统治。”[9] 质言之，日本法西斯主义运动较之于德国、意大利法西斯运动，具有更为鲜明的极端国家主义色彩，在自上而下的国家统治过程中，所有个人的作用都被统一整合到国家的权力机器中，以致形成了日本特有的“不负责任的体制”——从天皇到军部分子均声称自

8　同上书，第 21 页。
9　同上书，第 65 页。

己不该为战争承担责任，应该承担责任的是"国家"，而谁能代表这个"国家"呢？由此形成了国家与个人之间的悖论关系，如丸山真男在《极端国家主义的逻辑与心理》一文中所言：

"我国发动了这么一场战争，却至今没有任何一个人能站出来承认是自己发起了这场战争。大家都觉得是被什么东西鬼使神差，不由自主地举国卷入到了战争的旋涡中去。这一令人震惊的事实意味着什么呢？我国的不幸不单是因寡头势力左右着国家政治，更为不幸的是，这些寡头势力丝毫没有这种意识和自觉。各类寡头均由只会惟命是从的个人所组成，同时，这些势力本身即便成不了极端的权力，却依附在绝对实体下各自相互依托，构成一种并存的状态……这使得主体的责任感更难以确立。"[10]

在不负责任的体制中，那些国家的决策者和执行者的精神状态会是怎样的呢？这是丸山真男在第三篇文章《军国统治者的精神状态》一文中试图回答的问题。在他看来，生活于法西斯主义体制中的狂热主义者以及患有夸大妄想症的狂人们，不顾死活做出的选择不能再归入外交、战略之类的问题，而是应该把它们作为精神病理学方面的问题来加以解释，因为独裁者做出的所有决策均不是理性计算的结果。在日本东条内阁决定向美国正式开战时，不要说所有内阁成员都抱有极大的疑虑，即使东条英机本人也是持有一种"破罐子破摔"的心理，用他自己的话来说："人有时候必须要有闭着眼睛从清水舞台往下跳的决心"，这个著名的论断让远东国际法庭的法官和检察官们大为惊诧，他们按照正常人的思维实在是不能理解日本在进行对华战争的同时，居然敢进一步挑起对世界上两个最强大的国家美国和英国的战争，而完全罔顾日本与这两个国家在国家实力上的巨大差距，这个自杀式的战争决策只有在决策者完全疯狂的状态下才可能做出。丸山真男精准地描述了军国统治者的精神状态：

"他们又都仿佛被某种看不见的力量驱使着，一边怀着对失败的

10　同上书，第17页。

恐惧浑身哆嗦，同时又闭上眼睛勇往直前。如果说他们渴望战争，此言不假；如果说他们想要回避战争，又不由地选择了战争的道路，这是事实的真相。他们不顾政治权力中所有的非计划性和非组织性，毫不犹豫地对准了战争的方向。”[11]

尽管日本军国主义分子扮演了战争疯子的角色，他们的政治判断力和行为难以理喻或者违背常识，但是，在丸山真男看来，他们与纳粹领袖在精神特质上还是有着显著的不同。纳粹领袖本身都是一些“无法无天”的人，是被正常社会意识所排斥的“异常人物”的集合，而日本的战争罪犯，除了少数几个，从整体上看，并非是天生的精神异常者。如检察官塔文纳在指控他们时所说的那样：“他们一直被认为是国家的精英，被委任了国家的命运，是受国民坚定信赖的真正的领袖人物。这些人知道善恶之别。可他们尽管十分了解这种分别，却自动选择了恶，无视其义务……选择了必然给数百万人带来死与伤害……带来破坏与仇恨的战争之路。”[12] 正是这些日本精英人物，共同参与了扩大战争的疯狂决策，却又在战争失败后完全否认自己应该承担的责任。因此，丸山真男认为：“在这场战争中包括被告在内的统治阶层普遍地主体责任意识淡薄的原因，要比把它归为恬不知耻的狡辩、卑鄙下流的保身术等道德的层面更加深刻。”[13] 很显然，道德的指控可以通过法律审判而得到部分实现，但追问这些国家精英何以集体陷入疯狂则需要理论持续的批判。

1958 年，丸山真男对现代世界的右翼国家主义大致共通的思想意识或者说精神倾向做了如下概括：

“（1）对国家的忠诚优先于任何其他形式的忠诚；（2）对平等和强调国际连带的思想及宗教的憎恨；（3）对反战和平运动的抵抗情绪和对‘武德’的赞美；（4）对国家‘使命’的讴歌；（5）呼吁保护国民的传统和文化免遭外部势力的邪恶影响；（6）一般重视义务胜于权

11　同上书，第 87 页。

12　转引自同上书，第 90 页。

13　同上书，第 100 页。

利，强调秩序超过自由；（7）重视作为社会结合基本纽带的家族和乡土；（8）把一切人际关系用权威主义方式来编成的倾向；（9）'正统'国民宗教以及道德的确立；（10）对知识分子或自由职业者抱有警戒心和猜疑心的倾向，其理由是这些人容易编成破坏性思想倾向的普及者。"[14]

　　丸山真男所概括的国家主义这 10 个特征，在日本从明治维新到二战的历史进程中得到了充分体现，在政界、实业界、教育界以及党派和社会团体等各个领域广泛蔓延，以致几乎所有国民包括知识分子均被国家主义的意识形态所裹挟而卷入到战争的洪流之中。丸山真男亦不能幸免，他在 1944 年完成《日本政治思想史研究》最后一章后被迫从军，成为日本驻朝鲜派遣军中的一名士兵；1945 年，他应召赴广岛市宇品军舰总部服兵役，在核弹袭击中幸存，由此也成为亲历日本军国主义大厦最后崩塌的一名现场见证者。战后，丸山真男对国家主义无与伦比的批判，来源于深刻的理论反思和个人沉重的生命体验，基本的理论建构在他从军前已昭然若现，《日本政治思想史研究》的最后一个主题就是民族主义，确定这个主题的问题意识是："我想从明治以后 nationalism 的思想发展开始作为民族主义理论形成后又如何变质为国家主义这一观点，对它加以把握。"[15] 丸山真男紧紧抓住了从民族主义到国家主义再到极端国家主义这条自明治以来支配日本思想变迁的主线，由此揭示了日本走向法西斯主义体制的深层思想根源，为日本重建宪政民主制度扫清了最主要的思想障碍。

竹内好为"近代的超克"招魂

　　在国家主义的时代潮流和法西斯主义体制下，知识界、文学界、

14　[日]丸山真男：《现代政治的思想与行动》，第 205-206 页。
15　[日]丸山真男：《日本政治思想史研究》，第 312 页。

教育界和新闻界几乎整体沦陷，他们中除了“极少数异端者”（丸山真男语）以外，大多数人都主动或被动地投入到为大东亚“圣战”寻求正当性的战车中，成为法西斯主义理论“总力战”的一分子。竹内好在其中扮演了一个积极的角色，他在太平洋战争爆发之际撰写的《大东亚战争与吾等的决意》一文，就像是一篇欢呼战争的宣言：“历史被创造出来了！世界在一夜之间改变了面貌！……十二月八日，当宣战的诏书颁布之时，日本国民的决意汇成一个燃烧的海洋。心情变得畅快了。人们无言地走到街头，用亲切的目光注视着自己的同胞。没有什么需要借助于语言来传达。建国的历史在一瞬间尽数闪现，那是不必明说的自明之事。”这场对英美的战争，是竹内好期待已久的事情，终于解脱了他对日本对华战争曾经抱有的歉疚心理——“我们日本是否是在东亚建设的美名之下而欺凌弱小呢？！”现在他为“这样的迂腐而羞愧”，终于认识到“我们埋没了圣战的意义”——“在东亚建立新秩序、民族解放的真正意义”。竹内好用文人的激情向日本国民宣告：

“看啊，一旦战事展开，那堂堂的布阵，雄伟的规模，不正是促使懦夫不得不肃然起敬的气概吗！这样看来，在这一变革世界史的壮举之前，支那事变作为一个牺牲不是无法忍受的事情。如我们曾经历过的那样，对于支那事变感受到道义的苛责，沉湎于女里女气的感伤，从而忽略了前途大计，真是可怜的思想贫困者。”[16]

竹内好的这篇战争宣言，与同一时期召开的“世界史立场与日本”座谈会和“近代的超克”座谈会，构成了当时三个最重要的思想史事件，就它们从不同理论视角为“大东亚圣战”提供正当性证明而言，均可以视为是“昭和意识形态”的经典文本，理所当然地在战后被打上了“臭名昭著”的标志。但是，在日本法西斯主义彻底失败之后，参与制造这三个思想史事件的主要人物都没有站出来为自己说

16　［日］竹内好：《近代的超克》，孙歌编，李冬木、赵京华、孙歌译，生活·读书·新知三联书店，2005 年，第 165-167 页。

过的那些可耻言论向国民道歉，更不必说对此进行深刻的反省和自我批判。竹内好记述了他与丸山真男在听到波茨坦宣言后的不同反应：丸山真男从宣言中看到"基本的人权当得到尊重"一句时，震动了，脸上洋溢出欣喜的笑容，却因为当时的环境而拼命抑制住自己的感情；而竹内好坦诚他对宣言没有任何感觉，"即使读到了全文，大概也只会觉得与自己毫无关系，仿佛是遥远的世界里发生的事情。"[17] 两人之所以对波茨坦宣言有迥然不同的反应，很显然是因为他们对战争性质的理解是基于完全不同的观念，丸山真男把"八·一五"这一日本投降日视为是日本新生的开始，国民由此可能成为真正自由的主体；而竹内好则把"八·一五"视为是"一个屈辱的事件。即是民族的屈辱，亦是我个人的屈辱。"[18] 对于他来说，日本的战败并不意味着日本国民的解放，日本作为统治民族曾经横行霸道，随着战败又重新陷入在被统治的境地——日本成了美国的殖民地。因此，竹内好是绝不会为他执笔撰写的《大东亚战争与吾等的决意》这篇"臭名昭著"的文章向国民道歉，或至少心怀愧疚，[19] 他仇恨美国的立场在战争结束前后没有根本改变，反而在战后以完全不同于丸山真男的理论方式，展开一种基于日本失败的历史的"抵抗"叙事，其要义是：

抵抗的历史便是近代化的历史，不经过抵抗的近代化之路是不存在的；日本的失败是抵抗的结果，欧洲一步步地前进，东洋则一步步地后退，后退是伴随着抵抗的后退；经由抵抗而作用于东洋时，失

17　参阅同上书，第 227 页。

18　同上书，第 225 页。

19　孙歌在为竹内好提供"批判性"辩护时承认："事实上，竹内好直到战后也没有对他的这篇文字表示懊悔"，"因此通常它被视为竹内好的一次'失足'，或者是竹内好对于日本浪漫派右翼立场的一次认同。作为思想里程中的一个污点，竹内好的对话伙伴试图好意地把它解释为竹内好战后自我反省的出发点。""我所感兴趣的，是竹内好为什么直到晚年都没有对于他的这篇文字表示过忏悔和隐瞒，相反，还主动地把它收进了 1973 年出版的评论集《日本与中国之间》，他对于这篇文章的处理方式，难道仅仅是出于为后人保留历史真实的责任感吗？"参阅氏著：《竹内好的悖论》，北京大学出版社，2005 年，第 100-101 页。

败便成为决定性的，从失败中自觉到了失败，因此，要重新定义失败，重新建构抵抗的理论。[20]

按照竹内好的抵抗史观，欧洲在向世界的扩张过程中，完成了欧洲的自我解放，欧洲将其生产方式、社会制度以及与此相伴随的人的意识带进了东洋，通过对东洋的入侵建立了东洋的欧洲发展模式，并且产生了“美国这个逆种”。但是，到了19世纪后期，欧洲的自我实现运动发生了质的变化，变化与东洋的抵抗紧密相关，由此出现了三个抵抗世界：一是“作为物质性基础的资本之矛盾将自己导向否定资本本身的方向”——以俄国的抵抗形态表现出来，二是原为欧洲殖民地的新大陆从欧洲独立出来而超越了欧洲式的法则，三是东洋的抵抗——“一面以欧洲为媒介一面超越它从而逐渐产生出非欧洲的东西”。[21] 总之，抵抗的理论是要在东洋（包括非欧洲国家）与欧洲之间建立起一种模仿与“超克”关系，模仿是东洋面对欧洲的侵略作出的被动反应，而“超克”则是东洋主动抵抗并超越欧洲，乃至取代欧洲成为新的世界史的中心。

基于日本战争失败的历史前提，“东洋的抵抗”是否还存在就成为竹内好需要解决的一个问题，他原来的构想是赋予日本解放东亚的历史使命——“把东亚解放到那个新秩序的世界之中去”，随着日本的战败，尤其是当日本在战败之后跟着美国后面亦步趋步，已不再是一个抵抗国家了，此时，解放东亚的历史使命该由谁来承担？从1948年起，竹内好为在东洋建构一个新的抵抗主体，借助了鲁迅这个独特的文化符号，实际上是按照自己的观念来重新阐释鲁迅的思想，他把鲁迅视为东洋新的抵抗主体的象征，认为鲁迅的出现具有改写历史的意义，也就是改写原来由欧洲主导的近代化叙事的意义。之所以赋予鲁迅以抵抗者的身份，而不是继续突显其在1944年出版的《鲁迅》一书把鲁迅塑造成一个“伟大的启蒙者”的思想形象，是因为作者既不满意于日本式抵抗“欧洲近代”的失败而重走欧洲式近代

20　参阅［日］竹内好：《近代的超克》，第186页。
21　参阅同上书，第185页。

道路的态势，也不能认同美国占领下的日本所进行的宪政转型。于是，作为"东洋的抵抗"的代表——鲁迅，被他凭空想象为"东亚近代"的象征性人物，用他自己的话来说："我开始用'东洋的抵抗'这一概括性的表现来思考，是因为我感到鲁迅所具有的那个东西在其他东洋诸国也存在，并认为由此大概可以推导出东洋的一般性质。"[22] 所谓"东洋的一般性质"，其实就是在东洋与欧洲的对抗性关系中赋予东洋抵抗欧洲的使命。在他看来，鲁迅的存在一定是以激烈的抵抗为条件的社会，欧洲产生不了鲁迅，日本也产生不了鲁迅，因为日本在战败之后已经趋于和欧洲同质化，没有从失败中再次建立起抵抗的立场。

从鲁迅的身上，竹内好看到的是中日两国之间性质完全不同的近代化之路，他在 1948 年发表的《何谓近代——以日本与中国为例》一文，以"回心"和"转向"这两个不同概念来说明中日近代化之路的重大差异，认为"转向"这个现象是日本特殊性格的产物，即日本为避免失败而不断地处在转向之中，日本近代就是从转向开始，攘夷论者转向开国论者，加藤弘之从民权论转向进化论，包括战后日本从法西斯体制转向美国体制。转向被竹内好认定为"是在没有抵抗的地方发生的现象"，转向的结果是失去了自我的主体性。而"回心"从表面上看与"转向"相似，然而其方向是相反的："转向是向外运动，回心则向内运动。回心以保持自我而反映出来，转向则发生于自我放弃。回心以抵抗为媒介，转向则没有媒介。发生回心的地方不可能产生转向，反之亦然。转向法则所支配的文化与回心法则所支配的文化，在结构上是不同的。"[23]

从"回心法则"出发，竹内好比较了中国的辛亥革命和日本的明治维新，认为明治维新看起来成功了，辛亥革命看起来"失败"了，其实并非如此。原因就在于明治维新对欧洲几乎没有表示出任何的抵抗，"明治维新所规定的进步方向有问题"，日本的进步主义彻底铲

22　同上书，第 196 页。
23　同上书，第 212-213 页。

除了“革命本身的根苗”，明治维新不是真正意义上的革命。而“辛亥革命是在革命的方向上发展的革命，是从内部不断涌现出否定性的力量之革命。孙文不断地意识到革命的‘失败’。这是一场在否定辛亥革命所催生的军阀政治（一种殖民地性的绝对专制），进而否定革命党本身之官僚化的方向上发展着的革命。即生产性革命，也因此是真正的革命。”[24] 竹内好据此认为，日本通过明治维新看上去成了学习欧洲的“优等生”并在全国上下形成了“优等生文化”，但是，由于缺失主体性和放弃了抵抗，“日本文化的优秀性乃是奴才的优秀性，是堕落方向上优秀性”。[25] 这一切都源于日本的“转向法则”，日本明治维新转向欧化式改革和战后转向宪政改革，均被他判定是“浸透了奴性”的运动，从未摆脱“奴才的性格”。正是因为对日本的绝望，竹内好从鲁迅的身上看到了中国革命和中国“回心”式近代化的新希望。

竹内好把鲁迅塑造为“东洋的抵抗”的代表而在日本被称为“竹内鲁迅”，这一说法或许意味着竹内理解的鲁迅带有他强烈的个人色彩，鲁迅其实在其一生中并不“抵抗”西洋而是对本国的传统进行了毫不妥协的批判。因此，“竹内鲁迅”究竟在多大程度上符合真实的鲁迅形象是大可置疑的。[26] 显而易见的是，在战争结束后面对法西斯主义给日本造成的空前灾难，竹内好并没有像丸山真男那样把批判的锋芒首先指向法西斯主义形成的历史、文化和制度根源，而是重新把美国与欧洲设置为日本应该继续抵抗的对象，把美军对日本的

24　同上书，第 214 页。

25　同上书，第 208 页。

26　日本鲁迅研究专家丸山升在其著作中认为“竹内鲁迅”对其后的鲁迅研究有决定性影响，他把竹内对于鲁迅身上所反映的文学与政治的关系的独特见解，视为是“竹内鲁迅”的一个重要支柱，正是通过“竹内鲁迅”，很多日本人开始回顾给日本带来那场战争的“近代”究竟是什么。但他同时也认为，竹内的中国论比起论述中国本身来说更倾向于论述日本，为了首先批判日本文化、社会的“近代主义”而将相反的一极设定在中国，竹内的中国论与中国现实存在着脱节。参阅氏著：《鲁迅·革命·历史——丸山升现代中国文学论集》，王俊文译，北京大学出版社，2005 年，第 339 页、346页。

托管占领与宪政化改造视为是新的殖民化进程。正是从抵抗史观出发，竹内好在战后只是承认《大东亚战争与吾等的决意》在"政治判断上……彻头彻尾错了"，[27] 却从未在学理上承认犯了性质更为严重的错误。相反，他在"抵抗"的道路上走得更远了，决意为"近代的超克"这一"昭和意识形态"平反。

1959 年，日本战败后近 15 年，关于战争的记忆已在大多数国民中逐渐淡化了，恰在此时，竹内好推出了为二战期间臭名昭著的"近代的超克"座谈会"平反"的长篇文章——《近代的超克》，作者之所以选择用座谈会的名称作为文章的题目，是因为他认为"近代的超克"作为事件已经成为过去，但作为思想还没有成为历史：

"所谓作为思想还没有成为历史，一方面是指缠绕于此的记忆还是鲜活的，每遇到这个问题就会唤起怨恨或怀旧的情绪；另一方面是指'近代的超克'所提出的问题，其中有一些在今天又被提出来了，但由于是以与'近代的超克'无关或关系很暧昧的方式提出来的，因此人们在心理上对问题的提出本身难以接受。比如，日本的近代化、日本在世界史上的地位等，这些问题是我们日本人面向未来为自己制定生存发展目标时不可缺少的认识现状之重要组成部分。"[28]

基于上述观点，竹内好直截了当地提出要为"近代的超克"平反，尽管他承认这个特定的词组是一个操控了战争时期日本知识人的流行语，或者说相当于一个咒语，是一个与"大东亚战争"结为一体的梦魇般记忆，并且与"世界史立场与日本"座谈会一样都被打入在"臭名昭著"的思想史事件之中。但是，对于竹内好来说，不管是战后声讨这个座谈会的"怨恨的一代"，亦即那些在战争时期被鼓吹"近代的超克"的知识人所煽动走上战场送死的学生兵，还是在战后对军

27　竹内好承认《大东亚的战争与吾等的决意》这篇文章在政治判断上彻头彻尾错了的说法，丸山升引自竹内好《近代的超克》，参阅氏著：《鲁迅·革命·历史——丸山升现代中国文学论集》，第 342 页，但是，奇怪的是，在《近代的超克》汉译本中，未找到这个说法，这是译者有意隐匿？

28　[日]竹内好：《近代的超克》，第 295 页。

国主义进行“意识形态裁决”的进步知识分子，都没有从他们的创伤性记忆和批判性分析中走出来，重新思考“近代的超克”在提出之际尚未展开的思想。按照他的理解，“从思想中剥离出意识形态来，或者从意识形态中提取思想来，实在是非常困难，也许近乎于不可能。”[29] 他试图完成这项“不可能”的工作，通过他自己所说的“火中取栗”的方式从“近代的超克”中提取应有的思想。他明确提出：“‘近代的超克’最大的遗产价值，在我看来，不在于它是战争与法西斯主义的意识形态，而在于它并未得以充当法西斯主义意识形态，它以思想之形成为志向却以思想之丧失而告终。”[30] 说出这些话时，竹内好也并不是很坚定，因为他无法否认战后知识界对“近代的超克”座谈会的基本评价：把作者和读者引向“超克”“近代”、无条件地服从军国主义体制的方向上去。

“近代的超克”座谈会上发表的所有言论，按照竹内好的分类，存在着“文学界”“日本浪漫派”和“京都学派”的三个谱系，他们的知识背景不同，却都毫无例外地赞成日本政府向英美开战。主持人河上徹太郎对选择“近代的超克”作为座谈会的主题作了说明，认为“十二月八日”（日本对英美开战日）让日本国民尤其是知识界统一了思想，让他们不再纠结于日本对华战争的正当性问题，而是从“大东亚圣战”中获得了战争的正义感。“近代的超克”成了一个能够把国民思想和感情得以凝绝起来的思想模子，成为“惟一的指路灯”，其实质就是作为“知识活动的真正原动力之日本人的血”与“西欧知性”之间的“相生相克”。与会者龟井胜一郎的话是有代表性的：“现在我们正在参与的这场战争，对外是为了歼灭英美势力，对内则要根治近代文明所带来的精神疾病。”[31]

竹内好并未参加这个座谈会，他撰写的《大东亚战争与吾等的决意》所体现出来的战争激情与座谈会的思想主题高度一致，同时也与他一贯坚持的抵抗史观紧密相关，这是他在战后愿意第一个公开站

29　同上书，第 302 页。
30　同上书，第 305 页。
31　参阅同上书，第 308-310 页。

出来为"近代的超克"平反的原因所在。虽然他也认为"近代的超克"背负着法西斯主义意识形态的坏名声,"今天怎么看都感到不成体统",但他还是试图从这个咒语中拯救出值得继承的思想遗产,强调"近代的超克"在学理上没有错。为此,他赞成龟井胜一郎的看法——"龟井的观点很有参考价值":"'近代的超克'之问题的提出是正确的,这个问题在今天也依然存在。"[32] 依据"近代的超克"的逻辑,必须对战争进行再解释和再评价。在龟井胜一郎的启发下,并在诸如战后"思想的偶像"吉本隆明对"思想"的理解基础上——"所谓思想乃是'为实际行动提供根据'的东西。不能影响现实的则不是思想",竹内好提出了"总体战争的思想",也就是要研究"太平洋战争的思想性格"。他为此比较了日本对过去三场大的战争,即日清战争(中日甲午战争)、日俄战争和大东亚战争所下的开战诏书的用语措词,认为大东亚战争区别于前两场战争,是开战诏书体现出来的"总体战争""永久战争"和"肇国"理想,构成了战争思想体系的轮廓。尽管战争失败了,但关于"总体战争的思想"是需要从国民普遍的战败情绪中拯救出来,因此,竹内好才会认为:"为使思想成为创造性的思想,只能不辞艰险地火中取栗。不舍身就不会抓住和呈现真正的问题。"[33] 抱着这样的使命与勇气,他把"近代的超克"视为日本自明治维新以来解决"近代性"问题的主要线索":

"'近代的超克'是所谓日本近代史中难以逾越之难关的凝缩。复古与维新,尊王与攘夷,锁国与开国,国粹与文明开化,东洋与西洋,这些在传统的基本轴线中所包含的对抗关系,到了总体战争的阶段,面对解释永久战争的理念这个思想课题的逼迫,而一举爆发出来的,便是'近代的超克'的讨论。所以说,在这个时刻提出此问题是正确的,也为此赢得了知识人的关心。"[34]

32　参阅同上书,第 321 页。
33　同上书,
34　同上书,第 354-355 页。

　　"近代的超克"经由竹内好的重新阐释，完成了一次新的灵魂附体的再生过程，由此不仅完全清洗掉了它作为昭和意识形态的"臭名昭著"的名声，而且重新激活了它内在的抵抗因素，进一步演绎为一个新的抵抗哲学，一个关于东亚现代性的理论纲领，一个与美国为首的"西洋"世界进行新的思想战争的精神动员令。从所谓"抵抗史观"出发，竹内好从鲁迅和毛泽东的身上看到了亚洲一个新的抵抗主体的诞生，中共革命建立的"新中国"取代了日本成为开辟"东亚近代性"的新的有生力量，中国的"内发式"近代与日本的"外来式"近代比较起来犹如云泥之别，中共在他的心目中几乎就是完美的化身，如他自己所言："中共所依靠的道德有多高尚，这一道德在民族一以贯之继承至今的固有传统中植根有多深，不站在这种根本性的观点上，就无法理解今天的中国问题。中共虽借助马克思主义，但对其接受是很有个性的，而其道德是固有之物。若非这种自律性的运动，在逻辑上恐怕就无法说明其今日之成功了吧。"[35] 竹内好的这类文字，在战后日本知识人整体处在迷茫之际——既对日本的战争失败处于某种绝望之中，又对美国占领军下的日本政治转型心存疑虑，无疑是有极大的思想冲击力。用子安宣邦的话来说："伴随着这一冲击，关注战后中国的很多中国研究者，在竹内全面肯定性言辞的影响下，对中国革命和中国共产党也予以了全面的承认。"[36] 这种情况直到中国爆发了"文革"后才有所改变，在亲眼见证了中共从思想到制度的巨大变异中，竹内好本人也开始调整与中国的距离，提出了"作为方法的亚洲"的新观点，重新将"亚洲主义"设置为对抗欧洲先进国家的对抗轴。但是，万变不离其宗，"近代的超克"的主体从日本到中国再到亚洲的转变，都是为了完成同一任务：对"西洋近代"的"超克"。

35　转引自［日］子安宣邦：《近代日本的中国观》，王升远译，生活·读书·新知三联书店，2020 年，第 193 页。
36　同上书，第 194 页。

子安宣邦对竹内好的批判

竹内好为"近代的超克"平反，是日本战后思想史上的一个重要事件，它的一个显著效应是，"近代的超克"至少摆脱了"臭名昭著"的名声，重新成为知识界的关注重点，以这个词组命名的文章、著作和座谈会不断涌现。比如，1960 年 3 月，《新日本文学》杂志以竹内好为中心组织了题为《关于"近代的超克"》的座谈会；同一时期，文学评论家荒正人在《近代文学》杂志上连续六期发表《近代的超克》的长文，作家花田清辉以《近代的超克》为题出版了一本小册子，著名的马克思主义哲学家广松涉后来也发表了《"近代的超克"论》（1989 年）。[37] 尽管参与讨论的学者对"近代的超克"的理解存在着重大分歧，但至少表明被竹内好激活的这个主题在战后又成为知识人重新思考日本近代性问题的一个理论支点。

子安宣邦是在 1980 年代末开始重新审视竹内好的战后发言，时

37　参阅孙歌：《竹内好的悖论》，北京大学出版社，2005 年，第 197-210 页。作者概述了荒正人与竹内好在"近代的超克"上的主要分歧：荒正人"不依不饶地把竹内好描绘成了一个为侵略战争张目的法西斯知识分子"，认为"荒正人与竹内好的分歧在于，前者不同意把太平洋战争视为日美两国之间的战事，强调它是轴心国和反轴心国之间的较量；……后者则坚持强调说美国在战后居于其他西欧国家之上充当了霸主，日本事实上只是向美国服了输；因此，把美国独立提出来正面交锋是必要的。荒正人主张日本必须先承担侵略战争责任，然后才能讨论广岛问题，竹内好则在同意这一原则的基础上强调美国是已经了解了日本准备降伏的情况之后才开始轰炸的。最后，辩论没有任何进展地不了了之，两个人的看法没有找到任何接触点。"在评论广松涉与竹内好的分歧时，孙歌认为："这个分歧在于，竹内好试图火中取栗，而广松涉要做的却是洞若观火。换言之，前者作为战争的直接体验者，作为一个在战时曾经为大东亚共荣的理念寻找新的正当性和生长点的失败者，在《近代的超克》中要寻找和复原的是一种历史的临界状态，以及在特定情境下转化这种临界状态的必要条件；后者作为战时尚且年幼的间接体验者，关心的却是对历史的裁决，尤其是当广松涉面对60 年代末世界性风起云涌的学生运动所提出的反叛既定秩序的课题，面对来自资本主义体系内部的又一次'近代的超克'要求时，解构新的'日本浪漫派'意识形态的课题被他视为己任。"所以，孙歌认为，广松涉看起来是在批评竹内好，但其思路"实际上很受竹内好的影响"。以我的理解，他们都试图将"近代的超克"重塑为一种反对美国霸权的政治叙事。

间上与柏林墙坍塌这一世界历史的转折相重叠。此时，在子安宣邦看来，对“近代的超克”的追问就是对“近代日本或者昭和日本究竟为何物”这一问题的根本性追问，这个追问具有更为深远的超越日本国境的历史视野，他把对“近代的超克”的批判既归结为对“昭和意识形态”的批判——正是“昭和意识形态”将日本引向战争的深渊，同时又将其视为是在“东方”与“西方”的地缘政治学式的对抗性框架中的“超克”——建构一个抵抗西方现代性的“抵抗哲学”。子安宣邦基于这种新的历史视野所展开的对“近代的超克”的批判性认识，不仅带有战后重新探讨日本战争责任的理论关切，而且具有新的问题意识：“全球化资本主义这种现代世界体制的本质性转换怎样才是可能的？”[38]

按照竹内好的理解，“近代的超克”既不是“战争与法西斯的意识形态”，也没有在战争中实际发挥出其内在的思想影响力——其思想是被战争提前终止的，他为“近代的超克”平反的目的就是要从“火中”取出思想之“栗”，那就是他在战后一直试图重建的“抵抗哲学”。子安宣邦一语道破其思想性质是：“由反近代主义与民族主义二者关联性地组合而构成”。[39] 就“反近代主义”而言，日本在昭和战前时期所实现的从城市生活到文化、舆论、学术诸领域的近代化均被竹内好判定为是“对先进欧洲式文明的模仿式接受而形成的伪似近代国家”，“近代的超克”对于日本的意义就在于“超克”欧洲式近代化模式而建立“亚洲式日本及其民族主体”的近代化模式。因此，日本的民族主义在竹内好的话语中必定是反近代主义，近代主义成了“西方主义”的同义语，“‘近代’是被看作日本自身之外、必须被超克之物。‘近代’即目前敌对的英美诸国统治性地构成了现行世界秩序的各国的‘近代’。”[40] “近代的超克”最终指向对欧洲式或美国式现代化模式的抵抗，这一历史使命不因战争的终止而终止，相反，

38　[日]子安宣邦：《何谓“现代的超克”》，董炳月译，生活·读书·新知三联书店，2018 年，《致中国读者》第 3 页。

39　同上书，第 4 页。

40　同上书，第 17 页。

在战后新的时代条件下，日本需要借助于"近代的超克"这套话语来重建区别于欧美现代性的政治叙事。在子安宣邦看来，战争期间知识人宣扬的"东亚共同体"的话语，在战后构成了"亚洲式近代"的话语，均是一种"反近代主义"话语，也就是构想另一个"近代"即"亚洲式近代"的意识形态。

"近代的超克"从"昭和意识形态"演变为一种"亚洲式近代"的意识形态，始终没有脱离其反欧或反美的政治立场，这是竹内好之所以为"近代的超克"平反的用意所在，也是子安宣邦对该理论要害的深刻观察。这一理论实际上是由三个关键词构成：东亚，近代性（现代性），超克，子安宣邦在不同著述中对这三个关键词作出了系统性的回应，由此构成了他关于"东亚近代性"的批判理论。

首先，子安宣邦认为，"东亚"是一个经历了半个多世纪岁月依然无法抹去帝国日本印记的概念，他要追问的是，在昭和历史、在日本人的话语体验中与帝国日本一起出现的这个地缘政治学概念，究竟负载了什么东西。按照他的理解，"东亚"与"亚细亚""东洋"这类概念一样，使 20 世纪前半期的日本人确立了观察亚洲或者东亚的视野，因此，这个概念是历史性和政治性的概念，而绝非单纯的地理概念；尤其是在 1930 年以后，"东亚"概念在帝国日本的历史中负载了强烈的政治性意义：第一，标志着脱离了中国中心主义，取而代之以"日本式东方主义"的概念；第二，预设了地域内部的多元文化的发展；第三，"东亚"作为帝国日本学术视野产生的概念，最终为帝国日本所建构的政治性概念"东亚"或者"大东亚"所吞没。[41] 从"东亚"到"东亚新秩序"再到"东亚协同体"，概念的演化显示出其政治性含义的不断扩大，实际上反映出帝国日本向世界扩张的政治野心，"东亚"成了帝国日本与欧美国家对抗乃至进行战争的核心哲学概念：

"帝国日本重构欧洲式世界秩序的要求，受到哲学家们意在克服

41　参阅［日］子安宣邦：《近代日本的亚洲观》，赵京华译，生活·读书·新知三联书店，2019 年，第 58-59 页。

欧洲近代志向的呼应，而作为划分世界秩序和世界史之新阶段的广域圈概念，‘东亚’被构建。”[42]

正是基于这个历史事实，子安宣邦高度警惕竹内好在战后重拾“东亚”概念以重建“亚洲式近代”理论的企图，因为在他看来，作为帝国日本话语而重构的“东亚”，实乃 20 世纪一个负面体验的话语，“东亚协同体”论作为日本在中国及亚洲实施的帝国主义战争的理论产物，同时也是众多知识分子一开始便参与的有关亚洲问题理论构建的历史体验，这是一个无法回避的“负面”遗产，绝不可以不经批判和检讨而全盘继承下来，做事后正当化的理论性处理。战争结束标志着帝国日本的政治性区域概念“东亚”之死后，如何重建一个新的“东亚”概念，成为子安宣邦与竹内好的一个重大分歧。前者坚持认为重新提倡“东亚”，绝不应该变成帝国日本之幻想的重复，“东亚”概念更多的是在方法论上被使用，作为“使生活者相互交流成为可能的关系架构，即让它成为方法上的区域概念的路径”；[43] 而后者则继承了帝国日本的“东亚”概念，继续把“东亚”预设为抵抗欧美现代性的主体，旨在彰显“东亚近代性”与“西洋近代性”的对抗性关系。

其次，子安宣邦从批判帝国日本的“东亚”观出发，进一步追问东亚的“近代性”问题。因为按照竹内好的“近代”标准，“东洋的近代乃是欧洲强制的结果。抑或由此结果而导致的东西。”[44] 日本作为亚洲先进国家，通过明治维新以来一系列文明开化措施所完成的现代化进程，被其视为是戴着“近代”假面具的伪装的日本，所谓日本的“近代”不过就是日本不得不一直装扮的西洋的“近代”，近代成了西洋的同义语，而重塑“东亚”的意义就在于要重新建立区别于“西洋近代性”的“东亚近代性”。问题是，什么是东亚的“近代性”？“东亚近代性”与“西洋近代性”的区别何在？前者何以可以“超克”

---

42 同上书，第 124 页。

43 参阅同上书，第 70 页。

44 转引自［日］子安宣邦：《近代知识考古学：国家、战争与知识人》，第 102 页。

后者？为此，子安宣邦引用了丸山真男在《近代性思维》一文中的一个看法：在许多他所尊敬的学者、文学家、评论家口中，“近代”成了当代各种罪恶之终极根源，实际情况却是，近代性思维不仅没有在日本被超克，甚至还没有获得。也就是说，在丸山看来，当日本还普遍缺失近代性思维时，“近代的超克”成为时代的风气，不能不让他产生一种“悲惨与滑稽相交织的感慨”。[45] 子安宣邦引述丸山真男的上述看法，一方面是同意他对日本步入歧途的基本判断——“日本所发动的战争及其失败，正是近代性思维也即在近代社会之合理构成上不完全的日本国家的非理性性质必然导致的政治结果”；[46] 另一方面则认为“近代性思维”这一说法并没有进一步追问作为“近代世界秩序”而存在的“近代”的本质意义，没有进一步对近代日本之反思性认识提供视角，也就是没有进一步拥护或坚守“超克”所言的同一个“近代”。换言之，子安宣邦理解的“近代”，既不同于竹内好的近代观——将近代日本视为近代欧美的对立物，也不完全同于丸山真男——日本走上战争道路源于“近代性思维”的缺失。子安宣邦是借助于“近代知识考古学”的方法，看到了日本“近代”走向其反面即“近代的超克”的内在逻辑，这就是反近代主义与民族主义的交织，以及基于意识形态和价值观对立所形成的东西对抗性思维框架。丸山真男的“近代”立场与竹内好的“反近代”立场构成了对立的两极，子安宣邦则试图超越这两极，证明日本自明治维新以来的“近代”是如何演变为“反近代”，以及战后竹内好为“近代的超克”的辩护并没有改变其“昭和意识形态”的性质。就反对极端国家主义而言，子安宣邦完全站在了丸山真男一边，这是自由主义的底线。

第三，战争期间提出的“近代的超克”论是把“近代欧洲”作为“超克”的对象，建构以日本为中心的“东亚新秩序”和东亚近代化模式，这一目标随着日本的战败而烟消云散。竹内好在战后重构“近代的超克”论，没有改变欧美国家作为“超克”对象的定位，改变的

45　参阅［日］子安宣邦：《近代知识考古学：国家、战争与知识人》，第118页。
46　参阅同上书，第120页。

是“超克”的主体，他把“超克”的主体性使命赋予了整个亚洲，为此而重构一种新的“亚洲主义”叙事。按照子安宣邦的概括，“亚洲主义就是竹内好针对规定着日本近现代史的中心轴而设置的对抗轴”，它基于亚洲各国的联合以对抗“欧洲式原理一元化统治下的先进国家化道路”。[47] 显而易见，新的“亚洲主义”叙事并没有改变战争期间形成的一系列“东亚”叙事的反西方性质，再次将“亚洲”置于与“欧洲”的对抗性关系之中。由于日本的战败，竹内好对日本是否能够继续承担起亚洲对抗轴的“中心轴”使命持怀疑态度，他把日本的战败视为是建立独立内生的近代化模式的失败，日本在美国主导下进行的宪政转型亦被其认为是一个新的殖民化过程，日本不再是“超克”欧美国家的主体而是成了欧美国家的附庸。基于这个判断，竹内好把亚洲“超克”欧美国家和建构“亚洲式近代”的希望寄予了革命的中国，强调“中国的近代化是极为内发性的，即作为自己本身的要求而出现的变化，因此是坚实的。”[48] 子安宣邦在引述竹内好的这些看法时认为，竹内好根据内发式的自立性将中国未完成的“近代”看作真正的“近代”，如同他的“竹内鲁迅”叙事，完全是一种“过于文学化的”想象，缺乏最基本的事实验证。“竹内好式”的文学想象，是把原来通过比较与近代欧洲的距离和差异来诊断日本的近代性问题，转变为通过与中国的近代化进程进行对比来重新审视日本的近代化之路，这无异于是说，中国而不是美国，才是日本近代化的榜样。竹内好这类独出心裁的说法，赋予了他在战后日本思想界的独特位置，但是，在子安宣邦看来：

> “竹内所塑造的‘中国’‘中国革命’和‘毛泽东’，都只是‘近代日本’的自我否定描绘出的他者形象。竹内笔下‘中国革命’和‘毛泽东’的光彩炫目与对‘近代日本’之自我否定的惭愧心绪是成比例的。然而，‘近代日本’的负面自我形象所定义的正面的他者‘中国’形象，在 1960 年代以降的历史进程中完全丧失了炫目的光芒。而这

47　参阅［日］子安宣邦：《何谓“现代的超克”》，第 186 页。
48　转引自［日］子安宣邦：《何谓“现代的超克”》，第 191 页。

一形象的建构者竹内也陷入了沉默。"[49]

　　子安宣邦对竹内好的批评，看起来像是和风细雨，但言辞中充满着一种强有力的思想张力，他从"近代的超克"论中读出了"作为追求世界秩序之重构的政治话语，或者作为追求世界史之多元性重构的历史哲学话语，进而是作为围绕'亚洲式之物'的文明论话语，或者是作为亚洲民族主义话语"，[50] 这些不同的话语的确构成了重新阅读与评价"近代的超克"的思想和知识学背景，但是，广谱化的解释与随时代变迁而来的观念重构，都没有颠覆子安宣邦所作出的"近代的超克"是"昭和意识形态"的基本判断，其"臭名昭著"的名声亦不会因为竹内好的洗刷而被人们彻底遗忘，尽管与此相关的主题在后来的岁月中被以不同的理论形式反复提了出来。

沟口雄三：从"中国作为方法"到"中国的冲击"

　　在竹内好之后，沟口雄三的中国问题研究被公认为居于日本思想界前列，两人的思想传承关系亦是显而易见的。沟口雄三坦承，他们这些战中或战后成长起来的中国研究者，是对战前和战中以津田左右吉为代表的"近代主义中国观"的否定、批判或排除作为研究出发点，其中一个有力的根据便是竹内好在《鲁迅》以及《中国的近代与日本的近代》等著作中所表达的中国观，其要义是："一方面对日本的所谓的'脱亚'的近代主义进行自我批判，另一方面把中国推向和日本相反的另一个极端，看做是亚洲理想的未来而憧憬不已。"[51]正是基于沟口雄三与竹内好的思想传承关系，子安宣邦认为，竹内建

49　[日]子安宣邦：《近代日本的中国观》，王升远译，生活·读书·新知三联书店，2020 年，第 210 页。

50　[日]子安宣邦：《何谓"现代的超克"》，《致中国读者》，第 1 页。

51　[日]沟口雄三：《作为方法的中国》，孙军悦译，生活·读书·新知三联书店，2011 年，第 5 页。

构的"中国"成为沟口等人中国研究的起点。[52]

沟口雄三发表于 1989 年的《作为方法的中国》一书，开篇就是以竹内好的中国观开始言说，试图接续竹内好的问题意识而展开他对中国与日本的比较研究，研究的重点是对"近代"的理解，即日本的"近代"与中国的"近代"的差异性究竟应该如何把握。竹内好把日本的"近代"定位于"转向型"，把中国的"近代"定位于"回心型"，由此认定日本"什么也不是"——由于没有从其固有的、内在的价值基准出发，把欧洲近代看作是普遍的价值基准，从而使得日本的"近代"只是成为欧洲近代的一个摹本；而中国的"近代"由于固守了其内在传统和价值而被认为是"超越欧洲，创造出非欧洲的东西"——一个社会主义的新中国。对于竹内好中国观的这个核心要义，沟口雄三承认曾经有过"强烈的共鸣"，但并非完全赞同，至少在他看来，"把日本的近代说成'什么也不是'而加以全面否定同样也严重违背了历史的逻辑"，他在竹内近代观的基础上进一步提出的问题是：

> "无论是日本还是中国，各自的近代到底是如何以各自的前近代为基体的？建立在前近代基础上的近代和欧洲的近代相比，又在哪些方面具有独特性？换言之，日本和中国是如何背负着各自固有的过去的？即便是否定性的继承，这一继承优势如何制约着现在的？"[53]

强调日本和中国各自展开的近代进程是以它们各自的"前近代"为基体，以及强调"东洋近代"区别于欧洲近代的独特性，从理论上看完全符合文化史观的"政治正确"。亚洲各国的确是在一个完全迥异于欧洲国家的地理条件、社会结构、历史传承和文化传统中开始近代转型的，这种"亚洲式"近代转型必然具有欧洲所没有的政治、经济和文化独特性。因此，沟口雄三提出"今后我们在思考亚洲的近代

52　参阅［日］子安宣邦：《近代日本的中国观》，第 194 页。
53　［日］沟口雄三：《作为方法的中国》，第 9 页。

时，不管是中国还是日本，都要结合各自以前近代为基础的‘异’于欧洲的独特性来考虑”，[54] 似乎完全站得住。如同二战期间基于“东亚”概念提出的“大东亚”叙事和关于日本的“世界史立场”的阐释，都是与“传统”的发现紧密相关，都是从强调日本区别于欧洲的独特性出发，进而来主张日本民族对于重构世界性新秩序的政治要求，在学理上也并非没有道理。但是，强调亚洲固有传统和内在价值的“独特性”叙事一旦被置于东西对抗的思维框架中时，就很容易滑向战时京都学派提出的“世界史哲学”或战后竹内好提出的“抵抗哲学”的轨道上，成为“近代的超克”的一个新的理论版本。沟口雄三提出“作为方法的中国”的中国观，也没有跳出亚洲（日本、中国）与欧洲对抗的思维框架，他明确认为日本和中国的近代不必与欧洲互为表里，同时，日本和中国之间也没有必要以欧洲为媒介。

为了颠覆欧洲的“近代”标准，沟口雄三致力于建构一个关于“近代”的“非欧洲”标准，尽管他认为“非欧洲”这一表达方式原本就是以欧洲式的或者不是欧洲式的为默认的前提，换言之还是把欧洲作为一个标准，因为欧洲人不会用“非亚洲”这种表达方式来形容自己。他由此认为，亚洲通过欧洲的视线来反观自我，包括价值在内，自问自己到底是不是欧洲式的，或者到底是不是非欧洲式，“这充分显示了近代以降以欧洲为中心来把握世界史的一元化的视角是如何深深地侵蚀到了亚洲的内部。”[55] 包括竹内好主张“非欧洲”的近代观，在沟口雄三看来也仍然是以欧洲为标准。“欧洲”似乎成了“亚洲”无法摆脱的魔咒，不管是肯定它还是否定它，都是以欧洲为标准，这个标准就是“欧洲等于先进”，欧洲与亚洲的关系，成了“先进”与“落后”的关系。沟口雄三的中国观要重建一种新的“近代”标准，就是要完全否定“先进—落后”这一模式本身，也就是要否定对亚洲特别是对中国作为文明落后国家的指控。

按照沟口雄三的理解，日本“近代”观呈现出两种形态，一种是

54　同上书，第 29 页。
55　同上书，第 26 页。

"欧洲"近代观，以福泽谕吉和津田左右吉为代表，完全是以欧洲近代为标准，近代意味着文明开化和社会进步，日本因为学习了欧洲的近代而成为亚洲的先进国，而中国则因为抵抗欧洲成了亚洲的落后国；另一种是"非欧洲"近代观，以竹内好为代表，试图创立"东洋的近代"以取代欧洲的近代，但近代的标准仍然是以"欧洲等于先进"为前提，或者是以欧洲的近代标准为参照来设置"东洋的近代"的内涵。这两种近代观在沟口雄三看来都属于"取道欧洲来看待亚洲的视角"，都没有摆脱欧洲近代观念的影响。即使追求"非欧洲"的近代，所谓"非"也不过是和欧洲互为表里缺乏独立性的主观上的"憧憬"，并没有将近代建立在本国内在的传统和基体上。沟口雄三由此认为："围绕着欧洲的还是非欧洲的，说到底就是围绕着'非'，对日本和中国的近代在位相上的先后、优劣这一互为表里的关系而议论纷纷。结果，无论是日本的近代还是中国的近代，我们都没能好好地根据其历史、风土上的独特性——比如说，如同欧洲近代和前近代不可分割一样，日本和中国各自与其前近代所特有的结构也是密不可分的——来正确看待其无可奈何的，或者说应该被看做是无可奈何的'异'于欧洲的实体。"[56] 基于这个思考，沟口雄三提出了"第三种近代"（"另一种近代"）观，其关键词不是"非"——非欧洲，而是"异"——异于欧洲近代的近代化路径：

> "事实上，中国的近代既没有超越欧洲，也没有落后于欧洲。中国的近代从一开始走的就是一条和欧洲、日本不同的独自的历史道路，一直到今天。"[57]

中国为何走的是一条既不同于欧洲也不同于日本的近代之路，沟口雄三试图从中国前近代的"基体"中去寻找答案，他从中国历史文化传统中挖掘到一个对于形成中国式近代具有决定性意义的"前近代"观念，那就是"大同"观。沟口雄三从孙中山把"大同主义"

56　同上书，第 28-29 页。
57　同上书，第 12 页。

作为"三民主义"的同义语中，领悟到大同思想的核心要义是："四海之内，无一夫不获其所"，并认为大同思想在中国传统思想中源远流长。从17世纪末黄宗羲、王船山等主张"以我之大私为天下之大公""天理之大同"，到18、19世纪戴震、龚自珍等宣扬相互联合、生存调和的"仁"思想和解决贫富不均的"平均"思想，再到太平天国"有田同耕，有饭同食……无处不均匀，无人不饱暖"的乌托邦式理想，均被沟口雄三视为是"共和式大同思想"的不同历史形式，其展开的过程以及进一步发展成为人民民主主义的过程，同时也吸收了欧洲的民权、平等思想和马克思主义，但这些思想的摄取是因为大同思想的成熟才成为可能。大同思想作为中国内在的基体奠定了中国式近代"异"于欧洲近代的思想基础，从孙文革命到毛的革命，均是"大同共和式社会革命"，"革命一开始就带有社会主义的色彩（这一点从太平天国运动中便可以看出），而无须等到马克思主义的传来"，"大同式的近代……从一开始便是中国独特的、带有社会主义性质的近代。"[58]

从"大同共和式社会革命"的逻辑出发，沟口雄三认为中国近代化之路既不同于日本——"日本的近代化走的是一条由旧统治阶级领导的自上而下、因而也是没有经过社会革命、追随西欧的帝国主义道路"，[59] 更不同于欧洲——中国在历史上从没有产生出欧洲式的社会结构和思想观念，因此也就不可能走欧洲式近代之路，"中国的近代化走的是自下而上的反帝反封建的社会革命、即人民共和主义的道路。"[60] 依据这两个判断，沟口雄三认为中国从来就没有朝着欧洲式近代的方向走，与其说是一种"欠缺"或"虚无空白"，不如说是中国式近代的不得已的"充实"，使得中国依据自身内在基体走一条独立于日本和欧洲的近代化之路成为可能。

从中国与日本、欧洲近代化道路的根本性区别出发，沟口雄三强烈反对以"先进—落后"的思维框架来评价中国的近代转型，既不主

58　同上书，第57页，第18页。
59　同上书，第10-11页。
60　同上书，第11页。

张用中国的“落后”来反对欧洲的“先进”，也不主张将中国的“落后”正当化，“即通过推翻‘先进’的根据来否定‘先进—落后’这一欧洲一元化的思维方式”，[61] 他与众不同的看法是，由于中国“自我更生地实现了世界史上史无前例的全新的第三种‘王道’式的近代”，因此也就不能以欧洲的标准来评判其“先进”还是“落后”，中国式近代看上去是“落后”于欧洲和日本，但就其内在的“王道”性质而言，要远远“先进”于欧洲和日本。[62] 沟口雄三自诩这个看法奠定了“战后中国观”的基础：

“战后我们对中国近代的看法，从打破以往毫无根据的先进—落后的等级出发，在纠正战前的中国认识方面取得了一定的成果。”

“中国没有像日本那样以追随欧洲的方式来处理其所谓的亚洲的后进性，而从正面和后进性进行自我较量并在内部深化了这种抗争，从而彻底扩大了亚洲独特的、人民的社会革命和思想革命，其人民性之彻底甚至超越了欧洲的资产阶级近代的不彻底性。”[63]

61　同上书，第 11 页。

62　沟口雄三为了证明“中国式近代”的先进性，从中日对“公”与“私”的不同理解中作出阐释。他认为，“公”在中国语境中更多的是一个“总体”的概念，而“公”在日本语境中更多的是一个“全体”的概念，两者的重大区别在于：中国的“总体”具有“无私”的性格，并不以和个人利益的对立为契机，“调和”在社会和道德方面无条件地占有优先地位，所以以私有财产权为基础的市民性质的个人自由仍处于未成熟的状态。但另一方面，他们创造出了一种以总体自由为自身课题的特殊的现代性的个体自我，富有政治性、社会性和道德性的个体自我（例如鲁迅所说的“个性的尊重”），从而开辟了无产阶级性质即利他性的个体自我的可能性。而日本的“全体”因为作为一个领域优先于个体，结果虽然承认了个体的存在却无法在“个体”之间形成有机联系，反而造成了全体与个体的疏离，使个体的自由和政治、社会的关联变得十分淡薄，以至于无法和全体相贯通。沟口雄三这套说法是想证明：中国的“公”因为具备“总体性”品格而形成了“公”与“私”的融合，国家与个体高度一致；而日本的“公”只具有一种“全体”而与个体（“私”）处于分离状态，由此使得国家与个体离心离德。沟口雄三实际认为，“公”与“私”的分离曾被公认为是日本近代的一个标志（丸山真男），其实是日本式近代的局限。中国式近代不能因为其人权、个人利益的不成熟而片面地批判其“现代化程度落后”。参阅同上书，第 22-23 页。

63　同上书，第 25 页。

沟口雄三的中国观赋予中国近代性以如此高的理论地位和道德地位，究竟能在多大程度上经受住历史经验的检验，显然是一个问题。他和竹内好一样，在理论上把中国近代想象为日本近代的未来榜样时，面临着如何认识现实中国的困惑。尤其是在亲眼见证了中国“文革”的灾难性后果后，他承认自己对于中国在“文革”前后的巨大变化困惑不已，特地在《作为方法的中国》的开篇描述了对中国的复杂心境：怀着“五分批判”（对于无原则的夺权抗争和错误的政治路线）、三分困惑（对于破坏了我心目中中国革命形象的日趋严重的现实状况）和两分共鸣（对于尽管如此仍试图在延安重新找回革命原点的浪漫主义意图）。但是，这部著作并没有体现出作者对中国的“五分批判”和“三分困惑”，而完全是基于“两分共鸣”来展开理论建构和“憧憬”，包括对中国的“文革”始终没有产生批判性的冲动。当他把“中国式近代”作为近代的理想模型时，他明智地模仿了竹内好的《作为方法的亚洲》的叙事策略，将“中国”不是作为目的而是作为方法：“以中国为方法的世界，就是把中国作为构成要素之一，把欧洲也作为构成要素之一的多元的世界。”[64] 这话看起来也绝对是符合“政治正确”，“中国式近代”不管其在现实中如何呈现——即使以“文革”的方式呈现，依然可以成为建构一种新的原理的基本方法，方法可以不涉及实体的建构而只涉及原理的创造，但原理的创造又是与实体紧密相关。沟口雄三明确认为：“把中国作为方法，就是要迈向原理的创造——同时也是世界本身的创造。”[65] 从“方法”到“原理”再到“世界”，沟口雄三打造的这个逻辑链，最终将一个爆发了“文革”的现实中国与他“憧憬”的“大同共和式”近代中国勾连在一起，形成了他自己特有的“以中国为方法的中国学”。

2004 年，沟口雄三发表了《中国的冲击》一书，此时他研究视野中的“中国”已不仅仅是一个方法的概念，而是一个实体的概念，“中国近代”也从“憧憬”的对象转化为一个巨大的现实存在。虽然

64　同上书，第 131 页。
65　同上书，第 133 页。

他并不认为“中国的冲击”可以取代昔日“西方的冲击”，但他从日本人的角度来观察，在 21 世纪的今日，“中国的冲击”具有“从东亚的内部”来重新审视那“来自外部”的冲击的意义。从原来把中国视为“方法”，转变为把中国视为“冲击”，叙事方式的重大转向究竟意味着什么？是意味着中国完全从“文革”的巨大阴影中走了出来，通过改革开放实现了“中国式近代”？还是意味着中国可以重新焕发其对东亚乃至世界的传统影响力？对于沟口雄三来说，中国经济实力的巨大增长为“中国的冲击”提供了实实在在的动能，其冲击波首先影响到周边国家，“位处中国周边、八十年代以来一直刺激中国技术革新与工业化的日本以及亚洲四小龙，即所谓‘雁行模式’中的头雁如今正在被中国大陆的内地这一巨大黑洞所吸食。”[66] 因此，日本应该首先从“中国的冲击”中清醒过来：“明治以来一直在经济上军事上抑制并刺激中国的周边国家日本（我宁愿把日本定位于周边国家）在经济方面将丧失如意棒的占有权，明治以来持续了一百几十年的、日本人对于中国的优越感也该到梦醒时分了。”[67]

沟口雄三还特别形容了“中国的冲击”的力度：

> “这一冲击是钝角型的、难以被察觉又难以图表化的、犹如肚脐上方的腹部遭到拳击似的、虽缓慢却很强烈的冲击。”[68]

沟口雄三当然不会仅仅从物理层面来描述“中国的冲击”对日本经济所造成的重大影响，他主要还是从历史观和价值观层面来进一步确认“中国的冲击”的思想意义，认为首先有必要反省以“先进”与“后进”的认识框架看待到目前为止的近代化过程——它是西方中心主义历史观的产物；其次应该注意到已成为旧时代遗物的中华文明圈的结构关系不仅在某些方面有所持续，它还在环中国圈经济关系结构中得以重组，并重新开始使周边诸国边缘化。基于这两个认

---

66 ［日］沟口雄三：《中国的冲击》，王瑞根译，孙歌校，生活·读书·新知三联书店，2011 年，序论，第 18-19 页。

67 同上书，序论，第 20-21 页。

68 同上书，序论，第 21 页。

识，沟口雄三特别强调，"中国的冲击"将促使日本"从划分优劣等级的历史观中醒悟过来、认识到必须具有多元主义历史观。"[69] 但他提出的"环中国圈"显然与"多元主义历史观"相背离，因为他描绘的"环中国圈"重新确立以中国为中心，周边区域包括北亚的俄罗斯与蒙古、东北亚的朝鲜与西伯利亚、东亚的日本与韩国、东南亚的东盟诸国、以及中亚和南亚诸国，也就是说，沟口雄三构想的这个"环中国圈"与原来日本构想的"大东亚共荣圈"在地理上几乎完全重叠，两者的区别仅仅在于是中国取代了日本成为这一区域的中心国家。这个"环中国圈"构想的乌托邦性质是显而易见的，它必然面临这样的质问：范围几乎涵盖整个亚洲的诸多"周边国家"何以可能承认它们环绕中国并承认中国为中心国家？中国何以可能成为多元主义历史观的化身而不会像日本在二战期间那样成为新的地区性的霸权国家？

因此，沟口雄三需要证明中国不仅是一个近代国家，还是一个自由民主的国家，以此才能承担起"环中国圈"的中心国家的领导使命。在《作为方法的中国》一书中，作者构想的中国近代性是以"前近代"的因素蛰伏于传统之中，比如，关于"大同"的思想，关于"公"与"私"的观念，关于"封建"作为地方自治的实践，指向的是建构"中国式近代"的可能性，或者说是一种方法，与现实性和实体性相比显然还不是同一件事情。在《中国的冲击》一书中，作者则不再从中国的传统中去挖掘"近代"因素，因为在他看来现实中国已经很大程度地实现了自由和民主，他举例从 20 世纪 90 年代初起，民营的书店开始林立于中国，有代表性的是《读书》杂志"形成了一个富有创造性的'自由'的空间"，他为此批评某些流亡海外的知识分子指控中国缺乏自由和民主完全是"闭目塞听"，是"叙述了某些部分的真实的同时，遗漏了更多的真实"，"通过叙述天安门事件前后中国的非民主部分而掩盖了除此之外的许多民主的部分"。[70] 在他心目中，

69　同上书，序论，第 21 页。
70　同上书，第 5 页。

不能以美国民主的标准来衡量中国民主的实现程度，因为“中国革命相对于欧洲现代，既非反，亦非超，更不是什么后，而是一个类型相异的历史过程。因而中国的‘自由’、‘民主’只能在中国的历史过程中存在，并在其中成长。”[71]

正是因为坚持认为中国近代性完全迥异于欧洲近代标准，沟口雄三严厉批评“日本人一直以欧洲的‘近代’为视角蔑视中国。其蔑视中国的强弱程度被作为衡量日本‘欧化度’高低的尺度。日本人不是通过与欧洲相比，而是通过与中国相比来测量自己的欧化度的。甚至可以说，蔑视中国成了日本民族认同的一个不可或缺的要素。”[72]为了与欧洲近代或日本近代明确划清界限，沟口雄三又回到了竹内好的中国“回心型”近代观的立场上，将中国近代既定位于一种“抵抗的近代”——中国是在抵抗欧洲和日本的历史进程中展开自己的近代之路，又定位于一种“内发性近代”——“用来指称欧洲资本主义入侵以前在中国大陆内部酝酿而成的中国的历史过程”。[73]沟口雄三据此认为，中国“内发因由的近代化旅程”，从 19 世纪到 20 世纪前半叶，从王朝体制的崩溃到社会主义人民共和国的新生，均是中国内在演变的结果，中国如同一条“蜕皮的巨蟒”，蜕掉了两千年来的旧皮，在其肢体上烙印着来自资本主义（帝国主义）和西欧文明的印记，发生了料想不到的变形，但它在最基本之处仍然坚实地继承了自己的历史，中国“作为中国”又终于得到了新生。最后，他得出的结论是：

“我们将摆脱日本以往的近代史观，诸如将日本的近代过程同时视为侵略亚洲的过程，或把日本的近代视为先进，而把其他亚洲诸国视为落后之类的单一的历史观；我们将获得新的历史观——就是说，我们将确立与西洋的近代并列的中国模式的‘另一种近代’；我们将

71　同上书，第 14 页。
72　同上书，第 16 页。
73　同上书，第 94-95 页。

因此而重新讨论欧化的日本近代在亚洲的定位问题。"[74]

　　从竹内好到沟口雄三，从欧洲、日本到中国，从"转向型"近代到"回心型"近代再到"内发性"近代，这对思想师徒通过诸如为"近代的超克"的平反以及通过"憧憬"中国而重构近代观，在日本战后建构了中国研究的一个理论高地，他们在这个高地上架起的理论武器将几乎所有的子弹都射向了以欧美为主导的现代化理论及其制度安排，同时在高地上树起了中国式近代的大旗，将重建亚洲近代的希望寄望于中共革命和"中国的冲击"。子安宣邦在评论沟口雄三的《作为方法的中国》和《中国的冲击》时明确认为，沟口等战后志在研究中国者以对中国及其革命的憧憬为思想起点，以竹内塑造的"作为憧憬的中国革命"形象为研究之动机，存在着一个重大的理论错位，那就是没有把对中国"文革"的反思引向对"毛泽东革命"本体的再审视，而是继续在对中国革命和中国形象的"憧憬"中展开关于亚洲式近代的想象，把中国近代塑造成亚洲近代化的理想模式。作为一个曾经的战争体验者和对战争期间"大东亚"话语有着深刻记忆的历史学家，子安宣邦在《中国的冲击》中读到的是"从历史中被召唤出来的、亡灵般的语言"——这显然是'中华帝国'式的话语，并且，沟口还代言了'中华帝国'对'周边日本'的警告，这是令人不快又令人毛骨悚然的现实预言。"[75] 子安宣邦对沟口雄三的中国观和近代观的严肃批评，体现了自由主义学者的基本立场，他们俩人的理论对峙从更大的范围来看，当然不仅仅是一般理论意义上的左右之争和历史观之争，而是深刻地反映了制度与价值观之争，包括文明与野蛮之争。当沟口雄三把从未彻底清算过"文革"遗产的"中国式近代"视为亚洲近代的理想模式时，他的这类看法未必会在日本产生实际的影响力，但肯定会对中国产生"冲击"。对于致力于建构中国现代性理论的中国新左派而言，沟口雄三以及竹内好的中国观和近代观无疑具有极大的启示意义，正是经由他们架起的理论桥梁，中国新左派重返

74　同上书，第 240 页。

75　[日]子安宣邦：《近代日本的中国观》，第 250 页。

帝国传统，从“前近代”基体中挖掘出中国内在的区别于西方的现代化因素，由此构建全面抵抗西方现代化模式的中国模式。日本近代问题所蕴含的古今之争再次被引入“中西之争”（东西之争）的轨道，日本“近代的超克”论经由竹内好和沟口雄三的理论导向，一定会产生它的中国版本。

“近代的超克”论在中国的回响——以孙歌为例

在某种意义上是可以把孙歌视为竹内好和沟口雄三的中国传人，尽管她自己未必会承认这一点。仅仅就组织竹内好和沟口雄三的著作在中国的翻译和出版而言，孙歌所做的工作是无可替代的，而她对这些著作的解读和诠释则具有更重要的意义：不仅是为中国读者塑造了两位始终抵抗西方一元论的理论战士形象，而且对诸如汪晖这样不熟悉日语的新左派战友开辟出一个特定的思想通道，引领他们从日本那些抵抗欧洲近代的思想家那里汲取建构中国现代性的思想资源。[76] 孙歌在一个广泛的日本思想谱系中“寻找亚洲”，也就是

---

76 日本学者坂井洋史对于竹内好在中国被大肆追捧的现象感到不解，他为此专门撰写了《略谈“竹内好”应该缓论》一文，文中针对中国国内某个关于竹内好的研讨会写道：“恕我直言，会上有个现象令人啼笑皆非：很多年轻的研究者在没有任何必然性的情况下也动不动提到竹内好的名字（是否与会者中有几个日本人，所以出于礼貌才这样说），但深入理解竹内的前提，即对现代日本社会、思想、文学尤其是日本 modernization 整个过程及其思想局限等语境要有基本的了解，在这方面大家似乎很欠缺。换言之，我认为他们对竹内的‘认识’是断章取义的、是极为功利化的‘拿来主义’。”参阅薛毅、孙晓忠编：《鲁迅与竹内好》，上海书店出版社，2008 年，第 255 页。坂井洋史指出的这个现象，应该与孙歌在中国大力推崇竹内好的思想有关联，她应该是中国的“竹内好热”的主要推手，经由她翻译介绍的竹内好著作不仅启发了诸如汪晖这样的新左派领军人物，而且也对坂井洋史所说的“年轻研究者”产生了广泛的影响力。用靳丛林评价孙歌的话来说：“经过孙歌女士等人浓墨重彩的译介，一时间我国文学思想研究界似乎出现了‘竹内好热’。”这位鲁迅研究者认为，孙歌“从思想史的角度去解读竹内好的鲁迅研究，进而反思日本的近代文化与近代历史并兼及反思探讨中国学术思想界的研究出路，不但在中国，而且在日本也引起了学界的广泛

创造另一种认识世界的方式，在知识学上的贡献应予充分肯定，她基于中国人的认识视野所展开的对日本“亚洲叙事”的全景式解读，无疑比日本人的自我表述有了更丰富的内涵，至少是植入了中国人的问题意识，从日本自明治维新到昭和时期的“近代悖论”中，探寻“中国式近代”（中国现代性）区别于欧洲近代的独特路径。这样的问题意识当然首先是来自于竹内好的启示，孙歌坦承：

> “竹内好改变了我认识世界的方式，改变了我在历史中寻找先知的习惯。我开始重新思考永恒的意义，重新思考现实和历史、后人与前人的关系，重新审视‘进步史观’在规定思考方向时的狭隘性和排他性，甚至重新思考政治正确应有的和可能有的内涵。”[77]

事实上，竹内好就是孙歌的“先知”，是她心目中“日本思想界的一个真正的精神领袖”，亦是她迄今出版的诸多著述中引述最多的一个名字。她撰写的《竹内好的悖论》一书，如同竹内好塑造了一个“竹内鲁迅”，她塑造的是一个“孙歌竹内”——一个“火中取栗”者，一个抵抗者，一个理想主义者，一个“东洋近代”的预言者，这些不同的文化身份都集中于一个“反美”的政治立场，按照她的表述：

> “竹内好在日本战败的当时，就以思想的方式反抗了甚至直到今天仍然在延续的‘美国模式’，并且犀利地指出，这个以‘文明一元论’为基础的帝国主义模式，是以东、西方（首先是社会上层以及知识界）共谋的方式被强化的。在这个意义上，赞成还是反对美国在东亚的霸权并不是实质性的分歧，实质性的分歧是对于文明的理解。竹内好在他战后的思想活动中一直致力于开掘足以对抗西方中心文明观念的本土思想资源，为此不惜在带有右翼色彩的日本民族主义和亚细亚主义思潮中‘火中取栗’，不惜因此而在同样依赖西方文明一

关注与好评。”参阅氏著：《竹内好的鲁迅研究》，北京大学出版社，2012 年，第 17 页。

77　孙歌：《竹内好的悖论》，北京大学出版社，2005 年，第 3-4 页。

元论的进步和保守阵营之间腹背受敌，就是因为他急切地意识到东方民族借助于外力无法建立自己的文明，更何况美国以文明代言人自居的‘文化’已经使得非西方世界付出了惨重的代价。”[78]

孙歌高度概括竹内好近代观的“反美”性质显然是带有她自己的好恶标准，在为《竹内好的悖论》所写的序言中，作者毫不掩饰对美国的强烈不满，把美国发动的对伊拉克的战争与日本当年发动的太平洋战争相提并论，认为战后美国占领日本并以文明的名义把它变成自己在东亚的军事基地，从而为发动朝鲜战争、越南战争乃至在中国海域内进行侦查飞行等一系列非正义军事行动提供保障，由此断言：“日本在发动侵华战争时期所犯下的罪行，日本在太平洋战争中所采取的帝国主义策略，并不能依靠美国在东亚完成‘次殖民’的结局来清算，美国更没有权利在行帝国主义之实的同时扮演文明上帝的审判角色。然而历史竟然就这样被书写和默认了。”[79] 为了颠覆这样的“历史书写”，孙歌通过重述竹内好的“鲁迅式抵抗”观和“近代的超克”论，试图把“太平洋战争”——以美国为首的盟军与日本法西斯军队的战争，不是定义为文明与野蛮的战争，而是重新定义为一场“帝国主义与帝国主义的战争”，进而以竹内好提出的“帝国主义不能审判帝国主义”为理由来质疑东京审判的正义性与合法性：“美国在东京审判时扮演的文明正义的角色由于它在东亚的侵略行为不攻自破，当然有理由得出竹内好的结论。”[80] 在孙歌看来，日本战后知识界的一个重大问题是，在谴责美国霸权的同时承认它是文明代言人身份，导致了竹内好提出的这个不该被忘记的命题已经被人们忘记了。因此，孙歌试图以她的理论方式介入“当下”：“把东京审判视为我们中国人抗战胜利的标志之一，视为日本军国主义受到正义力量裁决的历史书写，该被质疑了。”[81] 她认为这质疑并不意味

78　同上书，第 4-5 页。
79　同上书，第 4 页。
80　同上书，第 7 页。
81　同上书，第 9 页。

着对日本军国主义罪行的赦免，更不意味着支持日本右翼的"反美"立场，甚至也不意味着对于东京审判历史贡献的否定，而是质疑"竹内好在半个世纪之前就质疑过的'文明一元论'观念"。孙歌接受竹内好的理论启示，把美国视为"文明一元论"的代表，把美国参与的太平洋战争视为帝国主义之间的战争，进而把东京审判视为胜利的帝国主义对失败的帝国主义的审判。请看她对东京审判的指控：

"这个审判体现了美国的意志而非体现了亚洲受害国人民意愿的军事审判，[82] 却以正义之名掩盖了很多根本性问题。比如，东京审判完全出于美国的政治理由，为了便于美军占领后的操纵，做出了日本天皇免于起诉的决定；与此相关，日本天皇制的政治意识形态在战争时期的实际功能被一笔勾销，日本的侵略战争被美、英、法按照欧洲的模式解释为由极端的军国主义分子谋划和发动的侵略战争。"

"这个审判无视日本在太平洋战争之前侵略中国等亚洲邻国时犯下的大量令人发指的罪行，也无视中国普通平民在战争中受到的大规模杀戮和伤害，除了南京大屠杀之外，例如日军细菌战等一系列残暴的犯罪事实均被掩盖，审判的重点被置于日本偷袭珍珠港亦即日美战争方面，人道灾难也被突出为日军对待英美战俘的非人道方面。"

"美国违反国际法准则、投放原子弹大量杀伤广岛、长崎平民的事实，在这个审判中并没有受到制裁，面对少数审判员的追究，法庭以原子弹轰炸促使战争尽早结束为由，使这个人类史上空前的惨剧合法化。"

"东京审判明显的'胜者为王败者贼'的性格，不能不使日本的进步知识分子陷入困境。这个审判是否真的审理了日本的战争事实？它规定的战争责任是否能够有效地补偿亚洲人民在战争中的创伤？这些疑问还不是困扰着日本进步人士的要害问题。要害在于，在不存

82　孙歌认为，远东国际军事法庭的 11 名法官，亚洲只有三名（中国、印度和菲律宾），由此可以证明东京审判只是体现了美国的意志而非体现了亚洲受害国人民的意愿。参阅同上书，第 130 页脚注 2。

在由亚洲受害国联合主持的军事审判的情况下，这个以盟国名义进行的军事审判是当时惟一以‘国际’为单位的对于日本整个战争过程进行的军事诉讼和裁决。”[83]

孙歌在指控东京审判的非法性和非正义性时，和许多右翼分子一样，是绝不会忘记从“帕尔神话”[84]中寻求法律支持。帕尔作为印度法官参与东京审判时，是唯一一个为所有日本战犯做出无罪辩护的法官，他的依据是：“虽然在东京审判中，盟国主张侵略战争是犯罪，谴责日本发动侵略战争。但是，自己不也是不断进行非正义的侵略战争，从而建立了殖民地帝国吗？”因此，“（先来的）强盗无权审判（后来的）强盗”。[85] 这个看法与竹内好提出的“帝国主义不能审判帝国主义”的观点如出一辙，孙歌正是基于竹内好的历史观和历史价值观，高度认可帕尔为日本的侵略开脱罪责的纯粹法律意见具有独特的意义：“这个独特意义就在于以国际法的名义质疑美国操纵远东军事审判的合法性。……从逻辑上看，帕尔对于东京审判的质疑却无疑是相当有力的，因为他的判决意见书针对的不是日本战犯是否

83　同上书，第 130-131 页。

84　印度法官帕尔在东京审判中对所有日本战犯均作出无罪辩护，他撰写的辩护意见书长达 20 多万字。东京审判结束后，该意见书于 1962 年以《帕尔博士的日本无罪论》为名在日本出版，由此被日本右翼人士作为否定东京审判合法性和正义性的主要法律依据，帕尔也被他们视为神一样的存在。帕尔在 1966 年第四次访日时，日本天皇为其颁发了勋一等瑞宝章，通过报纸等新闻媒体和学者、大学教授、政治家、战犯遗属、原军人、右翼的总动员，“帕尔的形象，即为了真理和正义，不屈服于美国强权的硬骨头形象，深植于日本民众的意识之中”。日本学者中里成章撰写的《帕尔法官：印度民族主义与东京审判》一书，将这个现象概括为“帕尔神话”，认为这个神话“既存在有意识的形象设计，也存在无意识的误解和错谬”，关键是帕尔的辩护意见极大地满足了日本右翼分子对日本对外战争的基本认识，用与帕尔关系密切的荷兰法官洛林的话来说：“帕尔法官的立场是这样的，日本发动的战争从一开始就是解放亚洲的战争，绝不能看成侵略战争。”中里成章用大量实证材料和事实揭露了帕尔的右翼民族主义立场，认为“帕尔神话”制造的“印度法律人士帕尔的形象，实际上也是我们日本人的一枚自画像。”参阅［日］中里成章：《帕尔法官：印度民族主义与东京审判》，陈卫平译，法律出版社，2014 年，第 218 页，第 141 页，第 225 页。

85　同上书，第 138 页，第 139 页。

有罪的问题，而是这场审判本身在法律程序上的'违法'性格，这个判决意见书宣布，违背法律程序的东京审判不能获得断罪的权威性。"在作出这个判断时，孙歌考虑到帕尔的结论足以转化为右翼在为日本侵略战争翻案时的口实，但在她看来，这不是帕尔法律意见书的真正功能，"作为一份法律文件，帕尔的判决意见书提供了一个需要发掘和转换的重要线索，那就是利用法律的特有功能，揭露美国强权政治的虚假正义性。"[86]

说实话，读到孙歌的上述言论，我内心深感震惊，这些指控完全违背历史事实而纯粹是在一种扭曲的"反美"意识形态支配下的政治想象，她以帕尔一人的法律意见书来否定其他十位法官的法律意见书，进而否定整个东京审判的合法性和正义性，几乎就是对东京审判的再审判——这是一种意识形态的审判！她运用竹内好的话语方式，将东京审判视为是"文明一元论"在战后历史中的实际体现，是美国以文明的名义对日本的再殖民，高度认可帕尔对西方法律制度的质疑：纽伦堡和东京审判依照宪章所规定的法律做出的裁决，"是虚伪的文明，或者是文明的退化。因为它侵犯了法的普遍性，伤害了真理"。[87]

东京审判是否如竹内好所言是"帝国主义对帝国主义的审判"？或者如帕尔所言是"强盗对强盗的审判"？或者如孙歌所言是"美国操纵了远东军事审判的合法性"？这些问题只要置于真实的历史场景中即可得出真实的结论。参与东京审判的中国法官梅汝璈撰写的《远东国际军事法庭》书稿，全程记录了东京审判全过程，其中涉及到的关键性事项是：（1）远东国际军事法庭是根据《波茨坦公告》《日本投降文书》和莫斯科外长会议的决议，授权远东盟军最高统帅部设立的，是对日作战四大盟国（美、苏、中、英）的一致决议，盟军驻日最高统帅麦克阿瑟作为东京审判的最高负责人，是依据盟国授权的具体法律规定而行使其权力，绝非以"美国意志"为准则。（2）为

86　孙歌：《竹内好的悖论》，第 133-134 页。
87　[日]竹内好：《日本与亚细亚》，转引自同上书，第 137 页。

保证东京审判的合法性，麦克阿瑟元帅核准颁布了《远东国际军事法庭宪章》，宪章分成五个部分，共十七条，分别规定了法庭的任务和职权（管辖权）、法院的组织（各部门的机构和人事）、关于提证、审讯、判决、复核和减刑的主要原则。梅汝璈引用纽伦堡审判的文件特别强调："宪章并非战胜国方面权力之武断的行使，而是体现着当时已被宣布的国际法。在这个范围内，它本身便是对国际法的一种贡献。"（3）法庭成员即法官的构成，宪章规定由盟军最高统帅从日本投降书上签字的九个受降国所提出的候选人名单中任命，九名法官来自中国、苏联、美国、英国、澳大利亚、加拿大、荷兰、新西兰，后来又增加了来自印度和菲律宾的两名法官，法官坐席按受降国签名次序排列，中国法官排在美国后面，据第二位置。法庭法官的组成根本不存在亚洲法官被忽视的情况，中国法官在法庭中居于重要位置。（4）为充分保障被告人的合法权利，审判期间形成了一个庞大的辩护团队，28 名甲级罪犯拥有日本辩护律师 100 余名，美国辩护律师 20 余名，总共 130 名，用梅汝璈的话来说："辩护律师之多和辩护阵容之盛是远东国际军事法庭最突出的一个现象。"（5）从近百名在押罪犯中选出 28 名甲级罪犯，主要是根据他们在日本对外侵略战争中所处的位置和所起到的作用来确定的，"他们在全部日本对外侵略战争中不但是主要的人物，而且是有代表性的人物。"按照《波茨坦公告》的原则，这些战争罪犯必须接受"严厉的法律制裁"。（6）检察官对被告们控诉的罪状共五十五项，分为三大类：第一类是"破坏和平罪"（亦即侵略罪）；第二类是"杀人罪"；第三类是"其他普通战争犯罪及违反人道罪"。（7）庭审过程采取的是"证据主义"，即法庭的最后判决是根据法庭已经正式采纳了的证据而作出，控辩双方围绕着有利于己方的证据所展开的法庭辩论，导致审讯旷日持久，时间远远长于纽伦堡审判，这在客观上保证了审判的公正性。（8）指控被告的五十五项罪状，均相应落实在每一个被告身上，第一类"破坏和平罪"涉及到所有被害国家，对中国的侵略是构成被控罪状的重点，例如，第二十七项罪状是控告全体被告曾参与对中国实行侵略战争，时间从 1931 年 9 月 18 日起至 1945 年 9 月 2 日止，对日军在此期间发生的战争暴行均有逐项指控，根本不存在孙歌所说的"这个审判无视日本在太平洋战争之前侵略中国等亚洲邻国时犯下的大量令人发指的罪行"的情况，被判绞刑的七名战犯（东条英机、广田弘毅、土肥原贤二、木村兵太郎、松井石根、坂垣征四郎、武藤章），均是主导侵略中国的首恶分子，他们因为对中国犯下的滔天大罪而受到极刑制裁，没有逃脱历史的终极惩罚。[88]

梅汝璈在充分肯定东京审判的正义性与合法性的同时，并没有回避审判过程中所存在的一系列问题，包括表达了对来自美国的首席检察官季楠"私心"的某些不满，但他更多的是批评美国律师在为日本战犯辩护时所起到的"主次颠倒、反宾为主"的作用，甚至指责美国律师"不但表现得肆无忌惮，而且有时还表现得不可想象的愚蠢"。[89] 这个情况其实正好说明，美国司法独立的理念并没有因为是战争胜利国审判战争失败国的罪犯而被放弃，由法官、检察官和律师在东京审判中形成的长时间的博弈，实际上体现了审判的公正性和法律的胜利。战争罪犯依法受到了应有的惩罚，他们的权利亦依法得到了应有的维护。麦克阿瑟元帅在东京审判结束时发表声明称：

"人类作出的这一判决，不能说绝对没有错误，不能避免许多人对这一判决有不同意见。就连组成东京法庭的有学识的法官们，意见也并不完全一致。但在现在不完全文明社会的进化过程中，法庭所下达的严肃判决的正确性，对不是神灵的人类来说，没有比这更可以信赖的了。——我命令第八军司令官按照国际军事法庭所下达的判决执刑，我希望通过下达这一命令，全知全能的主以消灭这种悲剧性罪孽的事实，来使所有善意的人们认识人类最恶最大的罪行——战争完全是无益的，进而使审判作为所有国家放弃战争的象征而传播。"[90]

---

88 上述概括引自梅汝璈：《东京审判亲历记》，梅小璈、梅小侃整理，上海交通大学出版社，2016 年，第一至第四章。

89 参阅同上书，第 102-103 页。

90 转引自[日]《朝日新闻》东京审判记者团：《东京审判》，吉佳译，河北人民东京审判毫无疑义是正义对邪恶的审判，是文明对野蛮的审判，是和平对战争的审判，这是二战结束以来大多数国家的基本共识。中国国际法权威王铁崖认为："第二次世界大战后的两次战犯审判——纽伦堡和东京的战犯审判，在国际法的发展史上自有其不可磨灭的功绩。"[91] 中国学者余先予、何勤华、蔡东丽于 1986 年撰写的《东京审判》一书，将"东京审判"定位于"正义与邪恶之法律较量"，认为"这次审判，对于国际关系的发展、现代国际法若干重要原则的确立、维护战后世界和平，都产生了深远影响。"他们同时指出："'东京审判'这页历史虽然已经翻过去四十年了，但是，直到今天仍然很引人注目。因为，进步与反动、正义与邪恶、和平与战争将是长期的。日本靖国神社还供奉着东条英机等十三个甲级战犯的幽灵，日本政界的要员有的甚至公开否认'东京审判'的正义性。"[92]

日本右翼人士否定东京审判的正义性与合法性，以及持续地从"帕尔神话"中寻求共鸣，在日本学者中里成章看来丝毫也不奇怪，包括"对日本法西斯头头——即高举大东亚共荣圈的旗帜与英美帝国主义开战的头目们——做出无罪判决，可以说无须惊讶。"[93] 因为战后日本的右翼思潮始终没有认真反省战争责任问题，而帕尔基于民族主义右翼立场所发表的日本战犯无罪意见书，既为右翼提供了否定东京审判的法律依据，也为他们制造了"大东亚战争"合法化的逻辑依据。所以，从纽伦堡到东京的审判所获得的重要历史经验并没有被自由主义学者普遍地上升到哲学和政治学高度上予以总结，相反，这两个审判却在在右翼思潮的喧嚣中被判定为不过是帝国主义对帝国主义的报复性审判。问题在于，作为战后日本左翼精神领袖的竹内好为何也会加入到否定东京审判的阵营中？如果说不是与右翼同流合污，为何他与右翼具有相同的理论关切，不仅明确提出了"帝

出版社，1988 年，第 410-411 页。

91　转引自梅汝璈《东京审判亲历记》，王铁崖序，第 2 页。

92　余先予、何勤华、蔡东丽：《东京审判：正义与邪恶之法律较量》（第三版），商务印书馆，2016 年，第一版（1986 年）序，第 1 页。

93　[日]中里成章：《帕尔法官：印度民族主义与东京审判》，第 224 页。

国主义不能审判帝国主义"的论断，而且进一步提出了反对美国霸权的政治主张，将战后美国主导下完成的日本政治转型视为是美国对日本的再殖民。孙歌不是没有意识到竹内好与右翼在理论上的复杂关系，她反复重申竹内好的一个自我定位：在战后重建"近代的超克"论是"火中取栗"，也就是要从右翼燃烧起来的民族主义和国家主义大火中取出"近代的超克"这个大栗子。为此，孙歌试图扮演一个双重角色，既要为竹内好提供辩护，在他与右翼分子之间划出一条明确的思想界限；又要修补竹内好的理论漏洞，在他未完成的理论基础上进一步展开一个新的亚洲（东亚）叙事。

孙歌首先面临的一个难题是，必须对竹内好在战时发表的那篇"臭名昭著"的文章——《大东亚战争与吾等的决意》——作出解释：这篇文章究竟是作者的一次偶然"失足"，还是作者对于日本浪漫派右翼立场的一次认同？事实是，竹内好在战后从未对发表这篇文章表达过些许歉意或反省，反而将其收录在一部评论集中。孙歌对此理解为，竹内好并不是一个把对于失误的反省视为新的出发点的知识分子，他关心的是如何进入历史而不是在外面观察它。从这个视角来看，该文表述的第一句话："历史被创造了。世界在一夜之间改变了面貌。"构成了竹内好历史观的核心关切——日本通过向英美宣战而创造了新的历史，用孙歌的话说，"《大东亚战争与吾等的决意》的基本结构是对于世界史建构的关切"，这个关切也就成为她为竹内好辩护的一个重要理由："竹内好既不是在御用文人的层面也不是在民族主义者层面更非在军国主义者的层面支持日本的太平洋战争，他始终是在文学的位置上思考和处理战争的。"[94] 这无异于赋予竹内好在道德上免于被追责的一个特殊身份，因为他是从文学家或历史学家的身份出发，从大东亚战争中看到的是日本历史被重新创造的时刻，日本通过这场战争来重新书世界史。孙歌这套辩护话术与右翼为大东亚战争的辩护是何其相似，大川周明就说过这样的话："大东亚战争的目的，是让亚洲摆脱外国和西方的侵略势力，在东亚建立新秩

94　孙歌：《竹内好的悖论》，第 104 页。

序，把他们从我们的土地上驱逐出去。”[95] 大川周明期待通过大东亚战争建立日本为中心的“新秩序”与竹内好期待通过大东亚战争建立日本为中心的“新的世界史”，难道有什么区别吗？

孙歌和竹内好一样，显然也是在“火中取栗”，是试图把竹内好从右翼的陷阱中拯救出来，因此她要重新诠释竹内好的历史观和文明观，将他质疑东京审判的言论与他否定欧美文明一元论模式的观点结合起来，也就是“把日本近代以来的文明观念与东京审判的前提放在一起讨论”，通过从根本上挑战欧洲近代论和所谓文明单线进化论来推翻东京审判的前提，不是将其视为文明对野蛮的审判，而是将其视为“帝国主义对帝国主义的审判”。为了完成这样的“转向”，竹内好在战后重建“近代的超克”论的理论动机是不言而喻的，他是要把这个在“思想总力战”中提出来的反对欧美的理论纲领，再次改造为一个抵抗欧洲近代的日本近代原理。按照孙歌的表述，竹内好对“近代的超克”的重新诠释所体现出来的悖论性质，一方面是要求回答日本近代意识形态与法西斯主义的关系问题，另一方面是要探讨日本区别于欧洲的现代性问题。就这两方面而言，从竹内好到孙歌，其实并没有深刻检讨“近代的超克”论在战时如何成为法西斯主义意识形态的一个组成部分的内在逻辑，而是把重点放在如何将“近代的超克”这套话语重新改造为“日本式近代”的基本原理，进而成为他们质疑甚至否定东京审判的主要理由，以至于他们与右翼关于太平洋战争的立场几乎没有什么差别。孙歌不是没有意识到竹内好面临的理论风险：“他试图挖掘和重造的日本思想资源几乎都是被‘污染’过的，它们不仅在历史上与日本的军国主义相关，而且在新的时代状况中仍然基本上是日本保守派乃至右翼的意识形态。”[96] 竹内好坚持这么做的理由是，他不相信欧洲近代理论可以成为日本近代的指南，反而是相信日本在“对外侵略的意识形态中，隐含着在历史上曾经萌发但又被扼杀了的对于东亚的责任感；在对抗西方的民族主义意识

95　[日]大川周明：《大东亚性秩序的建立》（1943 年），转引自[埃里克·贾菲]：
　　《逃脱东京审判：大川周明的奇异疯狂》，第 166 页。

96　孙歌：《竹内好的悖论》，第 202 页。

形态之中，也包含了使日本成为世界史一部分的努力。"[97] 因此，孙歌坚持认为，竹内好勇于从右翼的思想武库中"火中取栗"，以及"这个充满了民族主义乃至亚洲主义'嫌疑'的《近代的超克》在日本思想史上成为名著"，实乃竹内好在战后最重要的理论贡献：

"危机意识引导竹内好重新开封《近代的超克》，试图在被简化为意识形态结论的这个思想史事件中发现新的可能性。竹内本人或许并未意识到，他的这次并不成功的尝试，意义其实不在于是否发掘出了他所说的健全的民族主义，而在于显示了政治正确的思想立场其实往往无法有效处理状况中的问题这样一个意味深长的难题。"[98]

这里提到的"意味深长的难题"正是孙歌试图解决的问题，为此，她从竹内好转向了沟口雄三，实际上是经由这两位思想导师的启示，按照他们的方法——"以亚洲为方法"（竹内好）和"以中国为方法"（沟口雄三）——来建构自己的亚洲叙事，也就是建构一个由竹内好和沟口雄三共同开拓的亚洲叙事的中国版本。她从竹内好到沟口雄三的思想传承关系中，强调了竹内好对沟口一代人的思想影响是"为战后日本中国学奠定了一个基本的视野"，"这个视野就是在价值上颠覆以西欧为标准的近代观念，否定进步—落后这种单线进化论的思路，从而把一向被视为落伍者的中国作为正面的形象加以认识，并由此检讨和否定日本的优等生文化。"[99] 在孙歌看来，竹内好提供的这个基本视野赋予了战后日本中国学研究对中国革命的向往，引发了对日本文化的自我批判，但并没有建立起一个完整的现代性理论，因为他并不是一个"严格意义上的学问家"，缺乏从问题上升到原理的理论建构能力——"竹内好的中国认识虽然具有强大的思想能量，却不能有效地提供建立新的中国学研究的认识论资源"。[100] 竹内好的局限性由沟口雄三弥补了，后者以一种特别的方式继承了他的思想：

---

97 同上书，第 202-203 页。
98 同上书，第 197 页。
99 孙歌：《思想史中的日本与中国》，上海交通大学出版社，2017 年，第 66 页。
100 同上书，第 66 页。

"把对他'学术笼统性'的批判作为自己学术的起点或者动力"。[101]
从竹内好到沟口雄三的思想传承关系，在孙歌的不懈阐释下，向中国
读者清晰地呈现出来了。

按孙歌的说法，沟口雄三对竹内好的近代观提出了两点质疑：第
一，竹内好的近代观作为对欧洲近代的反命题，在事实上他的思路是
受制于欧洲；第二，在把中国的近代理想化的同时，竹内好也把日本
的近代彻底否定了。也就是说，沟口雄三认为竹内好的反欧洲的话语
并没有摆脱欧洲话语的影响，而沟口雄三则试图"以中国为方法"来
建构一个以中国"基体"为根据的、彻底区别于欧洲近代的中国现代
性理论，孙歌将沟口雄三的理论意义概括为：

"这个基体展开论，是一个关于中国历史从古到今的整体构想。
简言之，这是关于一个多民族、多文化文明世界的哲学、思想和社会
原理的假说，它依靠对历史关键环节的深入把握勾勒出了一些基本
轮廓，依靠非凡的历史想象力建构了有准确史料依据的历史脉络；来
自西方的'近代'冲击和现代中国的意识形态叙述，作为危机认识的
媒介被组合进了这一历史过程，却不可能构成前提或者结论。与此相
对，沟口力图追寻的，则是传统中国的儒教伦理和社会制度在不同历
史时期的变化环节，以及它们被历史冲击和淘洗之后获得的新形态。
在他的视野里，从宋代朱子学开始的天理观等哲学观念的转换、从明
代后期开始的田制改革和乡村自治运动等社会形态的变化，构成了
绵延至今的中国历史的潜在流向。在这个脉络里，发生了辛亥革命和
中国革命，也发生了当今世界上的'中国的冲击'。"[102]

孙歌高度评价沟口雄三的理论意义，将其视为是竹内好以来中
国学研究的一个重大突破：彻底克服了西方中心论的知识霸权，建构
了多元化的世界想象和"自由的中国学"，以及在"高浓度的历史时
间"中提炼出"历史的动力"，建构了"动力的历史"。问题在于，沟

101　同上书，第 66 页。
102　同上书，第 70-71 页。

口雄三基于中国历史传统的现代性（近代）叙事，并没有离开竹内好开拓的思想轨道，他阐述的"基体"近代论不过就是对竹内好"回心"型近代论更为系统的表述，他"以中国为方法"的研究进路显然也是参照了竹内好"以亚洲为方法"的思路，包括提出"中国的冲击"亦不过是重复了竹内好对中国式近代的憧憬——把实体中国符号化，将其想象为亚洲近代的理想模式以抵抗欧美模式。从竹内好到沟口雄三，战后日本的中国学研究实际上完成了一个思想闭环，不管其中存在着不同的思想叙事方式和叙事策略，其核心始终是"近代的超克"："清算明治以来日本以西方为蓝本的现代化带来的负面影响，抗击来自西方特别是英美的经济文化渗透，确立日本文化的独有价值，并进而确立日本作为东方现代化强国的领导"。[103] 尽管竹内好在战后一直致力于批判日本近代的局限性，转而将"近代的超克"的主体赋予中国；尽管沟口雄三一直试图回避这个沾染了法西斯主义意识形态色彩的命题，力求描绘一幅远比竹内好的近代观更为宏大的关于中国现代性的理论图景；但是，他们的全部理论建构最后都是用来证明：日本或中国对欧洲近代的超克不仅是可能的而且是必须的，中国历史的独特性或"基体"创造了中国革命的独特性和"回心型"（"内发性"）近代模式，由此改写了世界史并将进一步重构世界秩序。

从竹内好到沟口雄三的思想闭合过程中来观察孙歌的亚洲叙事，是可以清楚地发现她的理论建构与她的这两位思想"先知"的再传承关系，她是在沟口雄三把竹内好的问题原理化的基础上，进一步塑造其普遍性的理论形式和重新确立其区别于西方的价值尺度。她建构的"亚洲叙事"，重点在两个方面展开，一个是"寻找亚洲"的理论过程，"寻找亚洲"的目的，是在对抗西方霸权的意义上，重新塑造亚洲的主体形象，亚洲不是作为欧洲的他者概念，而是成为亚洲人的主体性概念——"亚洲这个概念在对抗西方列强的意义上开始演变为亚洲人自我主体建立的重要媒介"。[104] 从亚洲的主体性出发，

---

103 同上书，第 178 页，脚注 2。
104 孙歌：《寻找亚洲：创造另一种认识世界的方式》，贵州人民出版社，2019
    年，第 94 页。

孙歌立志打造一个新的“亚洲原理”，因为在她看来，原来关于亚洲的论述并不具有真正意义上的主体性，在许多情况下是按照西方的要求打造的，亚洲没有自己的原理，它仅仅是“依附于西方论述框架的田野材料而已”。[105] 因此，建构新的“亚洲原理”首先是要建立新的价值判断，超越西方文明论所规定的文明与野蛮、先进与落后的思维框架，不再把亚洲（主要是指中国）视为野蛮和落后的象征。其次是要重新定义普遍性，不再把欧洲中心主义近代观视为放之四海而皆准的普遍性真理，基于亚洲（主要也是指中国）历史经验的近代观同样具有普遍性价值和意义：“亚洲原理就是一个以形而下的多样共存为基本特征和前提的普遍性”。孙歌为此总结道：“亚洲原理的构造，需要建立新的价值判断。它的核心在于重新规定普遍性的功能。”[106]

在“寻找亚洲”同时，孙歌还展开了“寻找‘近代’”的理论过程。如同她在“寻找亚洲”时重新定义亚洲的主体性和普遍性一样，她“寻找‘近代’”实际上也是重新定义近代，即按照竹内好和沟口雄三的理论方式，将日本式或中国式近代从欧洲式近代的思维框架与评价标准中解救出来。她之所以对竹内好在战后重新论述“近代的超克”论持有深刻的同情与理解的立场，就在于她和竹内好一样认为：“假如放弃‘火中取栗’的尝试，我们可能会失掉自己的近代”。[107]“近代的超克”论尽管参与了日本法西斯的战争动员而声名狼藉，但其中包含的抵抗欧洲近代的思想内核，被竹内好和孙歌都视为是无论如何都值得不惜代价取出来的。离开了这个思想内核，日本、中国乃至亚洲的现代性理论似乎就会丧失自己的价值维度，而重新沦落为欧美现代化模式的模仿者。所以，孙歌才会孜孜不倦地从竹内好和沟口雄三的著作中去“寻找‘近代’”，沿着从竹内好的“回心型”近代到沟口雄三“内发性”（基体论）近代的路径，寻找中国式近代之路。

---

105 同上书，第 110 页。
106 同上书，第 xi 页。
107 孙歌：《竹内好的悖论》，第 217 页。

从理论上看，孙歌的亚洲叙事接续了竹内好的问题意识，遵循了沟口雄三的叙事策略（将问题原理化），采纳了他们的诸多关键词（如东亚、亚洲、近代、鲁迅、抵抗、超克、回心型、内发性等概念），当然也继承了他们的价值观——抵抗欧美近代观对亚洲的思想和知识殖民以及日本中国知识界与欧美思想霸权所形成的共谋关系，将亚洲的特殊性和差异性经验上升为一种关于世界的普遍性原理或"认识世界的方式"，最终是挑战被冠以普遍性真理的西方一元论的历史观和价值观。孙歌深信："亚洲原理并不是世界体系的中间环节，而是另外一种认识世界的思维方式。只有在亚洲原理真正发挥作用的时候，冷战意识形态的阴影才会消失，历史终结于资本主义顶峰的幻觉才能被打破；只有立足于亚洲原理，场所拥有了灵魂，我们才能诚实地认识自身，认识世界。"[108]

从竹内好的"中国式近代"到沟口雄三的"中国的冲击"再到孙歌的"亚洲原理"，理论建构从形式上看是从竹内好提出的"近代的超克"是否可能这样的问题出发，经由沟口雄三的系统性"原理"构造和历史学的全面展开，再由孙歌为这样一个思想闭环塑造出普遍性品格，从而在中日"知识共同体"[109]中创造出关于亚洲（东亚、日本、中国）现代性的一般原理，实际上是将日本自明治维新以来一直持续存在的亚洲反抗欧洲的哲学和政治学叙事进一步问题化和原理化，尤其是将作为"昭和意识形态"的纲领性命题"近代的超克"进行学术重构而使其进一步正当化。沟口雄三和孙歌在竹内好近代观的基础上是试图克服他们认为的竹内好思想的局限性——在反抗欧

108　孙歌：《寻找亚洲：创造另一种认识世界的方式》，第343页。
109　中日"知识共同体"首先是由孙歌于1995年提出来的，她与沟口雄三专门就这个话题进行了长篇对话，特别强调了"知识共同体"能够付诸实践，有赖于沟口雄三的运作，是他提供了让中国和日本的一些知识人可以对话的空间，同时也提供一系列对话的主题。沟口雄三作为中日"知识共同体"的思想领袖是不言而喻的，他关于中国近代的"内发"论和"基体"论对中国新左派展开关于中国现代性理论无疑是有重要启示和影响。孙歌在"知识共同体"中无疑也扮演了重要角色，她是竹内好和沟口雄三的著作在中国传播的主要推手。参阅孙歌：《关于"知识共同体"》，氏著：《主体弥撒的空间——亚洲论述之两难》，江西教育出版社，2002年，第343页。

洲近代时没有脱离欧洲近代观念的制约，以及因为日本的战争失败而彻底否定日本式近代并由此“憧憬”中国式近代，沟口雄三提出“以中国为方法”，同时也提出“以世界为目的”，看上去并不想制造中国与世界的对立，而是主张“以世界为标准来衡量中国”，强调中国与欧洲的某种统一性：“以中国为方法的世界，就是把中国作为构成要素之一，把欧洲也作为构成要素之一的多元的世界。”[110] 孙歌完全接受了沟口雄三这套叙事策略，认为在破除了西方式一元化和绝对化思维的同时建立起来的“亚洲原理”，“并不为了对抗西方、取代西方而进行的知识活动”，它只是相对于欧洲原理、非洲原理和拉美原理的一个相对化原理。[111] 这样的叙事策略显然也是想制造另一种“政治正确”——孙歌一直在批判右翼话语不能转化为进步主义话语的“政治正确”，即亚洲原理不管是否与欧洲原理处在对抗性关系中，亚洲原理始终具有普遍性品格，亚洲不是欧洲的他者，而是与欧洲并列的世界主体。但是，这种“政治正确”的话语一旦落实到分析具体的国际地缘政治关系和国际事务时，便立即暴露出了它的“反美”或“反欧洲”的价值倾向性，孙歌对“近代的超克”的同情式理解和对东京审判的再审判，倒是与右翼的“政治正确”不谋而合，就反美和反欧洲近代的立场而言，竹内好、沟口雄三、孙歌与日本自明治维新以来贯穿下来的右翼思潮完全一致。号称左翼学者的他（她）们，在亚洲或东亚的哲学和政治定位上，在关于日本式近代的认识上，在否定东京审判的正义性与合法性上，以及在重新定义太平洋战争的性质上——将其视为“帝国主义对帝国主义的战争”，与右翼结成了思想联盟，重新再现了昭和战争时期的思想景观：左翼和右翼与法西斯主义意识形态沆瀣一气，共同成为与英美进行思想总力战的生力军。左翼和右翼殊途而同归，这样的思想现象居然在中日“知识共同体”中长期存在，难道不具有讽刺意味吗？难道不应该促使人们去深度反思吗？

---

110 ［日］沟口雄三：《作为方法的中国》，第 131 页。
111 参阅孙歌：《寻找亚洲：创造另一种认识世界的方式》，第 110 页。

从民族主义之"惑"到民族主义之"祸"

从德川到昭和（1603—1926 年），三百余年时间，日本经历了内藤湖南所概括的从"近世"向"近代"的转变，这既是一个以时间演变为导向的社会进化过程，也是以制度演变为导向的政治转型过程，日本通过明治维新完成了从幕府封建体制向天皇中央集权体制的转变，从家族国家向民族国家的转变，以及从一个前近代（近世）国家向近代国家的转变。这个历史性转变毫无疑问地是在"西方的冲击"下发生的，如果没有 1853 年的"黑船事件"和 1863 年的英萨战争，日本绝无可能自发地从"近世"德川走向"近代"明治。日本民众对于"西方的冲击"给日本带来的巨大变化是有足够的估计。早在 1901年，神奈川的横须贺市就建立了佩里将军来航纪念碑；下田市从 1934年起至今，每年五月都会举办"黑船祭"（只在 1941—1946 年停办过）；在 2002 年和 2005 年，为了纪念佩里将军来航 150 周年，北海道的函馆市和静冈县的下田市也分别建立了佩里将军纪念碑。为"侵略者"树碑立传、歌功颂德，难道是右翼史学或一部分左翼学者一直批评的"自虐史观"在民众中的反应吗？难道不足以证明三谷博教授的下述结论？

"19 世纪中叶，美国使节马修·佩里率领舰队访问了日本，这一事件成为改变日本，进而改变东亚乃至整个世界的重要起点。"[112]

三谷博的结论得自于他的一个基本事实判断：近世日本在对外关系中采取限制与外国交往政策（锁国政策）的严厉程度，属于古今东西的历史中最为严厉的一类，超过了在同一时期采取类似政策的大明、大清和朝鲜；在 18 世纪至 19 世纪中期以前，德川公仪的官员从未到过国外，而来到日本的外国人，无论是朝鲜人、中国人还是西洋人，都被置于严密监视之下。因此，佩里来航才显得意义重大，

---

112 ［日］三谷博：《黑船来航：对长期危机的预测摸索与美国使节的到来》，张宪生、谢跃译，社会科学文献出版社，2013 年，中文版序言，第 1 页。

这一历史性事件彻底终结了德川时代的锁国状态，日本由此“走上了一条通向开国的不可逆转之路”。[113]

在客观地承认以“黑船事件”为标志的“西方的冲击”对日本近代转型所具有的决定性意义时，几乎没有人会否认日本自德川时代以来所发生一系列内在变化——从思想到政治结构、社会形态都可以观察到的一系列符合“近代”标准的历史现象。丸山真男在《日本政治思想史研究》中关于德川思想演变的分析，就是旨在从德川朱子学的自我解体过程中，探讨日本“近代”因素的自我成长，从诸如获生徂徕的思想中分析日本“近代”的“内生性”逻辑，似乎也是为了证明，日本和欧洲国家一样，在其内部也具备了近代转型的思想动力和社会条件。政治家吉田茂也有相同的认识，在他看来，“明治维新也并非都在外国的压力之下进行。在德川时代和平的 260 年间，平静之中逐渐发生了巨大变化：也就是市场的发达和商人的兴起。”“封建制度为近代国家的发展打下了基础。德川时代的统治制度已经成为对近代国家筑基有益的资本。”[114] 问题在于，德川时代平静涌动的思想变化和社会结构内部逐渐涌现的商业化浪潮，如果没有来自外部的压力与冲击，能否自发地创造出一个新的社会形态和国家制度？就如同中国明清“资本主义因素”已有了长足发展却为什么没有自主地演化出一个与欧洲相似的资本主义制度？显而易见的事实是，日本和中国一样，都是在 1840 年鸦片战争以来西方持续的冲击下开启了“近代历史”，以前在社会结构内部持续发生的“前近代”因素是在外部的巨大压力下才演变为激烈的社会变革，最终“引发了日本近世最严重的政治危机，为德川幕府的倒台埋下了伏笔。”[115] 如果没有来自“西方的冲击”，日本的“近代”是否可能？

按照竹内好的看法，日本是学习欧洲近代的“优等生”，不管他

---

113 同上书，第 210 页。

114 ［日］吉田茂：《激荡的百年史》，赵晓田、赵一乔译，北方文艺出版社，2019年，第 23 页，22 页。

115 ［日］三谷博：《黑船来航：对长期危机的预测摸索与美国使节的到来》，第 210 页。

对欧洲近代持多么激进的批判立场，将东洋的近代视为欧洲强制的结果，或者是这一结果引导出的后果，他还是不得不承认："当欧洲将其生产方式、社会制度，以及与此相伴随的人的意识带进东洋时，在东洋此前不曾存在过的新事物得以诞生。"[116] 这个新事物就是"近代"——"所谓近代，乃是欧洲在从封建社会中解放自我的过程"。[117] 而对于日本而言，"近代"不同样意味着是从德川封建体制中解放"自由资本"和"独立平等的个体人格"吗？为何他却要大张挞伐欧洲并主张以日本近代模式来抵抗欧洲近代模式？原因难道在于他所说的那样，日本按照欧洲模式完成的近代化不过就是欧洲对日本的殖民化？他指控欧洲的理由是：

"欧洲为了得以成为欧洲，它必须入侵东洋，这是与欧洲的自我解放相伴随的必然命运。遭遇到异质的对象，自我才能得到确立。欧洲对东洋的憧憬虽然古已有之（不如说欧洲自身本来是一种混沌不清的存在），而这种入侵形式的运动却是近代以后的事情。欧洲对东洋的入侵结果导致了东洋资本主义化现象的产生，它意味着欧洲的自我保存—自我扩张，因此，对于欧洲来说，它在观念上被理解为世界史的进步或理性的胜利。"[118]

事实上，竹内好在战后指控欧洲近代的理由在明治维新后期已经开始流行，前述从"脱亚入欧"到"脱欧返亚"的转变，显示出知识界随着日本的崛起而出现一种集体思想转向，即从全面学习欧洲转变为与欧洲对抗，要求改变欧洲主导的世界秩序，尤其是在日本取得了甲午战争和日俄战争的胜利之后，越来越多的知识人开始呼应德富苏峰鼓吹的"大日本膨胀"论，不仅挑战中国中心主义，而且也挑战欧洲中心主义，最终是要建立日本中心主义，以及与日本中心主义相关联的近代观、文明观和价值观，不再把欧洲近代视为东洋近代的必由之路。因此，日本从明治维新以来所开启的近代化进程，从一

---

116 ［日］竹内好：《近代的超克》，第 182 页。
117 同上书，第 183 页。
118 同上书，第 184 页。

开始就面临着一个深刻悖论，那就是竹内好后来所概括的：东洋在学习欧洲近代的同时必须抵抗欧洲近代，并通过抵抗来实现东洋自己的近代。在这个悖论后面，可以清晰地看到民族主义的意识与情绪发挥了支配性作用。竹内好自己坦诚，为了对抗或消解欧洲的进步观念，“亚洲的民族主义，或者其深处所流淌着的亚洲式情绪”，并不是丸山真男所理解的作为可以与欧洲进步观念达成某种平衡的折中方案，而是“更为异质性的东西”——“这不是可以成为进步指标的东西，相反是更本源的，能够检验进步是可能还是不可能的这样一种性质的东西”。[119] 这无异于赋予了“亚洲民族主义”以判别欧洲进步观念是否可能的能指地位，从亚洲民族主义视野来看，欧洲近代所代表的进步和文明实际上不过就是对亚洲的侵略和殖民。竹内好近代观和文明观的实质可以用他的一句话来概括：“溯本求源，从根本上把对进步与反动的评价颠倒过来。”[120] 在这个颠倒的价值尺度下，欧洲近代不是进步和文明的象征，而抵抗欧洲近代的东洋近代才是亚洲乃至世界文明的出路。

从竹内好身上体现出来的强烈的民族主义精神，是明治以来民族主义思想及其运动在战后的延续，甚至可以视为是从德川以来思想演变的结果。日本从“近世国家”向“近代国家”的转型，实质是从家族国家向民族国家的转型，期间必然伴随着民族意识的形成和民族主义逐步成为国家意识形态的思想运动。丸山真男说过：“外国船的到来，既是把日本民族意识的四分五裂暴露于光天化日之下的契机，同时又是使扬弃过的民族统一观念成长发芽的契机。”“明治维新是通过一君万民的理念，排除介于国民与国家政治秩序之间的障碍，打开民族主义发展轨道的划时代的变革。”[121] 但是，他并不认为这是问题解决的本身，而毋宁是提供了解决问题的前提，这一前提是在德川封建社会的解体过程中逐渐形成的。从思想进程来看，朱子学的自我解体，经由从水户史学到古学再到国学的思想演变，日本区别

---

119 同上书，第 261 页。
120 同上书，第 263 页。
121 ［日］丸山真男：《日本政治思想史研究》，第 280 页。

于中华的自我认同、历史意识和民族意识不断地从原来的自发状态转变为自觉状态，并从中华的儒家思想的束缚中走了出来，从而为在明治时期形成宫崎市定所说的"皇权史观"和"民族主义史观"创造了历史前提。"皇权史观"是培养国民对天皇体制的认同，"民族主义史观"是培养国民对国家的认同，两者在精神上和价值观上对国家主义的认同高度相关，也就是丸山真男所看到的"民族主义力学"向两个方向发展，"即向最高主体的凝聚和向国民层的扩大"，最后变质为国家主义。[122] 堀幸雄在批判日本战前国家主义运动时用"天皇主义"和"日本主义"来概括"皇权史观"和"民族主义史观"，认为日本战前的最大问题是"天皇主义"或"日本主义"在进入近代国家的入口处没有受到清算，由此"导致日本破灭的国家主义运动，一方面旨在通过建立国家社会主义来改造国家，另一方面，连绵不断地维持着日本精神的日本主义骄横跋扈之时，所有的人都被疯狂的波涛所吞灭。理性从日本消失了。"[123]

"日本主义"从实质上看，既是民族主义，也是国家主义，日本学者野村浩一在探讨北一辉的思想性质时就认为："北一辉从明治维新中看到了最重要的成功要诀，那就是日本的国家民族主义的兴起。"[124] 国家民族主义是以国家为后盾，是在"国家意识觉醒"的基础上以国家民族主义为武器来对抗英美所主导的国际秩序。丸山真男对此也有精辟的总结：

"民族主义乃是立志于推进国家统一、独立、发展的意识形态运动。所以民族主义概念具有多种意义，它与国家这个范畴的多种意义乃至暧昧性是分不开的。但赋予民族主义生命力的，无疑是被称为国家主体契机的民族意识。民族主义乃是这种民族意识在一定历史条件下，从单纯的文化阶段提高到政治阶段，也就是有了预想的敌对意

---

122 参阅同上书，第 297 页，第 312 页。
123 ［日］堀幸雄：《战前日本国家主义运动史》，2010 年版，第 7 页。
124 ［日］野村浩一：《近代日本的中国认识》，第 67 页。

识与行动时始会出现。”[125]

丸山的这个看法揭示出了日本的民族主义走向国家主义的必然性，那就是当日本以扩张性和进攻性的态势向周边国家以及国际秩序发起挑战时，民族主义必然走向国家主义。民族主义作为凝聚国民意志的粘合剂，既是以一个强大的国家作为其存在基础，同时是以“敌对意识”来塑造外部敌人作为民族动员的条件，因此才会在明治时期出现与欧洲对抗的态势，以及在大正时期出现陆军把苏联视为假想敌、海军把美国视为假想敌的情况，最后在昭和时期发动了两场对外战争——对中国的战争与对英美的战争。

民族主义并非从一开始就是一个“坏东西”。虽然从德川时代的民族意识到明治时代的民族主义再到昭和时代的国家主义，具有一脉相承的逻辑关系，但明治时代的民族主义就其加强民族认同和国家认同以及日本追求其平等、独立的国际地位而言，是有其正当的“国家理由”；即使从中日甲午战争来看，日本通过诉诸民族主义的动员手段来提高其国家战争能力并致力于取得战争胜利，应该也是符合当时流行的国际准则。两国交兵，选择民族主义，无可厚非。而且，当时以福泽谕吉、中江兆民等为代表所推动的自由民权运动，试图在自由主义、平民主义和民族主义之间达成某种平衡，对极端的民族主义有所约束，如日本学者内山秀夫所说：“福泽的自由主义与民族主义只是一种‘对立统一’。就是说，一方面需要自由的民族主义，另一方面需要民族的自由主义。这种思想与实践在双重意义上构成福泽自由主义的本质，它以辩证的形式给历史创造提供能源。”[126] 在自由主义的思想氛围中，一些富有见识的政治家也在试图控制民族主义情绪的恶性膨胀，比如，参与甲午战争后中日谈判的日本外务大臣陆奥宗光，对当时日本国民陶醉于日清战争胜利成果而普遍陷入的“主观判断”深感忧虑，对“狂放不羁”的“爱国精神”颇觉尴尬，他甚至引用了斯宾塞说的“爱国精神原本就是一种蛮俗的遗风”来对

---

125 ［日］丸山真男：《现代政治的思想与行动》，第 295 页。
126 转引自丸山真男《福泽谕吉与日本近代化》，第 248 页。

当时日本的政党和国民舆论所表现出来的"傲慢风气"发出警告。[127]

  但是，历史的吊诡就在于，在民族主义胜利的氛围中，那些对于国民疯狂的民族主义情绪抱有理性警惕立场的学者，最后几乎都难以避免跌落到民族主义的陷阱之中。前述福泽谕吉并没有完全用自由主义来克服民族主义之"惑"，也没有充分认识到民族主义之"祸"的危害性。丸山真男在分析福泽谕吉、冈仓天心和内村鉴三这三位明治思想家的"时代命运"时，揭示了他们使命观的"内在结构"中所蕴含的深刻的民族主义情结，福泽谕吉的文明论，冈仓天心关于"东洋的理想"的论述，以及内村鉴三从基督教理论出发所形成的反战观，均具有普世主义的价值情怀，但是，一旦涉及到日本的对外关系问题时，他们便自动成为一个民族主义者。福泽在《福翁自传》中记载了他得知日本取得了甲午战争胜利的消息后"尽情的欢呼"；而内村鉴三在日俄战争前一直高唱非战论，在接到旅顺口海战的捷报后，却不禁"高声万岁三唱，其声震四邻"。[128] 同样的情况也发生在内藤湖南身上，这位曾经奉中国文化为圭臬、终身治中国学问达至极高的境界的大学者，也没有摆脱民族主义幽灵的缠绕。1914 年和 1924 年，湖南先生两次撰写《支那论》（后篇以《新支那论》为题），前文认为中国文化不会因为国家的灭亡而灭亡，中国文化远胜于日本文化，后文则认为"日本对支那之侵略主义"实乃是"将中国从衰死中救了出来"的"大使命"。正如野村浩一对他的批评："湖南一方面想为日本入侵中国正名，另一方面，却又忍受不了世间对中国文化的贬低与鄙视。所以，一边谈论着'支那之亡国'，一边又竭力赞扬中国文化，这一颠倒不堪的意识，就是从这里产生出来的。他的《支那论》是在日本帝国主义侵略大陆这一平面上展开的，这一事实是不言自明的。"[129] 湖南的"支那论"因为是来自于研究中国问题的顶级学者而

---

127 ［日］陆奥宗光：《蹇蹇录》，赵戈非、王宗瑜译，生活·读书·新知三联书店，2018 年，第 94 页。

128 参阅［日］丸山真男：《忠诚与反叛：日本转型期的精神史状况》，路平译，上海文艺出版社，2021 年，第 287 页。

129 参见野村浩一：《近代日本的中国认识》，第 50-51 页。中国学者葛兆光在

在当时被广泛引用，对日本官方制定所谓的“大陆政策”和“满洲政策”提供了切实的学术支持，并且对京都学派后来转向全面支持国家主义的政治倾向是有直接的影响。二战期间，来自京都学派的代表性人物，诸如西田几多郎、田边元、和辻哲郎、高坂正显、高山岩男，以及像竹内好、保田与重郎这样的左翼作家和浪漫派诗人，未必是法西斯主义的御用文人，但个个都是民族主义者，进而甘愿成为国家主义者，他们从哲学、历史、文学诸方面来参与“舆论总力战”，提出的“近代的超克”“世界新秩序”“世界史立场与日本”等各种理论与说法，都具有深刻的民族主义动机，都期待用东洋的近代来克服和超越西洋的近代，实质是建立日本在“世界史”和世界秩序中的支配性地位，用战争手段推动建设“东亚协同体”和“大东亚共荣圈”。

依据从民族主义到国家主义的逻辑线索，可以清楚地看到战后竹内好、沟口雄三的近代观并没有改变而是进一步强化了亚洲与欧洲对立的思维框架，关于亚洲的进步观念以及日本式或中国式近代较之于欧洲式近代更为先进的评价标准，并不是来自于中日近代以来的历史经验，以及基于东西方之间的技术、制度与文化的真实比较，而是来自于一种理论想象和对“前近代”的传统或“基体”的重新认识与诠释。美国学者托马斯·基尔斯特德对“明治民族主义”的研究为揭示竹内好等近代观的实质提供了一个重要的认识维度：

“明治民族主义历史学家所面对的问题是双重性的：如何用有关日本过去的材料来构建民族，以及如何坚持民族的独特性。要理解他

他关于亚洲史研究的著作中提到了日本东洋学的两位“大人物”——东京大学的白鸟库吉和京都大学的内藤湖南，在大正时期都同样跌落到民族主义陷阱之中。前者认为“满蒙于我（日本），一位北方之锁钥，一位东洋和平之保障”，强调满蒙与日本息息相关，绝不可轻易放弃。后者在《支那论》（1914 年）中断定中国的政治、经济和文化负担不起维持庞大帝国疆域的责任，所以中国的领土应该缩小，暗示日本对满蒙这些区域和族群负有某种使命。葛兆光认为日本东洋学的“政治趋向”由这两位著名学者代表，足见日本民族主义对学术研究的影响之深，日本思想界从“大正时期的“东亚视野”到昭和时期扩大为“大东亚”概念，也就毫不奇怪了。参阅氏著：《亚洲史的研究方法：以近世东部亚洲海域为中心》，商务印书馆，2022 年，第 148-149 页。

们是如何完成这个任务的，我们需要修改标准的记录。明治历史学家不是通过'西化'它的过去或技巧性地将'东方'与'西方'融合来构建一个民族，尽管这些因素分散地呈现在他们的文字中。他们更多是通过重建日本与过去的联系；他们致力于训练日本人从另外一个角度来看待那些他们熟悉的事件和英雄，从而使这些历史事件都指向明治维新以后出现的民族。"[130]

丸山真男也有相同的看法：

"民族主义中主张的国民传统是为了保存和发展国语、习俗、艺术及其他民族文化而出现的，而且强调本国历史中的抗击外敌的传统，进而通过彰显那些所谓的民族英雄而呈现，他们都是过去提升本国的威信及荣光的领袖或将军。这种对象征的祈求往往超越社会体制和阶级，比如苏联最近的例子（将伊凡雷帝、彼得大帝等搬上银幕）就很说明问题。民族主义以美化传统为媒介贴近浪漫主义。其政治意义或因国情不同不可一概而论，但至少历史上的保守或反动势力高喊民族主义的话，这一倾向则表现得更为强烈。传统一旦上溯到民族起源的神话（强调建国神话）就更为突出，它与使命感相结合便会呈现出极端的民族主义征兆。"[131]

以上述观点观照竹内近代观和沟口近代观，他们都具有从"过去""传统"和"基体"中来建构一种民族主义叙事的理论倾向，他们提出的中国"回心型"近代和"内发性"近代的理论，均是通过重建日本、中国与过去的联系以区别于欧洲近代，以一种浪漫主义的方式从民族神话中来想象东洋近代的理想模式。问题在于，为何内在于日本传统的"近代"因素一定能够自主地成长为优越于欧洲的东洋近代模式？其抵抗欧洲的立场除了在历史上演变为对英美的战争之外，难道还产生过什么正面的价值吗？同样，被竹内好、沟口雄三和

---

130 ［美］托马斯·基尔斯特德：《日本的民族和后民族：全球资本主义和民族历史观念》，［加］卜正明、施恩德：《民族的构建：亚洲精英及其民族身份认同》，陈城等译，吉林出版集团有限责任公司，2008 年，第 272 页。
131 ［日］丸山真男：《现代政治的思想与行动》，第 302-303 页。

孙歌一再奉为亚洲近代新的理想模式的“中国现代性”，难道与昭和期间招致民族主义之“祸”的日本近代又有什么区别吗？按照本尼迪克特·安德森的看法，民族这个想象的共同体，在抹平其内部普遍的不平等和剥削的同时，被设想为一种深刻的、平等的“同志爱”，“正是这种友爱关系在过去两个世纪中，驱使数以百万计的人们甘愿为民族——这个有限的想象——去屠杀或从容赴死。”[132] 昭和时期提出的“近代的超克”论成为法西斯战争民族动员的组成部分，以民族主义的名义鼓动国民奔赴战争并从容赴死；近 20 年来在“中日知识共同体”中持续回响的东亚现代性和中国现代性的声音，继续鼓吹与西方的对抗性关系，难道不会再引发一场新的战争吗？民族主义之“惑”导致民族主义之“祸”的历史教训，难道在新的关于东亚区别于西方的现代性理论中可以被一笔抹消吗？

　　民族主义与生俱来的排异性、对抗性和极端性，如果缺失了宪政民主制度的政治前提，缺失了自由主义和民主主义的思想约束条件，那么，是极其容易导向国家主义的轨道，沦为政客们煽动广大民众盲目排外的理论工具。知识人基于民族主义动机的理论建构，如果以狭隘的民族利益、民族情绪和民族意志为导向，那么，也是极其容易走上一条“非我族类，其心必异”的思想路线，最终沦为民族主义的理论斗士。丸山真男之战后将民族主义、军国主义和法西斯主义置于一起研究，揭示出一个基本的历史认识：民族主义在大多数时候并不是独立的运动，而是被其他政治势力和意识形态所“利用”，表现为与自由主义、社会主义、君主主义、法西斯主义等意识形态及运动相结合的形式；民族主义的进步性和反动性同时存在于同一运动之中，随着情况的不断变化而趋向于不同的政治方向。[133] 明治维新以来的精神史表明，正是在明治民族主义向大正国家主义再向昭和极端国家主义的演变进程中，军国主义和法西斯主义的思想及行动才演化为

132　［美］本尼迪克特·安德森：《想象的共同体》，吴叡人译，上海人民出版社，2016 年，第 7 页。

133　参阅［日］丸山真男：《民族主义·军国主义·法西斯主义》，《现代政治的思想与行动》，第 305 页。

推动国家走上对外战争的主要动力，是民族主义的母体孕育出军国主义和法西斯主义的怪胎。鹤见俊辅从大正时代众多自由主义和社会主义的代表性评论家，变成十五年战争期间军国主义和超国家主义的领袖这一"转向"中，洞见到其原因恰恰就是民族主义的深刻情结——"试图恢复明治以前锁国时代文化传统所做的尝试，而这个传统始终留存在东条英机政权无法铲除的思想和感情深层里。……战争期间高倡的思想方式，在获致足以与源自西方思想的体系较量的自信后，进而把日本的传统美化为绝对的普遍原理。这是扭曲日本传统导致的结果。"[134] 因此，民族主义者都是传统主义者，他们反对"近代主义"的理由几乎都是来自于对"传统"——竹内好所说的"回心"或沟口雄三所说的"基体"——的重新阐释，进而如孙歌所做的工作，把传统美化为绝对的普遍原理，以此构造"抵抗"欧洲近代观的亚洲（东洋）近代观。民族主义让他们深信：基于本民族传统的"近代"才是亚洲真正的理想化的"近代"。东条英机在决定发动对英美的战争时，也一定是持有相同的信念：通过战争把亚洲从欧洲近代的统治中解放出来。纵观从明治到昭和的历史，民族主义成了国家的最大共识，在其高高飘扬的旗帜下，聚集了来自皇国主义、国粹主义、日本主义、民粹主义、社会主义、军国主义和法西斯主义的各色人等，当然也包括京都学派、浪漫派文化人和诸如竹内好这样的左翼学者。民族主义促使了左右合流，最终走向了极端国家主义，与军部战争贩子殊途同归。这是民族主义的悲剧，亦是左翼的悲剧。

---

134 ［日］鹤见俊辅：《战争时期日本精神史：1931—1945》，邱振瑞译，北京日报出版社，2019 年，第 184 页。

结束语　　日本"近代"悖论的解决

　　1945 年 8 月 15 日正午，日本裕仁天皇向全日本"放送玉音"广播，宣布接受波茨坦公告，实行无条件投降，结束战争。日本发动的"大东亚战争"持续了 15 年时间，终于彻底失败。按照竹内好的理解，这是日本式近代的失败，日本重新沦落为美国的殖民地，而丸山真男则把这一天视为是日本新生的开始，日本终于摆脱了极端国家主义的梦魇而走上了宪政民主的正途。在本书看来，日本的失败抑或新生是标志着曾经困扰着明治维新以来思想和政治转型的"近代"悖论终于获得了解决，从政治家到知识人以及广大国民，从此不再纠结于日本的近代究竟应该走东洋之路还是西洋之路这样的问题，即使有竹内好这样的学者在战后不断地为"近代的超克"招魂，但国家的大政方针和社会的普遍共识已经从"超克"西方的迷思中走了出来，重新认识到了日本的近代之路绝不是与西方的对抗之路。战后的日本又重新回到了明治维新的起点，诚如吉田茂在《激荡的百年史》一书中所说：

　　"明治时期的日本人在面对强大的陌生文明时，大胆舍弃了长期传承的习惯，引进了异国文明。同样的，战后的日本人在面对战败和被占领的局面时，并未对占领军阴奉阳违，而是坦然面对由占领军主导的巨大变革，把该说的话说出来，然后实施改革，并在这种改革中摸索着重建日本的方法。日本人之所以能做到这一点，是因为他们不因过去的错误而萎靡不振，他们正视现实并勤恳工作。就像武士们在'攘夷运动'失败后了解了西欧各国的实力，从而下决心打开国门一样，战败的日本承认敌人的长处。虽然不认为占领军的做法全部正确，但日本人承认以英美为代表的杰出的文明。由此看来无疑日本是一个 Good Loser（好输家）。"[1]

　　承认做一个"好输家"不仅仅是政治家们的责任，更应该是全体国民尤其是知识人以认赌服输的心态去共同反思：日本究竟错在哪里？明治时期一个全面拥抱欧洲近代文明并且取得了巨大成效的日本，为何会在昭和时期走上一条与英美全面战争的道路？日本对文明的误判和逆转究竟是怎么发生的？战后第一届内阁首相东久弥宫邦彦在 1945 年 8 月 28 日美军第一支先遣部队抵达厚木航空基地时发表谈话，号召"全体国民必须彻底反省和忏悔"，提出了"一亿人总忏悔"的概念，认为这是"我国再建的第一步，也是国内团结的第一步"。[2] 但是，官方版的"总忏悔"对普通国民而言是难以成为一种必须执行的道德律令，约翰·道尔在他的著作中引述了一位乡下男子的激愤呼喊："这场战争在我们农民一无所知时开始，又在我们相信将要获胜时败北。我们不需要为自己没有参与的事情忏悔。那些背信和欺骗国民的人才有忏悔的必要。"另有人投书报社直言："如果一亿总忏悔意味着战争当局如今企图向国民分配责任的话，那就太卑怯了。"[3] 很显然，"总忏悔"中首先要忏悔的是那些直接发动战争的军部首恶分子，其次就是那些为大东亚战争提供合法性和正当性理由的理论家与文人们。前者在东京审判中接受了法律的审判与制裁，而后者却似乎可以合法地逃避战后追责，因此，他们的自我忏悔才显得格外重要。

　　在战争后期以死的哲学鼓动大学生们走上战场的哲学家田边元，在战争结束之后终于承认自身的责任，甚至认为自己罪孽深重，数年后他忏悔说："我这样意志薄弱的人，发现自己不能积极抵抗（战时的思想统治），多少受到时势风潮的支配。这使我深感自惭。已经盲目的军国主义仓促地将许多毕业生、在校生驱上战场，牺牲者中有数十名学哲学的学生，令我自责痛悔至极。我只能垂下头认真悔悟自

1　［日］吉田茂《激荡的百年史》，第 107-108 页。
2　参阅［美］约翰·W·道尔：《拥抱失败：第二次世界大战后的日本》，页 479。
3　转引自同上书，第 479-480 页。

己的罪过。”[4] 在约翰·道尔看来，田边元的“忏悔”依然保留着强烈的民族主义倾向，他接受战败、承认恶行与绝望、请求忏悔、展望新生，均是以强调日本独特甚至优越的传统智慧的方式进行，认为日本独有的赎罪之路，应该展示出比任何西方思想更伟大的超凡智慧，从而呈现出一种“从败北中得来的精神胜利法”。[5]

田边元的“忏悔”看起来是真诚的，也不免有丸山真男后来所比喻的那种情况，就像乌贼在遭遇紧急情况时喷出黑色烟雾以掩护自己逃生。但是，和竹内好在战后拒不为自己在战时写下的那篇臭名昭著的文章道歉相比，田边元还是属于一个有责任意识和忏悔意识的学者，他至少认识到自己的战时言论“罪恶深重且性多虚伪”“浮夸虚荣”“愚痴颠倒”“不正直不诚实乃至无耻无惭”。[6] 田边元来的问题在于，他在道德上的自我忏悔不可谓不深，但在理论上并没有进一步深刻地认识到自己哲学的民族主义症结所在，在承认日本犯下罪恶的同时，否认这些罪恶为日本所独有。按照他的“忏悔道”的表述：“我们被误导的民族主义，的确有必要进行忏悔道的清算，但是与此同时，被民族主义所沾染的民主国家和社会主义国家，也当然需要忏悔。”[7] 他的“忏悔道”在某种意义上成了对战胜国和战败国各打五十大板的辩护词了。由此看来，田边元的“忏悔”并不是彻底的，他仍然戴着日本民族主义的精神枷锁而在普遍正义的门外徘徊。与他相比，东京大学校长南原繁在战后对战争责任的深刻反省，才是真正体现着知识分子的自我批判精神——从日本的民族神话中彻底走出来。他在 1946 年 2 月 11 日的一个演讲中指出：“回顾过去，我们看到从‘满洲事变’（九一八事变）以后，军国主义和国家主义者的政

4　转引自同上书，第 480-481 页。

5　参阅同上书，第 480 页。

6　田边元在 1945 年 2 月起几乎完全隐居，在战争结束后数月间，开始撰写《作为忏悔道的哲学》，该书于 1946 年 4 月出版，田边元描述了自己在战争结束时的精神状态：深刻的不安、苦恼的折磨、悲伤与痛苦、优柔寡断与绝望、压倒一切的惭愧与挫折感，以致到了精疲力竭的境地。参阅同上书，第 481 页。

7　转引自同上书，第 483 页。

治统治崛起以来，就格外滥用和曲解民族的神话传统，夸耀本民族的优越性，宣传我们拥有统治东亚乃至世界的使命。这如果不是对内的欺瞒和对外的恫吓，便是一种选民思想的独断和夸大妄想。就这样，中日事变（七七事变）发生了，太平洋战争开始了，我们最终走向现在这样的灾难与崩溃。"[8]

一年后，南原繁发表了题为《民族的再生》的演讲，进一步对日本的"民族主义"进行了深刻的批判，充分揭示出日本基于所谓历史"传统"和民族"特有"文化而走向战争深渊的思想与精神根源，精辟阐述了如下看法：

"为何我国过去的历史经不起理性的审判，不得不宣告终结？因为日本国民被过去的历史所扭曲、摧毁的程度就是这样深重。当时日本的史家在处理历史事实时，尤其缺少必要的批判性的客观态度，试图强行从过去的历史经验中提炼出理想，为此不惜对历史的现实加以理想化。"

"19 世纪的'民族主义'，原本是从'历史主义'中产生的事物。我国近代的民族意识与国家理念，也是与这种错误的历史主义一起兴起和形成的。在这种理念中，日本民族被抬到了神之种族的高度，其自身就承担着具有高度价值的文化理想。不是侍奉真理与正义，而是让文化与道义侍奉自己，理性与真理面对民族的本能与感情时毫无发言权——普通国民就是这样被告知的。"

"于是，民族的特殊性被有计划地夸大，国民的自我欺骗与自我陶醉由此产生，而且出现了无可药救的自我矛盾，一面高调主张民族特有的文化，一面又以为自己有使命将其强加于其他民族，同化东亚乃至整个世界。在这种错觉中他们带着自己的宗教和文化走向国际社会。这样的国民文化不是真正的文化理念，最多也不超出自然的生物的范畴，因此，它立即与国家的政治、经济利害相结合，也就不足为奇了。"

8　［日］南原繁：《文化与国家》，高华鑫译，生活·读书·新知三联书店，2023年，第 6 页。

"我国现在的灾难就是如此产生的。它在根本上是错误的历史意识与民族文化理念所招致的结果。追本溯源，这也是 19 世纪的历史主义与民族主义的发展必然带来的人类的悲剧性命运。"[9]

南原繁在战争时期的极端国家主义大潮中也曾随波逐流，在听闻 1942 年 12 月 8 日天皇的宣战诏书时也曾被深深感动，写下了一首和歌以表达自己欣喜之情：

南方的大海上，皇军劈波斩浪。富士雪峰，岿然耸立

皇军威猛进击，所向披靡，所到之处，ABCD 一溃千里[10]

写出这样的和歌当然是南原繁人生中的一个污点，吉野作造的弟子住谷悦治作为战后日本民主主义与和平主义的大力倡导者，与南原繁一样，也曾在开战当日用文字表达了"身心弥漫着疼痛程度的感动之情"，子安宣邦在他的著作中披露他们的这些文字，并非是"用他们战争时期的言行来与他们在战后日本民主主义大潮中的活跃作对比、出他们的洋相，而是为了说明十二月八日开战的报道曾经几乎将全体日本人置于大感动的潮水中这一事实。"[11] 这一事实表明，战争期间的日本知识人几乎都陷入在集体性迷狂和迷思之中，只有少数人保持着清醒的头脑和拒绝与军部政府合作的立场。[12] 因此，战

9　同上书，第 61-63 页。所谓"ABCD"是指同盟国美国、英国、中国与荷兰，用它们英文名称的第一个字母代替。

10　转引自[日]子安宣邦：《何谓"现代的超克"》，第 95 页。

11　同上书，第 95 页。

12　鹤见俊辅认为，在战争时期，只有少数基督徒、佛教徒和共产党人因为坚守自己的信仰而拒绝与军部政府合作。日共的几个主要领袖在狱中发表了"转向"声明，如日共委员长佐野学在转向声明中批判日本共产党对共产国际的盲从，呼吁日本应该在天皇之下，建立以社会主义为目标的一国新政党。但是，仍然有少数（十几名）共产党人拒绝转向，一直坐牢，直到战争结束才被释放出来。他们后来被誉为是"体现共产党无谬性的代表"。参阅氏著：《战争时期的日本精神史：1931—1945》，第 74 页。约翰·道尔也认为，在 1930 年代中期，战前大多数的自由主义者和左翼知识分子放弃了他们的信仰，转向支持政府的战争政策，"只有屈指可数的几位学者，在战争年代没有被极端民族主义潮流冲昏头脑。"参阅氏著：《拥抱失败：第二次世界大战后的日本》，第 208 页。

后日本所面临的重要选择不仅仅是制度重建——在美国占领军的主导下完成明治维新没有完成的任务，重新建立一个宪政民主国家，而且需要在思想精神领域完成一次新的启蒙，彻底清算日本民族主义所制造的东西方对立的近代观和文明观。不是像竹内好那样，继续沿着"近代的超克"的逻辑来建构东洋抵抗欧洲的近代观；而是像南原繁那样，经过痛定思痛的反省，率直地告诉学生：战争的真正胜利者是"理性和真理"，而且这些伟大理想的担负者不是日本，而是英美。或者如丸山真男所言，日本决意重新开始，将占领军当局"配给的自由"，变成对非军事化和民主化的自发的拥抱。"拥抱"成为当时流行的一个关键词，它既是意味着"拥抱革命"，实质是拥抱民主革命；同时也是意味着"拥抱美国"和"拥抱最高司令官"，因为日本人在战后逐渐认识到了，麦克阿瑟赋予日本的这部"麦克阿瑟宪法"，是奠定日本和平重建和复兴的基石。1946 年 3 月 6 日，币原首相代表天皇宣布："为使我国国民与他国一道向世界人类的理想同一步调进发，天皇陛下非常决断地命令对现行宪法加以根本的修正，为建设民主和平的日本打下基础。"[13] 正是基于麦帅为创造一个新生的日本所作出的无与伦比的贡献，日本国民才会在他离开日本时表现出举国震惊和惋惜的悲伤之情，当时的《朝日新闻》发表了题为《惜麦克阿瑟将军》的社论：

"在战争结束至今，我们一直与麦克阿瑟将军生活在一起……当日本人民面临空前的战败困境，而且陷入疲惫绝望的虚脱状态的时候，是麦克阿瑟将军教导我们民主与和平的真谛，并慈爱地指引我们走上这条光明之路。如同为自己孩子的成长感到喜悦一般，他乐于接纳日本人民——昨天的敌人，一步步走向民主，并继续鼓舞我们前进。"[14]

美国主导下的日本战后宪政改革为日本的新生创造了制度条

13　转引自［美］约翰・W・道尔：《拥抱失败：第二次世界大战后的日本》，第 361 页。

14　转引自同上书，第 536 页。

件，在日本社会学家富永健一看来，这是具有决定性意义的突破："被称为战后改革的民主化革命完全是在战败后的占领之下，由总司令部向日本政府发出指令而进行的。带来的经济、政治、社会、文化如此大规模变动的改革，如果不是在战败和随后被占领这种空前绝后的情况之下，绝无可能实现。总司令部的占领政策切实地实行了日本政府不可能独自完成的彻底的改革。"[15] 民主化改革在思想精神领域的直接成果，是传统主义价值体系随着战败而崩溃，由此导致从经济、社会到文化领域不再有任何直接阻碍西方价值传播的力量，出现了不亚于明治时期的"欧化热"和"美国化热潮"，也不再有人主张"东方的道德、美国的技术"。"在所有领域，日本的传统价值都已失去正当性，不可能再与接收美国价值发生冲突。这样，西方发达国家价值体系的传播，不论是其传播可能性、接收动机、还是克服接收过程中出现的矛盾冲突的可能性，都大大提高。"[16]

以宪政为导向的民主化改革和以普世价值为导向的思想变革，为日本真正走向一个现代国家（明治以来一直期待实现的"近代"）创造了巨大的动力，随之在经济领域创造出高速增长的奇迹。按照傅高义在其《日本第一》一书中的描述，1952 年日本结束美军占领时代，生产恢复到战前水平，当时的国民生产总值仅为英国或法国的三分之一。到了 1970 年代后半期，日本经济迅速增长，经济总量相当于英、法两国的总和，约为美国生产总值的一半，成为世界第二大经济体。傅高义从知识创新、政府精英选拔与管理、政治公平运作、大企业制度、基础教育、福利保障制度、犯罪控制诸方面探讨日本成功的原因，最后归结为："日本巧妙地引进了一个自己无力创造出来的社会制度"，同时在引进的西方社会制度的基础上充分发挥日本传统的价值。用他的话来说："日本积极培养了一批能够把现代各国的制度进行比较研究的专家。日本对各种制度的效率进行了比较研究，并根据需要随时进行加工改进，在这方面干得很出色。对每一个细节都

---

15 ［日］富永健一：《日本的现代化改革与社会变迁》，李国庆、刘畅译，商务印书馆，2004 年，第 224 页。

16 同上书，第 226 页。

进行加工改良，于是建立了最优良的现代制度。"[17]

　　日本在战后短短的 30 年时间里（1945—1975 年），通过民主化改革，经济高速增长，一跃成为世界第二大经济体，政治转型的速度之快和经济发展的效益之高，足以与明治维新头30 年的绩效相媲美。维新或改革前后之所以有如此巨大的变化，从根本上看，是因为日本全面转向欧美式的政治经济制度，也就是选择走一条一直被竹内好批判的"欧洲近代"之路。所以，吉田茂把战后日本完成的事业既视为是日本明治时期的伟大振兴事业的再现，又是对日本明治时期事业的延续："日本通过战后经济的飞速发展追赶上了西欧各国，这是明治时期的先辈们梦寐以求的。明治以来多少代人的共同努力，以及在漫长历史时期内培育起来的日本人的素质使这种梦想变为可能。战后的日本人发挥了和明治时期的日本人几乎同样的优良传统，并且同样地幸运。"[18]

　　战后日本和明治日本在全面学习欧洲先进文明制度方面尽管高度相似，但两者仍然存在着重大差异，那就是战后日本不再像明治日本那样在取得了欧式近代化的初步成功之后，转向了全面抵抗欧洲的立场，也不再把亚洲或东亚想象为与欧洲对抗的政治和文化共同体，当然更不会把美国视为自己的头号假想敌。战后日本尽管有不少右翼和左翼人士出来否定东京审判的合法性与正当性，将普世化的文明史观或"忏悔史观"斥为"自虐史观"，包括诸如竹内好这样的

17　参阅［美］傅高义：《日本第一》，谷英等译，上海译文出版社，2016 年，第5 页。R·塔格特·墨菲在其著作中把日本在战后的重新崛起视为"奇迹"，在短短二十几年时间里，从一个被轰炸后的废墟变成世界第二号的工业经济体，他认为当时在日本国内外没有人能从理论上充分解释日本是如何做到这一点的，日本的经验不符合那个时代的任何一种主流发展范式，无论是马克思主义、凯恩斯主义，还是由后来在第三世界精英中流行的所谓"依附理论"催生的各种政策。他引述了一位经济学家查尔莫斯·约翰逊的看法，后者强调日本之所以成功构建高速增长体制，是因为经历了一个漫长的试错过程，"日本奇迹"的诞生和形成，在很大程度上取决于战后日本所处的特殊（甚至独一无二）的环境。参阅氏著：《日本及其历史枷锁》，第 103-107 页。

18　［日］吉田茂《激荡的百年史》，第 107 页。

学者为“近代的超克”招魂，但是，这些仍然沉陷于民族主义神话的“东洋近代”观只能限于一种乌托邦的想象，而根本不可能再像明治时期那样在国家和民间层面，掀起一股反对西方文明国家及其国际秩序的浪潮。时代毕竟发生了重大变化，日本国民从近代转型的百年“经验”中，而不是从学者的乌托邦想象中，深刻地体验到了不同的近代观——东洋近代或欧洲近代——在日本造成的迥然不同的结果，并在不同的近代化结果的对比中，认识到惟有欧洲近代才是东洋近代应该学习的榜样。藤田省三（丸山真男的卓越弟子）针对战后那些脱离经验的理论叙事提出了严肃批评：“战后思考的前提，是经验，而且一定是经验。这是存在于各种各样的层面上的经验，它并不能够被完全地还原成所谓的‘战争体验’。如果‘议论’是脱离了经验基础而泛泛而谈，或所谈的是些从天而降毫无经验根据、形同‘虚妄’的思想体系，那就一定不会经历任何内在的纠葛，最终形成的也只能是内容空洞的整体印象，战后的思考状态不应是这样的。”[19] 事实上，从竹内好到沟口雄三的“战后思考”，正是藤田省三所批评的脱离了经验的“战争体验”，他们据此提出的“回心型”近代观或“内发性”近代观，与明治以来产生的反对欧洲近代的各种理论，都没有获得任何现实经验的支持，相反，倒是形成了从民族主义到国家主义再到极端国家主义的历史教训——这是日本从明治的巨大成功走向昭和的巨大失败的历史教训。

　　日本战后完成宪政民主改革，进入以欧美国家为代表的现代文明国家之列，意味着困扰日本百年之久的“近代悖论”获得了最终解决，这也是日本古今之变（从传统到现代）问题的最终解决。[20] 但

19　[日]藤田省三：《精神史的考察》，庄娜译，四川教育出版社，2015 年，第160 页。

20　现代化是否就是西方化？这是现代化理论研究中的一个重大问题。在不少后现代理论的研究者看来，现代性不应以西方现代性为唯一标准，他们提出的多元现代性的观点就是试图论证在非西方国家可以自主实现本国特色的现代性。比如艾森斯塔德在其《反思现代性》一书中就认为：“现代性不等同于西化；现代性的西方模式不是唯一‘真正的’现代性，尽管现代性的西方模式享有历史上的优先地位，并且将继续作为其他现代性的一个基本

是，东西之争仍然长期存在，民族主义伴随着日本经济上的强大必然会再次提出各种各种的政治和文化诉求。高桥哲哉从 1990 年代后期提出"战后责任论"，就是因应于"90 年代后期日本舆论界中新民族主义势力的抬头"，日本出现了否定日本的战争责任、战后责任以及压制受害者的呼声的现象，掀起了鼓吹"国家正史"和"国民的传说"这样露骨的民族主义宣传活动浪潮，以及鼓吹"自我本位主义"和确立"我们日本人"的同一性的主张，"这些言论和主张分别通过不同媒体，向不同的读者层呼吁，想达到使舆论对民族主义再肯定的目的。"[21] 正是基于新民族主义不断高涨的势头，高桥哲哉认为东久弥彦邦提出的"一亿人总忏悔"是一种关于"战争责任"的认识，是要求全体日本国民为战争失败承担责任，或者是强调日本战争指导者应负的战争责任，这种判断只是便于从法律层面对战争罪犯进行制裁，却忽略了在道义层面上对曾经全力支持战争的日本国民的战争责任的追究。因此，提出"战后责任论"的目的，就是要提醒日本人负起自己所属国家现状的政治责任："负起'作为日本人'的战后责任，是要从根本上克服、改变曾经使侵略战争和殖民地统治成为可能的这个社会现状，把日本变革成为'与日本不同'的开明的'另一个日本'。"[22] 这里所说的"另一个日本"，当然是和发动战争的"昭和日本"有着本质区别，这是在战后重新诞生的一个民主的、和平的、繁荣富强的日本。

丸山真男在战后初次出版的成名作《日本政治思想史研究》的后记中提到，这本书的最后一章《"早期"民族主义的形成》，是他应征

参照点。"参阅氏著：《反思现代性》，旷新年、王爱松译，生活·读书·新知三联书店，2006 年，第 38 页。富永健一从社会学角度提出的看法更值得重视："我们这里思考的现代化是非西方的现代化，但是，一个无法否认的事实是现代化始于西方的历史过程，当我们必须不断回过头来审视构成现代化的本质究竟是什么的时候，当然仍然要以西方的现代化作为我们思考基准。"参阅氏著：《日本的现代化与社会变迁》，第 28 页。

21　[日]高桥哲哉：《战后责任论》，徐曼译，社会科学文献出版社，2008 年，第 26-27 页。

22　同上书，第 30-31 页。

入伍的前一天才完稿，在从新宿车站即将出发奔赴战场之际，他将手稿交给了前来送行的同事辻清明君，同时接受了母亲和妻子做的红小豆糯米饭。这个历史性场景永久留在了他的记忆之中，因为那次与亲人和同事的诀别有可能就是永别。幸运的是，丸山真男在战争中幸存下来了，由此我们才可以阅读到他在战后延续战时的思考而撰写的一系列批判民族主义和国家主义的不朽论著，撰写这些论著时他始终铭记着精神病学家 E·克雷奇默（Ernst Kretchmer）的那句话："平常我们诊断他们（疯子），非常时期他们诊断我们。"这是多么发人深省的提醒！本书在理论上对民族主义和国家主义进行持续不懈的批判，就是为了像丸山真男那样，为提前阻止各种各样的疯子们在非常时期诊断我们而尽自己的一份责任！

附录一　在明治维新 150 周年研讨会上的发言

说明：2017 年 12 月 2 日，就士游大讲堂与凤凰网争鸣频道联合主办"日本明治维新 150 周年研讨会"，邀请学者马勇、陈浩武、荣剑、孙建军等，分别从不同视角，就明治维新及其对日本、对中国、对东亚乃至对世界的影响展开研讨，以今天的语境，再次回到日本明治维新这一重大历史事件中，反思中日两国近代以来的转型之路。（录音整理：李清霞）

马勇：中国社会科学院近代史研究所研究员

陈浩武：文化史学者

荣剑：独立学者

孙建军：北京大学日语系主任，教授

马勇：清末士绅对明治维新的认知

我并不是研究明治维新的专家，而只是从中国史的角度去研究明治维新。大概差不多十几年前我立了一个项目，就是今天讲的清末士绅对明治维新的认知、接受和理解。我今天想跟大家交流的也是这个。我要讲的就是当时晚清的绅士阶层对明治维新变革的反应，我分三个阶段来梳理，由于时间原因只是简单的讲一下：

第一个阶段，从日本的明治维新开始到第一个十年，大概到 1877 年，就是我们驻日公使第一次到日本去。

第二个阶段，1878 年开始到甲午战争。

第三个阶段，就是晚清的最后一段时间。

中日两国打开国门的方式

其实中日两个国家在过去一千多年的历史上来往密切，就是一个典型的师生关系。包括到明清之际，满洲人入关以后，中原的士大夫流亡到日本去的，最著名的像浙江的朱舜水，开启了后来日本近代的儒学化的思维，就是中国的儒家明显深刻地影响了日本后来的发展。

东方国家15世纪的发展之路都面临着一个问题，就是怎么从原来的前工业文明状态往工业文明转型。当然西方的工业文明也是一个漫长的时间段，从15世纪开始世界各国工业化的动作都开始发生，新技术开始发生，工业化慢慢萌生出现，刚开始发生在欧洲一个很小的区域，接着向东方慢慢的渗透，包括中国、日本、越南，以及中国的40多个属国，这种渗透和影响从15、16世纪就开始了。在这个过程中，又伴随着西方的殖民主义向东方发展，越南、泰国、缅甸等等慢慢都成为西方殖民地。这些地方原来是中国的属国，所谓属国其实就是中国的殖民地，对日本也是一种文化的殖民。但是当面对西方的时候，都有一个转型和变化，在这个转型和变化的过程中，日本最初采取的路径和中国是一致的，都是有限度的对外部世界开放。

从明清之交开始，我们对外来贸易交往的控制，就基本控制在广州“一口通商”，商人住到澳门，春秋两季到广州经商，就和我们毛泽东时代的“广交会”一样，现在广交会的影响力不大了，明清两朝就是“广交会”的模式来和西方有限度的贸易。为什么这样？我做古代社会生活史研究，很简单，就是中外的风俗、习惯不一致，不管是西方人还是中亚的，他们的生活习惯，特别是对性的那种认知，和中国儒家思想影响下的中国人很不一致。这种情况下明清两朝的政府让外国人居住在澳门，在广州经商。日本其实也学了这一套，日本选择长崎进行对外贸易，它这种管理和中国很一致，中国和日本都不是严格意义上的闭关锁国，还是有限度的与外国进行往来。

在这种有限度的往来中，中国对日本的影响很直接也很正面，但是到后来它面对一个大问题，其中一个最大的问题就是当政治、文化都不开放的时候，经济的开放会导致巨大的贸易顺差，清朝到了康熙乾隆年间，积累了巨大的财富，这对中国本身不是问题，对世界却是一个巨大的问题，使得贸易没法维持。就是中国人不消费，中国人只要白银，只能送出去初级农产品，茶叶、丝绸、瓷器都是中国的宝贝，但是这些都是初级产品，瓷器也不是深加工。所以清朝到了康熙乾隆年间，巨大的贸易顺差使全球贸易失衡，我们读全球贸易史相关资料会感觉到，这种状况到 19 世纪早期已经非常明显，这时候西方包括美国资本主义处在资本主义的发生和早期资本主义阶段，各种因素导致中日都面临一个开关问题。

中国在鸦片战争之后被迫打开了五个通商口岸，就扩大了外部的贸易，降低了贸易的成本，扩大了贸易范围，这对中国后来的发展也是很正面的。五个通商口岸打通之后，中国人对外部的理解完全不一样了，外部也看到了中国继续打开国门的意义和价值，中国有巨大的市场。中国在这样的过程中，通过鸦片战争打开了国门，这场战争我们今天有点夸大，这场战争也是比较局部的，就在东南沿海，并没有伤筋动骨，近代中国和外部的几次战争大概都是这样一种状态。

中国的鸦片战争给日本是一个非常正面的示范，对中国来讲，1842 年条约签订之后，中国昏昏又睡了 18 年，但对日本来讲是非常正面的。因为中日在这之前的几百年之间通过非法的贸易活动把两国紧密地联系在一起，这种非法的贸易活动就是我们讲的倭寇贸易。倭寇互相之间传递消息，传递关于中国状况的情报，日本及时知道了中国的应对和中国的决策失误，这对日本是非常正面的。因此，到 1853 年美国到日本叩关的时候，日本人就采取了妥协的姿态，可以通过谈判提出某些条件，1854 年的时候，日本就通过了谈判的方式把国门打开了。中国通过战争失败打开国门和日本通过谈判打开国门对两国国民的心情造成了明显的差异，也带来了明显差异的结果。我过去讲中国人在接下来的 170 多年当中一直都处在失败的阴影中，而日本则没有这种影响。

又过了 18 年之后，1860 年第二次鸦片战争让中国的国门基本上完全打开，国门完全打开之后，我经常讲不要悲情地讲中国近代史，因为打开国门之后，其实就是中国工业化的开始。中国的工业化、城市化就是从 1860 年开始的，从零到有，从小到大，在那之前我们没有城市，没有工业，1860 年之后我们很快建构了自己的工业，自己的城市，这对中国来讲是新时代的起源。这对日本也是一个很正面的启发。

中日富国强兵的相反路径

到 1867 年，日本在政治上发生大变动，就是天皇开始集权，大政开始回到天皇手中，到 1868 年几个改革诏书发布，有前面的铺垫，可以看到日本的改革在中国的影响和示范下要整体得多，深刻得多，包括日本人对西方的理解，我们看到，中国的领导人出访，直到 1895 年中国中央层面的一品大员李鸿章才第一次出去，但是日本的伊藤博文在 1860 年代初就到欧洲去过，而且是以留学者和游学者的身份去了解西方。在中国的改革起步以后，日本在 1868 年开始启动维新的时候，明显感觉到日本的起步比我们要整体得多，深刻的多，明治维新在这时候开始出现反过来给中国一个示范。

我们中国的士大夫阶层，包括官和绅，就是官僚阶层和知识阶层，在 1868 年之后的十年的时间，对日本的看法并不是一致的，相当一部分官僚是看到了日本的明治维新和中国改革走势的不一样，比如文祥、李鸿章、曾国藩，走的路径是富国强兵，首先要建构一个现代化的军队，集中国家财政几乎所有的力量创办了北洋、南洋海军，这当然是一个很不得了的贡献，实现了强军的目标，富国的目标也在这个过程中慢慢的实现。我们今天回溯去看一看，1860 到 1894 年的发展非常迅猛，工业化、城市化，铁路、电报等近代化的设施都在这个过程开始出现。

中国在富国强兵的方针上是按照魏源讲的坚船利炮的思路走的，日本走的是整体性的改革，加强了政治上的皇权，和我们是完全相反的。另外日本在这个过程中，废除了各个藩的分立的不同的国内市场，中国在这个过程中一直采取地方各自为政的财政政策，比如晚清的"厘金"制度，一直都是晚清财政改革的巨大难题，到处都是收费经济。晚清的经济上的变革和日本也不一样，日本走的是私人资本和自由资本，中国为了快速增长实行的是国家资本经济，一切资源市场都控制在政府手里面。

在第一个十年当中，中国人看到了日本和中国变革的不一样，中国当时信心满满，如果说对日本有某种忧虑，也是怕日本强大起来对中国有害。李鸿章在 1870 年代给恭亲王写过一封信，他说日本如果强大起来很可能构成对中国的一个伤害，因此中国和日本之间的竞争，方向都是工业化，都是要强大起来，但是竞争的要点就在时间上，如果中国推迟了变革，中国一定受制于日本，日本一定会走在中国的前面。这是李鸿章写给恭亲王的信。所以蒋挺黻后来讲这是 19 世纪晚期中国最伟大的一封信。这封信当然最后没有实现了，李鸿章的建议并没有引起清朝统治者的普遍的重视，因为当时中国的知识阶层对日本的理解、对西方的理解和对中国变革的理解，和李鸿章还是有差距的，他们觉得日本完全要变革到一个西方化国家是很荒唐的，应该守住东方的理论价值，这大概就是最早一批中国士大夫阶层对日本的不满意。

因此，1870 年开始日本要求和中国建交，中国的官僚阶层和士大夫阶层都不太愿意和日本建交，其实这个时候中国已经和西方的几个大国都建立了正式的外交关系了，1860 年就和英、美、法、德建立了正式的外交关系，1860 年，日本就说能不能在上海给他们创造一个通商的条件，中国的士大夫认为，你日本怎么可以呢，你就依附在英国之下就行了。到了 1870 年，日本继续要求，这个时候，恭亲王和李鸿章才认为，如果不给日本这个要求，日本就会反过来去请英美法来压中国，日本将来就会成为西方的帮凶而不是中国的盟友，因此，中国才在 1871 年和日本建立外交关系，这就让中国人可以更直接更合法地去了解日本的近代，所以中国对日本明治维新的认识从建交之后就进入了第二个阶段。

当然中日建交之后，中国并没有形成到日本去考察和研讨的风气，在第一个阶段，中国的官绅阶级对日本明治维新的变革并不觉得很值得中国学习，中国觉得日本还是文化根基太浅薄，才能那样去学西方，中国是历史悠久的、文化深厚的，中国不能那样学，中国只是有选择地学西方，而不是像日本那样全面倒向西方。

社会的整体性改造才是大问题

1877 年，中国第一任驻日公使何如璋就到日本去了，当时带了一个很重要的随员，这个随员到第三个阶段对我们影响很大，就是黄遵宪，他当时是驻日使馆的中国外交官。何如璋到日本的时间很短，主要是处理中日之间的外交陈案，就是琉球问题和台湾问题，琉球问题、台湾问题在进入近代之后开始成为中日之间的一个悬案了。何如璋对日本的观察是属于很表面的，他对日本的政治变革、社会价值的变革并不理解，这个阶段最重要的东西是黄遵宪提供的，黄遵宪在这个时候提供给了我们一套完整的变革途径，他的《日本国志》和《日本杂事诗》，这两部作品是 19 世纪晚期对日本描述最详细的。

文人外交官的好处在哪里呢？他勤于用笔，他留下来的还有很多和日本民间、官方的大量笔谈，因为中日之间讲话听不懂，但是大家都是汉字都可以写出来，我不知道今天中日之间交往还有没有笔谈的方式，但是在那个时候笔谈的方式太普遍了。他通过这两部作品把日本明治维新的变革传递给了中国官僚士绅。

第一，面向西方的改革需要整体性，改革并不仅仅是一个经济增长的问题，需要整体变革，他在这点上强调得非常明白。紧接着他讲，新时代最重要的东西是新教育，无论国力财力如何，都应该像西方那样办新教育，这个是我们中国最大的失误，我们 1860 年开始变革的时候根本就没有思考过进行教育变革，为什么呢，因为如果像日本那样走全国统一的新教育，就需要办大量的新学校，1860 年，中国没有办新学校，中国推迟了 40 年，到 1901 年，我们新政开始实施，中国才开始走新教育，每个省办一个高等学堂，每个府办一个中等学堂，每个县办一个初级学堂，我们后来的大学教育体制在 1901 年才开始出现。日本在 1860 年代就在全国整齐划一地办大学，在各个府办中等学堂，之后办到幼儿园，中国整整晚了 40 年的时间。黄遵宪在 1870 年代和 1880 年代的时候就通过他的作品提醒中国人说，这可能是一个新时代的起点，如果中国要从农业文明国家走向工业文明国家，进而走向现代化国家，没有新教育不行。

第二，黄遵宪讨论中国社会的改造，他介绍了日本废藩置县的经验。日本废藩置县是我们今天中国人很难理解的，因为废藩置县的话会直接伤害中国的核心利益，中国当时有一个核心的问题，就是琉球。当年琉球的丢失有很多的外交误会，还有外交无能，由各方面的原因导致的，又和台湾问题搅合起来，在那种状态下，我们的教科书也没有弄懂它的真意在哪儿，废藩置县的真意就是建构一个真正意义上的统一的国内市场。中国在晚清几十年都没有走到这一步，就是黄遵宪讲了，甚至到 1895 年之后，中国也没有走，也没有做到这一步，这样一个统一的国内市场在晚清改革中个别知识人看到了，但是并没有转化成一个政策。像郑观应和维新改良的一拨知识人都对日本明治维新有很多的介绍和研究，这个时候的介绍和研究一般知识人偏向于说日本的经验还是很值得注意的，但是直到 1894，中国知识人和官场对日本的经验还是采取了忽略的态度，并不认为日本的东西值得我们去看。

我们看到在这个过程中，还有一个重要的作品，就是郑观应的《盛世危言》，他是一个实业家出身的知识人，有实业经营经验，又热衷于去写一些东西，他就把这些经验一篇一篇写出来，《盛世危言》就是这样积累起来的，在甲午战争期间正式出版。他特别介绍了日本的重商主义，他说明治维新导致了日本的重商主义，是什么意思呢？不是今天我们讲的，重商主义就是给你一个政协委员，这就是对商人的重视，按郑观应讲的这是不对的，重商主义就是你敢不敢为了你们国家的商人的利益受损向另外一个国家开战，这才是重商主义。当然我们这样理解的话，怎么理解鸦片战争呢？从英国立场就可以这样理解，英国为了英国商人的利益不惜向另外一个国家宣战，这才是真正意义上的重商主义，郑观应当年就揭示了日本变革当中商业的意义和政府应该持有的立场。中国的官方等到甲午战争打完之后，官场上经过盛宣怀给印 300 套《盛世危言》送给中央，分发各个部委看，一看到就说好文章，如果十年前看到了，这场战争就不要打了，两亿两白银就不要支付了，但是历史没办法遗憾和后悔。

之后中国的二三十年的增长，到甲午战争的时候一切归零从头开始。我们那个工业化的增长，速度非常快，不是说我们今天这个 40 年，人类历史上经济增长的速度都是很快的，大概多年前我们就读韦尔斯的《世界史纲》，《世界史纲》里面有一句话我印象非常深刻，就是工业革命之后增长不是问题，因为工业革命使人的自然能力得到极大的延长，蒸汽技术和各种动力机动技术是人们在自然状态下没办法达到的，因此，增长不是大问题，社会的整体性改造才是大问题。

甲午战争之前，由于中国只是单独地纯粹地追求经济的增长，所以社会的整体性改造完全没有，教育没有，社会释放没有，社会就是一盘散沙，没有有意识地去建构社会的一个小的共同体。当面临外来危机的时候，每个人做为原子一样的部分，只能自保自救，这时候再讲忠于王朝忠于国家，对于每一个原子来讲都是不可信的。所以我们看到甲午战争的结局在之前的洋务运动中就已经明白地暗示了，就是再拖 30 年，结局还是如此。所以甲午战争战败之后，中国就一切归零，重新开始，因此，从这儿开始中国进入第三个阶段。

晚清士绅对明治维新再思考

中国的民族也非常伟大，我们和日本有一点相似性，就是中国还是认理服输的，输了就是输了，我们看《马关条约》签订之后，清政府没有赖帐，两亿两白银提前给了日本，之后中国从头开始，维新，踏踏实实学日本。我们看到在 1895 年到 1915 年这二十年时间，包括走到民国的几年时间，这个跨国体的二十年时间，实实在在讲，中国从日本学到了很多，这个时候我们的知识人对明治维新的理解、对日本的理解都和之前不一样。学日本更方便，日本离中国很近，学日语也很方便，梁启超 1898 年到日本流亡的时候，很快就能把日本的著作翻译成中文，一直到后来马克思主义传播到中国，也是通过日本传播的，因为日本已经把西方文明制式化了，已经完成日本化了，中国再从日本引进过来，就很简单。我们看到在第三阶段中国的士绅对明治维新的理解，对日本的理解，已经没有任何障碍。中国吸收前面的教训重新起步。

我就简单讲一下这三个阶段中国的士大夫阶层和官僚阶层怎么走过来的。走到第三阶段的时候，在 1898 年还有一个故事，就是光绪皇帝在 1898 年 7 月，派黄遵宪出使日本，黄遵宪被正式任命为驻日公使。他给黄遵宪交代了两个事情，第一个，能不能跟日本谈一谈，给日本天皇授个勋，看天皇能不能接受；第二个是能不能考虑"中日合邦"，这个思想、想法是非常伟大的，这个思想之后，中国学者和日本学者包括政治家学者又提出一个亚洲主义，后来叫大亚洲主义，这个思想的伟大性在哪儿，就是区域整合。我们看到欧盟后来整合，可以看到它的思想的渊源，就是光绪皇帝在 1898 年讲的中日合邦。我讲的这个故事表明中国经过甲午战争对日本的认识已经不是原来的样子，对日本的认识已经不是学生、小兄弟、跟班，已经有种以日为师的感觉了。

我就这么简单讲一些，谢谢各位。

陈浩武：两个美国人与日本的两部宪法

我说的两个美国人，一个是美国海军佩里准将，他带领的军舰在 1853 年闯入江户湾（今天的东京湾），史称"佩里叩关"或"黑船事件"，从而引发了日本的开国，导致了日本近代"倒幕运动"和"明治维新"等一系列政治事件。从政治文明的角度评价，明治维新的一项重要成果，就是制定了《大日本帝国宪法》，也称为《明治宪法》，使日本走上了近代立宪主义的道路；而另外一个美国人，就是美军五星上将麦克阿瑟，他在 1945 年日本战败后担任美国占领军最高司令官，期间主持制定了另外一部宪法，就是 1947 年颁布的《日本国宪法》，亦称为《和平宪法》。

先说第一部宪法。明治政府成立后不久，1871 年 12 月，以右大臣岩仓俱视为特命全权大使的使节团出使西方 15 国，明治重臣木户孝允、大久保利通和伊藤博文等随行。岩仓使节团出访之前，他们确定的一项重要使命，就是和西方国家签订平等条约。

为什么日本如此迫切追求与西方平等？迫切要和西方重新签订条约？是因为在幕府时期，日本和西方国家签订了一系列条约。那个时候，西方把日本列为“半开化国家”，加上日本缺乏国际法知识，所以，这些条约大多是不平等条约，比如承认西方国家的治外法权。明治维新之前，天皇就提出“破约攘夷”口号。所谓“破约”，就是要重新修改当年德川幕府和英国、美国、法国等国家签订的不平等条约。天皇当年表达了强烈的“破约”愿望。所以明治精英们把同西方签订平等条约，看成是洗刷历史屈辱，以求日本民族自强的第一件大事。

岩仓使节团访问的第一站是美国，美国总统格兰特告诉他们，条约的平不平等只是表面现象，只有日本成为和西方一样的文明国家，实行一样的民主制度和法律制度，西方才可能将日本真正视为平等国家。岩仓使节团明白了这个道理，就马上调整了出访使命，改为认真学习西方文明制度。所以使节团开始重点考察发达国家的政治体制，包括宪法、议会等等。并且明确，由伊藤博文负责，着手制定日本宪法。

岩仓使节团返回日本以后，1882 年，肩负制定宪法重任的伊藤博文再次远赴欧洲，系统考察德国宪法制度。在当时的明治精英眼中，德意志模式特别引起他们重视。

这部于 1889 年颁布的宪法，是日本基于现代立宪主义制定的首部宪法。随着幕府倒台，日本经历了 1867 年的“大政奉还”，1868 年的“五条誓文”，1869 年的“版籍奉还”，1871 年的“废藩置县”，大名成为华族，武士成为士族，整个政治结构和社会结构都发生了巨大变化，迫切需要一部国家大法来作为治国纲领。

　　第一部日本宪法主要参考了普鲁士的文本。为什么在当时的明治精英眼中，德意志模式特别引起他们重视？这里有几个根本的原因。首先，在岩仓使节团出访欧洲 15 国时，他们对当时的德国印象最好。其次，他们认为：日本的国情和普鲁士有很多相似之处，比如都是由大大小小的诸侯组成的国家，普鲁士在"铁血宰相"俾斯麦统一之前，有两百多个小邦国，而日本有 270 个藩邦。俾斯麦在会见岩仓使节团时，特别告诉他们，要打破各个诸侯的各自为政，必须要有强有力的国家主义。这种观点，对刚刚建立明治政府的成员产生了极大的影响。

　　《明治宪法》的核心，是确立了天皇在日本政治权力中的核心地位，有极强的帝国特色。按照秦晖教授的观点，这是从"周制"走向"秦制"。秦老师所说的"周制"，是指的诸侯分封制；而"秦制"则是大一统的极权专制。1875 年，木户孝允、大久保利通和伊藤博文在大阪举行了立宪会议，会议决定设立贵族组成的元老院，由元老院提供提案，授予天皇至高无上的绝对权力。按照历史学家的说法：比罗马元老院授予尼禄、凯撒和奥古斯都的权力还要绝对。正是普鲁士宪法中的强烈国家主义倾向，给日本未来的发展留下了潜在的专制政治病毒。

　　这种通过国家极权和军事扩张的思想，在日本本来就有吉田松阴的思想传统。吉田松阴是"倒幕"时期最重要的思想家。他提出的"一君万民"的思想，有强烈的"皇国史观"，这种史观神化日本天皇，神化大和民族。日本帝国宪法的主持制定者伊藤博文，本人就是吉田松阴的嫡传弟子，所以在这部宪法中秉承了松阴的思想。

　　后来北一辉和大川周明在日本所宣传的军国主义思想，鼓动日本通过军事实力对外扩张，使日本逐步走上了军国主义道路，特别是在 1941 年发动了太平洋战争，以珍珠港事件为标志，日本就变成了非常疯狂的军国主义国家。这种军国主义给中国人民和亚洲人民带来了深重的战争灾难。直到 1945 年，美国向日本的长崎和广岛投了两颗原子弹，迫使日本投降，才中断了这个进程。

　　现在回过头来看，在东京大审判中，所有的法官在确定战争罪犯时，都有一个感觉，就是日本不像德国，有一个明显的纳粹政党，通过这个政党，可以理清其相互隶属关系，认定各自在战争中的责任。甚至找不到像戈林、戈培尔这些可以承担战争罪责的明显人物。为什么？因为每一个人都认为他在效忠天皇，在履行自己的责任。

再说第二部宪法。1945 年日本战败，是日本现代化民主转型的重要转折点。

远在美国对日本宣战之时，杜鲁门总统就有必胜之决心，而且就已经开始考虑如何改造日本问题。美国对日本投掷原子弹，就是希望逼迫日本投降，不要在日本本土发生战争，给日本改造留下空间。这种改造，从国体上讲，就是天皇制度；从军事上讲，就是取缔日本的军事力量。美军在占领期间使用的《日本指南》就明确指出："《明治宪法》是以普鲁士专制政治为父本，英国议会政治为母本，由摩萨和长州的助产士接生的雌雄同体的生物"。说明美国人非常清晰的看到了日本政治的症结所在。麦克阿瑟将军在组织起草新宪法时，指导思想极其明确，就是要以体现英美保守主义的自由民主制度，来取代日本的帝国制度。

1945 年 8 月 30 日，麦帅抵达日本，当时的日本首相东久迩宫作礼节性拜访，麦克阿瑟将军说：日本当局若能表现出一些进步迹象，就会大大提高其在美国的声望，比如修改宪法。9 月 3 日，即日本在密苏里号战列舰上签订投降书的第二天，日本外相重光葵拜访占领军最高司令官麦克阿瑟将军，麦帅就暗示他：如果日本政府配合逮捕战犯和修改宪法，则日本有可能保存天皇体制；10 月 8 日，盟军最高统帅部正式通知日本着手修改宪法，但是与日本方面形成极大分歧，遭到的消极抵制。天皇表示：要修改一部由他的祖父传给下来的神圣文件时，他绝对不会成为同谋。

日本方面成立了两个宪法修改委员会，一个由廷臣组成，以近卫公爵为首；一个由内阁大臣和学者组成，由宪法专家松本牵头。但是，这两个委员会拿出的宪法修改草案，都没有显示出诚意，远远不符合美国方面的要求。他们只是在原来的《日本帝国宪法》基础上，做些文字的修改，比如把"天皇是神圣不可侵犯的"改成"天皇是至高无上而不可侵犯的"。

美国占领军司令部对此深表失望。1946 年 2 月 3 日，麦帅指示惠特尼将军，由占领军民政局拿出一个修改宪法的样本，要日本人按照这个样本来起草宪法。麦克阿瑟将军在给宪法起草小组的信件中，明确提出制宪三项原则：

第一，天皇处于国家元首地位，世袭，但天皇仅仅为国家的象征存在，天皇的职务和权能基于宪法行使；

第二，废止作为国家主权的战争权力，不批准成立日本陆海空军，日本军队不授予交战权；

第三，日本封建制度将终结，贵族的权利除天皇外，以现存一代为限，华族不再享有国民之外的政治权力，预算模式仿照英国。

惠特尼将军把这个重要任务交给了他的得力助手查尔斯上校，于是美国人在九天时间内，根据麦帅的指示精神，起草了一部新的宪法。在第一生命大厦第六层的舞厅，临时改造成为宪法修改办公室，戏称为"牛栏"，24 位满怀理想的年轻官员在此日以继夜的工作，其中最年轻的女性才 22 岁。他们将麦帅的三条简短指令转化为一部实实在在的宪法文本。2 月 11 日，麦克阿瑟将军将这个文本，交给了对此一无所知的日本方面。

和第一部日本宪法相比，这部《和平宪法》体现了三大核心观念：尊重人权，主权在民，放弃战争。宪法共 11 章 103 条。其中重要章节是：天皇，放弃战争，国民权力和义务，国会。

为了这部宪法的顺利通过，麦克阿瑟将军和天皇之间，进行了反复的磋商。1946 年元旦，天皇发表《人间宣言》，在这个宣言中，天皇表示："维系朕与国民之纽带，为相互信赖与仲爱，非以野史神话为凭，亦非植根于天皇即神及日本民族优于异族而命定统治世界之虚伪观念"。这个表示具有极为深刻的含义，它预示从此，天照大神的后裔终于走下神坛，成为一个普通的人。因此，这个宣言也称为《非神宣言》。

最后公布的《和平宪法》，就是美国人起草的版本。新的《和平宪法》，充分体现了美国式民主政治理念。有人评论，这是对美国独立宣言、葛底斯堡演说、美国宪法以及战时两大宣言——《大西洋宪章》与《德黑兰宣言》的回应与共鸣。

有人说，日本的现代化转型没有受到基督教文明的影响，这是一种"只见树木，不见森林"的看法。美国人给日本带来的第二部宪法，其实是给日本人带来了已经凝聚了基督教文明的现代政治理念，是一个从法老秩序转向神明秩序的过渡，是把英美保守主义和英美的基督教文明，通过宪法这种模式强制被日本接受，使日本成为一个真正的现代文明国家。

第一个美国人带来的第一部宪法，将日本从一个闭关锁国的国家，带到了世界文明社会体系，把日本国民从小共同体中解放出来，实现了日本的第一次腾飞。

但是，出现在世界文明体系的日本，走向了军国主义。因为日本的国民虽然从小共同体中解放，从藩主和大名底下解放，却投入到一个大共同体的奴役之中，成为天皇和国家的工具。

第二个美国人带来的第二部宪法，为日本带来了体现英美保守主义的基督教文明，带来了普世价值，带来了和平。这使日本实现了第二次腾飞，真正进入世界文明体系。因为这部宪法把日本人民从大共同体中再一次解放出来，实现了真正意义上的民主和尊严。

荣剑：中国语境中的日本明治维新

今天非常高兴，有这么一个机会向大家交流一下有关日本明治维新 150 年的一些看法和认识。刚才两位老师都做了非常好的演讲，他们提供了大量的信息。明治维新 150 周年是一个非常有意思的话题，刚才我在私下里也在和陈浩武老师交流：日本是不是会关心明治维新 150 年？他们会不会有大规模的纪念？我觉得可能性不大。在2014 年的时候，有一个重大事件，就是甲午海战双甲子纪念，中国有许多的讨论，我也参加了一次。甲午海战对中国来讲是创痛巨深，中国近代走下坡路跟这场战争的失败有很大关系。日本在 1894 年甲午海战中打败了中国，又在 1905 年打败了俄罗斯，它在十年的时间里面打败了两个大国，这对日本的制度转型起到了非常大的作用。按理说，这应该是日本非常光荣的一段历史，它这么一个小国把中国和俄罗斯两个大国打败了，很能说明一些问题。但是，在 2014 年日本没有关于甲午海战的纪念，他们没有特别把这个事情作为一个重大的历史事件来纪念，这就涉及到两国知识人对近代以来在两国之间所发生的重大事件的不同问题意识和价值判断。简单地说，日本是持进化的历史观，他们每走完一段路，就把过去的历史一页翻过去了；中国还是持一个循环的历史观，每过了几十年甚至上百年还会再回过头来重新走历史走过的路。

我是在 2014 年受日本邀请第一次到东京大学做访问学者，当时他们给我提供了六个月的时间，我想六个月的时候太长了，我就待两个月吧，待完两个月以后，我才发觉这个时间太短了，日本对我的感触冲击太大了。回来之后我写了一篇文章：《中日关系三问》。在这篇文章中，我就提到了中国知识人长期忽视研究日本，这是我们自改革开放近 40 年时间里的重大失误。中国的知识人，我主要是指自由知识分子，他们对欧美的情况非常了解，包括思想、文化、哲学、艺术，有大范围的研究，但是对日本有多少深度研究呢？没有多少。对日本的重视是从这几年才开始的，陈浩武老师组织的对日本的游学考察也起到了非常大的作用，包括我个人，这几年每年几乎都要去一趟日本，观察日本的制度变迁所积累下来的经验对中国究竟有什么样的启示。

总的一个感受就是，如果把欧美国家和日本放在一起，它们在整个西方的体制里，看上去像是一个抽象的整体，但实际上日本和欧美在国家治理上的差异还是非常大的。因此，我个人有个体会：与其学习欧美的制度或者思想，还不如学习日本的经验，日本对中国来讲具有更加直接的启示性的意义。

明治维新是日本转型的开端，这个时期中国也开始了制度转型，中国和日本是在差不多的时期共同走上了制度转型之路。刚才马勇老师也讲到了，中国在 1840 年的时候已经意识到中国必须要迎接西方的挑战，必须主动来完成制度的转型。这也就是说，中国早于日本 20 年有了制度转型的意识。问题在于，日本明治维新之后取得了巨大的效果，在中国却没有发生，这就需要思考，为什么中国比日本更早开始制度转型，中国所出现的结果以及制度安排和日本有这么大的差异？这就是我们需要思考的日本明治维新的独特性。

我对这次讲座确定了一个题目：明治维新的正途和歧途，这个话题要置于中国语境来谈。日本从幕府体制转向天皇体制最后转向宪政体制，是一以贯之的，它所达到的社会效果也是非常明显的，它究竟是来源于哪些因素和条件，是需要我们深入观察。刚才马老师和陈老师分别从士绅和宪政宪法的角度讲了，我从史观的角度来加以概括。我把日本明治维新转型之所以能够成功归纳了五个方面，这五个方面也可能是中国所缺少的，由于中国缺少日本的这些因素，使得中国和日本出现了两种不同的制度结局。

第一个方面，我们看一下明治维新以前日本的社会结构。明治维新以前日本是幕府制度，法国年鉴学派的大家布洛赫写过一本书，叫《封建社会》，如果大家关心历史的话，肯定会阅读这本书。在这本书里面，他主要考察欧洲的封建制度，把欧洲的封建制度仅限于西欧的范围里，认为东欧的封建制度不够典型。他谈到了日本的情况，认为日本是符合西欧封建制度的基本结构。马克思在《资本论》的一个注里，也提到了日本的封建制度是非常接近西欧的封建制度。我们可以在这个意义上讲，日本是一个迷你版的西欧封建制国家。在日本这个狭小的国度里，建立了大的幕府，就是德川幕府，幕府在行使中央集权的管理职能，但它并不是中央政府，它下面有很多分封的藩国，归大名统治，这个社会构造和西欧封建制的构造是高度相似的。我们为什么要提到封建制？因为它和宪政转型有非常密切的关系，封建制的社会构造是前宪政的构造，它是最适合完成宪政转型的。中国的制度，历史上有殷制、周制和秦制，殷周之变，是中国历史上第一次大的制度转型或社会转型，转型的结果是建立了西周封建制，西周是比较典型意义的封建制。周秦之变是中国的第二次社会转型，转型的结果是建立了秦帝国的中央集权制，古代史家称之为郡县制。那么封建制和帝制有哪些差异呢？我在我的一篇文章《论中国封建主义》里做了一个概括：封建的社会结构是一个多元的横向的权力配制，中央集权是一元的纵向的权力配置。这两个不同的社会构造，会产生不同的制度安排。日本明治维新前封建制的社会结构，为完成向宪政转型提供了适合的社会条件。中日不同的社会架构最后导向不同的政治制度，这是我要谈的第一点。

第二点，就是日本的天皇制度。日本的天皇制度和我们秦代以来的中央集权制度以及和西欧的王权制度都不一样。西欧在封建制晚期也有一个中央绝对主义体制的形成，它的封建化过程到了晚期也走向中央集权。但是，日本的天皇制度按照他们的说法是"万世一系"，没有王朝更替现象，这里涉及到了日本的一个独特的民族文化心理结构，日本国民对天皇制度的理解和坚持，是在其他任何国家都没有出现过的一个历史现象。日本天皇的权力可以被搁置起来，但日本天皇制度却没有被废掉，天皇制度为凝聚日本的国民性起到了制度性的支持作用。幕府晚期提出大政返还的时候，大家都觉得是理所当然，这个权力本来就是属于天皇的，对日本人来讲是一个非常自然的过程，没有别的选项。比如说德川可不可以当天皇啊？按照我们中国的制度演变来看的话，德川本身就起到了中央集权的作用，他完全可以自己称帝，那他为什么不称帝呢？日本的独特性就在于对皇权观念的理解上，完全不同于中国，日本人忠于天皇的信念到现在我们都没法理解，日本人为什么对天皇有如此忠诚的态度？德川大政返还给天皇，各地的藩主都非常服气，不需要再通过战争和协商来达到这一点，这是日本一个非常独特的精神文化架构，这种架构对支撑保证日本的完整性以及在天皇制度下完成中央集权的重新整合起到了非常大的作用。

第三点，脱亚入欧的路径选择。日本在选择转型路径的时候，福泽谕吉起到了非常关键的作用。现在我们说日本有两个重要的人物，古代立国是圣德太子，现代立国是福泽谕吉。福泽谕吉提出了脱亚入欧的路径选项，对日本的转型起到了奠基性的作用。他非常决绝，因为在明治维新之前，日本没有自己独立的日本意识，所谓日本意识，其实就是中国的朱子学或阳明学，日本的整个思想资源还是来自于中华，中国是日本的文化母土。脱亚入欧就是去中国化，福泽谕吉对此采取了一个非常决绝的态度，他把中国视为日本的一个恶邻，这是福泽谕吉的原话，就像我们现在看朝鲜一样，朝鲜也是中国的恶邻，在当时他把中国视为日本的恶邻。这个话对日本来讲并不是轻而易举能够讲出来的，在当时的思想环境里，日本的知识人大量地还是坚持中国文化为导向的价值建构。明治维新就是要彻底告别中国，全面拥抱欧洲。后来日本提出的东亚概念，就是要用来取代中华的概念，把日本置入到东亚，在东亚的名义下来重新建构中日关系，包括日韩关系，否定以中国为核心，试图确立以日本为核心的东亚格局。日本所确定的脱亚入欧的选择，对日本整个制度转型起到了一个方向性的作用。在这样的思想路线的指导下，日本全面西化，比如日本的饮食结构，都发生了很大的变化，开始普及面食。仅从日本的饮食结构转变上就可以看出当时日本的西化是非常的坚决和彻底，他们认定了日本一定要走西方的这一条道路，按照西方的政治、文化、哲学来改造日本。

第四点，是日本的精英导向，由精英主导社会转型。明治维新有前三杰和后三杰，都是出类拔萃的人物，明治维新期间涌现出一大批精英人士，从政治、军事、教育、财政到置产兴业，可谓应有尽有。我们可以把日本和中国的精英做一个比较，日本的精英集团高度整合，不像中国是支离破碎，长期处于一种你死我活的状态。日本的精英集团在推动日本社会转型的过程中，发挥了决定性的作用，像刚才讲到的福泽谕吉，在思想上所起到的作用之大，在中国完全不可想象。中国的康梁何曾起过这种思想领袖的作用？只能出一时风头，难有持久的影响力。精英自戊戌维新以来不断地面临被统治阶级消灭的情况，菜市口六君子被杀，戊戌维新失败。在社会转型和制度转型中，每一拨精英所完成的任务非常有限，包括梁启超和严复这些人，到最后迅速被政治的潮流冲到了边缘，最后决定这个社会架构和变迁的是一些独裁者和武夫，是这些人在主导国家制度的转型。相反，日本的社会精英按照他们的分工和所确定的路线，分别完成日本制度转型的方方面面，他们的作用可以说是发挥到了极点。包括在 1945 年战败以后，吉田茂首相重新振兴日本，他们都起到了很大的作用。我在日本考察的时候，看到他们精英的面相，提出了一个国家面相的问题。比如拿李鸿章和伊藤博文作比较，可以发现，李鸿章暮气沉沉，体现不出一个国家生气勃勃的气象，而伊藤博文，可谓气宇轩昂，包括日本那些武将，完全是一种高度欧化的造型，还有明治天皇所照的相，你看他的精神面貌，有着非常的气势。所谓相由心生，日本精英的形象塑造和中国完全不一样，我们老大帝国的形象从官员的面相中就可以反映出来。

第五点，是日本的战争能力，日本的战争动员机制，对于日本的政治转型也起到了重要的作用。在 2014 年甲午海战双甲子的一个研讨会上，有一个海军人士认为中国甲午海战的失败具有偶然性，当时我对他的观点提出了一个不同的看法。在甲午海战的时候，中国的军事力量、训练水平和动员能力实际上超过日本，日本在甲午海战之前没有经过大规模的战争，没有实战的经验，却一举把北洋舰队消灭了。从我们现在了解到的信息来看，这场战争的胜负悬殊之大，已经到了不可思议的程度，甲午海战，包括日本从朝鲜进入中国辽东和满清陆军作战，日本死了一万多人，实际战死的只有数百人，其他的都是病死的。日本的战争动员可以反映出当时日本国体转型所取得的重大成果，当时天皇都捐钱，整个的国民都被动员起来，因为这场战争关系到了日本的生死存亡。这场战争日本打赢了，2.3 亿两白银的战争赔偿对日本国力的增加起到了重要的作用，如果没有这场战争，日本能达到一个什么样的国力状态是值得怀疑的。接着是 1905 年的日俄战争，如果说甲午海战中国是以一比九的悬殊比例惨败，那么，日俄战争中日本是以 55% 比 45% 的比例惨胜，日本赢得了这个场战争，它获得的战争赔偿不大，但把俄国在远东的势力范围给接过去了。这两场战争，包括在战争中形成的战争动员体制对日本国力的增长起到了非常大的作用，同时也深刻地影响了日本的国家转型，日本后来走上了军国主义体制，和它的战争能力是有直接的关系。我在 2014

年关于甲午海战研讨会上的发言题目，就是《日本是打出来的》。日本的国家转型，从某种意义上说，是战争的结果。日本历史上的三次战争决定了日本的三次重大转型，第一次就是白江口之战，公元663年，唐朝和新罗联军打败日本，日本战败后全面学习唐制，包括建筑、制度，律令和文化；第二次是马关战争（英萨战争），这是在明治维新前所发生的战争，日本战败后开始学习英制，即君主立宪制；第三次是1945年的二战，日本被美国打败后，全面地选择了美制。因此，我们可以看到日本的制度转型和战争有着非常密切的关系，日本是在它被打败的时候，开始学习战胜国的制度，这也反映出日本对制度转型所持有的开放性态度。

以上是我所概括的明治维新之所以成功的五个方面，这五个方面正是我们中国所缺少的，也就是说，中国无法按照日本的方式来完成制度转型。现在，我们再回过头来探讨一下明治维新的问题在哪里？这依然可以参考刚才我所提到的五个方面。日本在上述五个方面所体现出来的并非都是正面的价值，其实同时也包含着负面的东西。比如说到天皇制度，《明治宪法》把天皇的地位放在了非常高的位置，这可能也是日本最后走向军国主义的一个大的隐患。从现在来看，这个问题是比较明显的，日本为了加强国家的力量，集中天皇的权力，这对于确立日本在当时国际秩序中的一个位置非常重要，但是如果不能有效控制国家权力的膨胀，那就必然会走到反面，导致国家主义体制，走向军国主义。

第二个问题，是日本脱亚入欧的路线后来发生了偏差，明治维新之前日本采取了脱亚入欧的路线，但在日俄战争中胜利之后，整个日本的国家主义情绪就进一步高涨起来，这个时候发生了一个重大的路径转向，用我的说法就是脱欧返亚。正是在这个时候日本关于亚洲主义的各种观点和说法开始大量出现，当时日本的普遍看法是，中国不行，西方也不行，日本要建立一个基于日本的理想和价值观的思想路线，这就是东亚主义，以后又叫大东亚主义。日本提出亚洲主义的时候，孙中山先生也很欣赏，他觉得中国和日本联合起来就可以构造出一个亚洲主义以对抗欧洲。但是，日本后来觉得中国不行，日本觉得只有它自己可以承担起重整亚洲的责任。我去年从日本回来写了一篇文章，《东亚问题与东亚双峰政治》，东亚这个概念就是日本人提出来的，中国原来没有东亚的概念，只有中华的概念，原来日本也没有东亚的概念，日本提出东亚的概念其实包含了两个面向，一个是去中国化，还有一个就是要抵抗西方中心主义，它是两边同时作战。在这个路线的指导下，日本最后的确是陷入两条战线作战，既和中国打了一仗，也和英美打了一仗，这两场战争导致了日本的失败。

日本主张大东亚主义的时候，日本的思想精英并没有阻止反而是在推波助澜，当时支持大东亚主义的主要还是一些左翼学者，京都学派几乎都选择了和国家主义的合作。京都学派原来是按照中国主义来构造日本的精神世界，后来认为中国不行了，他们转而面向东亚主义，全都跑到了国家主义这条轨道上去，最后成了军国主义的帮凶，这是非常值得研究的现象。1942 年太平洋战争爆发之前，日本知识界有很多思想动员，都是一些左翼学者参与，大肆鼓噪民族主义和国家主义的那些观点，就像我们现在中国所看到的国家主义、新左派和毛左的鼓噪一样，重新再现了日本在二战前的这种国家主义大合唱。太平洋战争爆发之后，竹内好非常高兴，认为终于可以跟美国开战了，当时提出的口号叫"近代的超克"。所谓"近代的超克"就是日本要用自己的方式来超越西方的现代化模式，必须走日本自己的路。

从日本的东亚现代性走向中国的现代性，是有逻辑的相关性，我在看日本问题的时候，往往是带着中国的问题意识。中国现在的情况跟日本二战前的情况太像了，新左派所鼓吹的这些东西跟日本左翼在二战前鼓吹的军国主义完全一样。这也是我在日本的时候多次和日本的学者讲到，日本精英的社会责任。日本的思想精英在军国主义高度膨胀的时候，起到了非常坏的作用。不像德国的一批知识精英，在德国纳粹鼎盛时期，选择了离开德国跑到美国去，日本的左翼学者没有一个离开日本，他们主动选择了和军国主义的全面合作，从而促使日本走向歧路。这是我认为的日本明治维新后的第三个问题，即日本精英在发挥了正面作用之后也曾发挥了负面作用。

　　第四个问题就是日本的战争机制的破坏性。前面说了，战争对日本制度转型有重大影响，这个影响可以分为上半场和下半场。上半场就是从明治维新到二战前，下半场就是二战结束以后一直到现在，这两个半场之间日本走向了一个军国主义的歧途。日本选择以战争的方式来解决当时它所面临的一系列问题，主要是它的国际生存空间，先是占领朝鲜，再占领满洲，然后从满洲来控制中国，来经营一个广大的纵深的空间。日本在处理和中国与西方的关系时，不光是对自己整个国家造成了灾难性的影响，对中国的影响也实在是太大了。如果说 1936 年没有日本全面侵入中国的话，中国的社会转型和制度转型可能会如期完成，1936 年国民政府已经决定行宪。这个历史问题，我在和日本学者交换意见的时候反复提到，什么是历史问题？历史问题应该怎么来理解？就应该从日本全面侵入中国后中断了中国宪政进程这个角度入手，由于日本在 1936 年侵入中国，才导致了中日关系的巨大变化，不仅影响了日本，同时也打断了中国宪政进展，中国在 1936 年这个重要的时间节点上，由于日本的侵略，不得不走向了另外一条轨道。

　　今天，我们在明治维新 150 周年的时候，来重新观察日本明治维新成功的经验以及问题，并通过这些经验和问题来反观中国的制度转型，我们可以看到中日是一个互为镜像的关系。当然，现在应该是中国看日本更多一些，日本大概不会通过中国的什么重大事件来总结经验或吸取教训，他们没有这个问题意识，也没有这样的需求，但对中国来讲是有这样的需求的。中国可能是正在走日本明治维新的路，还在走这条路，他们 150 年走下来了，我们现在走了 150 年，回过头来又重新走这个路，这对中国来讲是一个非常难堪的现实。但是，我们不得不面临这样的现实。直到今天，中国能不能走出一条新路，谁都说不清楚，能不能按照日本的方式，不管是党主立宪也好，还是君主立宪也好，只要是完成向国家宪政架构的转型，都是一个比较好的愿景。令人沮丧的是，这个愿景到现在还没有形成。这是我们今天探讨明治维新经验时需要考虑的一个问题。我也是希望通过今天的研讨会，能够给大家带来更多的思考，不仅是观察日本这些年的发展，同时也回过头来观察中国如何能从现有的困境中走出来。我今天就讲这些，谢谢大家。

回答问题

提问者：我想问一个传统的日本现代化的问题，因为最近去过不少国家，我觉得不只是中国，有很多像土耳其、埃及、伊朗、印度那些曾经在历史上创造过辉煌文明的老大帝国，现代化的转型道路都很不顺利，基本上都还在路上挣扎，整体的来讲，是不是说在现代化的转型过程中传统的东西更多是比较负面的资源。还有一个就是日本当时选择脱亚入欧，非常的决绝和彻底，但是大家现在到日本看一看，其实日本在保留传统文化和传统文物方面比我们做得要好很多，我们都号称礼仪之邦，现在还是号称礼仪之邦，大家开车到三环四环转一圈就知道我们是不是礼仪之邦了，到日本看一看，日本才是真正的礼仪之邦。日本现代化的口号虽然喊得那么响，做的那么决绝，他的传统其实保护得非常好，他是怎么处理传统和现代化转型的关系的？

荣剑：我们该怎么来判断日本明治维新是成功的？我有一个说法，也是第二次去日本之后形成的一个课题：古今东西冲突下的中日变局。所有的转型国家，特别是东方国家，都面临着两个大的矛盾，就是古今之间的矛盾和东西之间的矛盾。中国目前所有的冲突，就是来源于东西之间矛盾和古今之间的矛盾没有得到很好的解决。东西冲突激烈，古今也是处于深刻的对立中，对传统的处理，没有转化为对现代性的支持性力量，或者是说，现代的发展没有尊重传统。而日本是比较好地解决了这两个大的矛盾。

比如说我们讲到的中西矛盾，他们叫东西矛盾，涉及到马克思主义的引进和传播，日本是最早在亚洲引进马克思主义，日本共产党在 1920 年成立，比中国还早一年，日本引进了欧洲最激进的思潮，也引进了共产党的政治组织，到现在日本共产党还是日本的第四大党还是第五大党，做得非常好，我去他们党部考察过。日本没有因为引进马克思主义而导致整个社会架构的重大分裂，你在大学里可以讲马克思主义。我们知道东京大学就是左派的大本营，共产党要搞竞选都跑到东京大学去。日本古今之间的协调也做得很好，我们到京都和奈良看日本对古典和传统的保护，真是做到极致了，日本保存了中国文化的精髓，比如，秦汉尚黑的色彩，唐代的建筑，宋代的古典园林，包括禅宗的那套文化，与自然的和谐，中国文化所强调的天人合一的境界，在日本都得到了完美的呈现。因此，可以有一个判断，日本是少数几个能够有效解决古今东西矛盾的国家。

当然，解决古今东西的矛盾，主要还是要基于一个合理的制度架构，中国不能有效解决古今中西的矛盾，根本的原因还是在制度，制度没有建立起一个解决古今中西之间矛盾的架构。这涉及到一个大的帝国的转型，中国肯定面临着比日本更多的问题和障碍，这是毫无疑问的。日本的经验还不能全面有效地解释中国当下面临的问题。这几年来，我在反复思考一个问题，在借鉴大帝国转型的时候，历史上的几个版本和经验对中国是否有效？一个是法国的模式，就是欧洲的版本，再就是苏俄的版本，它们最后都转过来了，第三个版本就我们晚清以来中华帝国的转型，我们还在转，我们还没有找到一个合适的路径或者方案，没有人能够讲清楚。经由现有的历史经验以及法国版本或苏俄版本的经验，不能有效地解释中国当下的现实，我为此觉得非常困惑。我们讲明治维新，明治维新的经验似乎也不能用来直接解决中国当下的问题，而只是能够提供一个启示。中国要致力于解决中国的问题，从根本上解决古今中西之间的矛盾和冲突，大概需要我们在理论上寻找新的路径和方法。

孙建军：兰学与明治维新

非常感谢主持人的介绍，也很荣幸能够和三位著名专家同台分

享自己的研究心得。我主要从事近代中日词汇交流史的研究，特别是
19 世纪中后叶以及 20 世纪初中日两国在吸收西方文化中产生的学
术用语以及两国间的互动。今天我的话题主要集中在日本近代化的
前夜，兰学如何向西学过渡。

兰学的兴起

1603 年以后日本进入江户时代，随后逐渐进入了漫长的锁国时
期，九州岛的长崎是唯一的对外通商窗口。1720 年对西方的知识颇
有兴趣的第八代幕府将军德川吉宗宣布放宽对西书的进口，只要是
和基督教没有关系的书籍都可以进口。进口的西书有两种，一种是荷
兰人带来的书籍；一种则是由耶稣教会的传教士们在中国出版的汉
译西书，就是用汉语出版的西学书籍。

1774 年《解体新书》的出版，标志着兰学的兴起。这本书的原
版是荷兰人带来的医学解剖书，当时在日本只有几册，医生杉田玄白
得到了其中一册。1771 年的 3 月，杉田和其他几位好友受邀前往一
处刑场，那里要处死一个犯人。他们不约而同地带去了那本解剖书，
当他们亲眼目睹人体内脏的部位和结构，惊奇地发现兰书精确无误，
认为西方的医学与他们掌握的汉方完全不同，于是决定把解剖书翻
译出来。在没有任何参考材料的前提下，他们花了将近 4 年的时间
终于完成了这份伟业。这部译著有个特点，就是译成了"汉文"，也
就是我们所称的古代文言文，这是当时日本文人所必备的知识修养。
译者在文中加入"训点"，也就是日本人为阅读古汉语所发明的独特
的标记方式，以便普通的日本读者阅读。前野良泽、中川淳庵、桂川
甫周、石川玄常等多人参与了翻译，杉田玄白负责最后校对。可以
说，兰学从开始阶段就带有较为明显的学术团队集体参与的性质。

1841 年，有人在京都出了一本《和兰翻译书目录》，书中介绍了
100 多册与兰学有关的书籍。1854 年，穗亭主人编写的《西洋学家译
述目录》中介绍了约 120 个兰学家，他们在天文、地理、历学、算
数、医疗、本草、舍密（即化学）、军学等方面著书立说。可以说，

从 1774 年兰学兴起到 1853 年开国的 180 年间这个漫长的过程中，在兰学领域有所成就的仅有百余人。不过正是这些人，逐渐将视野投向世界，了解世界，为明治的近代化奠定了一定的基础。

兰学的贡献

日本人通过兰学了解到了什么呢？首先当然是东方没有的新奇的事物。比如金字塔、木乃伊等，我们在日本国立国会图书馆以及早稻田大学等著名学府的图书馆的相关网站上都能找到相关的书籍，有的图文并茂。兰学家兼画家的司马江汉（1747-1818）掌握了西方绘画中的透视图法，这是兰学在美术方面的贡献。

《西洋学家译述目录》中提到的"舍密"是化学的意思，这是日本人根据荷兰语的发音而创造的汉字名称，兰学家中有不少著名的化学世家，宇田川榕庵（1798-1846）就是其中一个。他撰写的《舍密开宗》（1837）既有翻译的部分，也有亲身动手实验的相关记录。他发明了"元素"一词，还利用"素"创造了一些新的专业词汇，如"酸素（氧气）、水素（氢气）、窒素（氮气）"等。宇田川榕庵在植物学、物理学、医学、度量学等方面的造诣也颇深，他的许多新译词后来传入了现代汉语当中，比如"金属、酸化、溶解、细胞、压力、温度、结晶、沸腾、分析、成分、物质、法则"等。可以说，宇田川榕庵是日本开国前最杰出的兰学家。

提到译词，这个时候的翻译方法与现代几乎一样，简单分类的话，可以分为借用、转用、新造词等。"借用"其实就是直接使用已经传入日语的中国古典词汇，因为从词源来说是来自古代汉语，所以称为借用。"转用"就是用中国古典词汇来解释西方的新的一些概念，有人称为旧瓶装新酒，比如"演绎""归纳"等，也可以算作借用的一种形式。与前者相比，日本人在 19 世纪后半叶创造的"新造词"数量最多，而兰学家的新造词的数量也并不少，只是进入明治维新之后，有的被淘汰了。除了刚才提到的宇田川榕庵创造的译词以外，他们创造的音译词"俱乐部""瓦斯"传入了汉语。《解体新书》里使用了"神经、软骨、筋骨"等医学词汇，地理词汇"回归线"是他们根据葡萄牙语的意思翻译过来的。就像清末江南制造局翻译馆译员，翻译了大量科技书籍的英国人傅兰雅创造了"氧、氮"等与气体相关的新字一样，兰学家们也造了些新字。他们在研究西方医学书籍的时候注意到淋巴这样的组织，但是古汉语中没有相应的解释，于是决定新造一个字，因为是人体的一部分就用月肉旁，根据相应功能的特征，创造了"月"旁加"泉"的"腺"字，读音为"せん（sen）"，这是一个很成功的会意字。依照日语读音，汉语里可读"quán"，也可读作"xiàn"。传入汉语时，我们读作了"xiàn"。另外还有"糎""粴""粁""瓸"等分别表示"厘米""厘升""千米""千瓦"。这些表示度量衡的新造字有的曾经在汉语中使用过，现在基本上都不常见了。

开成所的精英学者

随着历史的推进，荷兰失去了昔日的辉煌，兰学家们在翻译兰学书籍，也发现兰学的很多内容译自德语、法语，一部分人清晰地意识到在欧洲其他国家存在更优秀的学问。鸦片战争之前，以英国人马礼逊为代表的新教传教士在中国广州等地出版的汉语书刊、英华字典等也开始进入了日本人的视野。中国在鸦片战争中的惨败加快了兰学家的学问转型，黑船来航更加推动了从兰学到英学、独学、佛学的改变。英指的是英吉利，佛是佛兰西的简称，日本吸收了中国的称呼。英学、独学、佛学的兴起几乎同步，很快人们把这些西方学问都统称为洋学。兰学到洋学转型的重要特征就是从自然科学领域迅速扩大到社会科学、人文科学、军事学等各个领域。

从 1853 年开国到 1868 年明治维新，尽管只有短短的 15 年，日本人通过多条途径，迅速翻刻、翻译出版了大量西学书刊。这些途径包括，来自在华传教士出版的汉译西书，出自荷兰人之手的荷兰语报刊，驻日欧美传教士带来的西书，以及出使欧美的官员带回的原版西书。这些书刊几乎都集中到了幕府开设的西学翻译、教育机构"开成所"，这里集中了当时日本最优秀的西学家。

　　开成所的前身是 1855 年幕府为适应对外形势的发展而设立的"洋学所"，专门从事西学翻译和教育，后来几度更名，从"蕃书调所"到"洋书调所"，1863 年改名为开成所，取《易经》的"开物成务"之义。开成所的成员都是以兰学起家的优秀学者。他们可以直接阅读外语并进行翻译。这一点跟同时代晚清的翻译情形截然不同，科举制度之下，没有人愿意学习外语。西方传教士的身边有一些中国助手，但是他们大多是没有受过正规教育的人，或者是科举制度下的失败者，所以翻译西书多以传教士口述中国助手笔录的形式，这种翻译方式会造成许多信息的遗漏，效果得不到保证。这也是汉译西书中很少有内涵相对深刻的人文著作的原因。

　　作为教学机构，除了外语，开成所还进行数学、化学、器械学、物产学、画学等实学领域知识的教学。相对年轻、资格较浅的教员负责教学、翻译，而资深的成员被任命为"教授"，专门从事翻译。经过他们的翻译，西方最新时势、科技知识等，源源不断地转化为日语，并通过官版印刷的形式传播到日本各地。掌握了英文、德文、法文、俄文的年轻成员开始翻译荷兰文以外的文字，他们当中出现了专攻法律、经济等领域的人才。与兰学兴起之初相同，开成所里形成了日本最优秀的学者团队。正如荣剑先生说的那样，是日本深厚的精英阶层文化的极端体现。

　　我想介绍几位这个时期最著名的西学家。有一位全能型的大家必须要提到。他就是箕作阮甫（1799-1863）。如果说刚才提到的宇田川榕菴是日本开国之前最优秀的兰学家，那么箕作阮甫则是明治维新前最著名的兰学家。两人都出身于冈山县北部较为偏僻的山区小城，这里在江户时代属于津山藩。我曾经探访过这个地区，深感那个山窝与箕作和宇田川这两位近代历史地位的错位。同为津山藩医，箕作到江户的时候，宇田川家族已经在兰学界久负盛名。蕃书调所成立之初，箕作就被任命为首席教授，负责审阅、训点、翻译来自国外的各种书籍。他受命将《海国图志》中的《筹海篇》加以训点出版，还负责《墨加洲部》（即美国、1854）、《俄罗斯国部》（1855）、《英吉利国部》（1856）的训点。值得注意的是，因为日本在美国人的压力下打开国门，所以首先进行训点翻刻的是美国卷。这种责任重大的工作首当其冲的落在了箕作的头上。他还先后对中国出版的《地球说略》和《大美联邦志略》进行训点出版，有趣的是，在出版时，箕作删掉了书名中的"大美"，而在书中的署名处，在自己的名字前加上了"大日本"。同样，箕作还负责翻译荷兰的东方基地巴达维亚（即爪哇）出版的报纸翻译，分别发行了《官版巴达维亚新闻》《官版海外新闻》和《管版玉石志林》，这些翻译工作基本上集中在他去世的当年和前一年。

据不完全统计，箕作一生的译著和著作共有 99 部 160 余册，包括医学、语言学、地理学、西方历史、军事学、宗教学等多个领域。箕作有三个女儿，他把身边看中的年轻学者招赘做女婿，他们的后代有许多在东京大学当教授，且专业不尽相同，有的是日本该领域的创始人。正因为箕作的影响深远，明治政府在 1910 年为他授勋，追赠从四位。

再介绍两位箕作的部下，其中一位叫津田真道（1829-1903），一位叫西周（1829-1897）。他们同时去荷兰留学，回国后分别在日本法律界和整个学术界占据了重要地位。他们在荷兰留学两年，回国以后，幕府要求他们将学到的知识进行整理，撰写西方宪法和国际法的专业书。津田负责西方宪法的部分，经过多次改稿，1868 年出版了《泰西国法论》。津田在前言部分对西方国家的法律做了综述，明确指出德国人、法国人、荷兰人、英国人对 right 的理解的不同，分析精准细致，显然对西方国家的国法体系和内容有了精确地把握。这本书的撰写的过程可以说是翻译的过程。翻译的过程也堪称知识的内化过程，如何把新的概念准确地用另一种语言表达出来，这需要译者的外语水平，同时更重要的是母语水平。津田在翻译时，显然参考了丁韪良在中国翻译的《万国公法》（1864），他借用了汉译的"权利"来对应 right，而在对译相当于"duty"或"obligation"的荷兰语时，津田则进行了创造性的发挥。汉译《万国公法》中译成"义""本分"等，《泰西国法论》中，津田也用了"义"，而在多处提到政府或公民需要完成某种义务时，使用了"务"这个动词，日语的行文中，动词往往放在句子的后面，所以就出现了多处“義を務む”的动词结构型短语，津田在该书中同时使用了“义务”。我认为“义务”这个词是津田创造并第一次使用的。津田后来成为日本法律界的重镇，1871年日本跟中国签署第一个对等条约《中日修好条规》时，还作为法律专家到访中国。

西周在日本近代史上的定位是“哲学家、教育家”。西周对西方文化的理解远超同时代的福泽谕吉，他的主要著作收在《西周全集》里。他从荷兰回国后，负责国际法的翻译，因为找不到合适的名称，他干脆借用了丁韪良译《万国公法》。如果说在《万国公法》的翻译上，西周并没有显示足够的才华的话，他在进入明治时期以后的一系列著（译）作《百学连环》《生性发蕴》《百一新论》《致知启蒙》《心理学》《美妙学说》奠定了他在日本近代化初期的学术地位。西周新造或转用的二字译词达到1894个之多（手岛邦夫《西周与日本的近代》、2005）。“哲学”“艺术”“理性”“本能”“抽象”“主观”“理想”“意识”“知识”“概念”“归纳”“演绎”“定义”“命题”“分解”“心理学”等哲学、科学术语均出自西周，现在也成为汉语的一部分。西周深谙中国古典，大概有700个译词是从中国古典文献中转用而来。日本学界高度评价西周，认为他开启了日本学术界的黎明。

日本精英阶层究竟如何深厚，我还想简单介绍一位英年早逝的天才。柳河春三（1832-1870）在三十岁出头的时候就已经成为开成所的教授，他的译著涉及物理、化学、心理、摄影、养蚕，著作则包括文字、语法（英语、法语）、算数、博物等，他还以个人身份创办了会译社，发行了日本第一份杂志《西洋杂志》，报纸《中外新闻》《新闻会丛》等。柳河的重要贡献在于西学的普及，还被称为日本报刊杂志的先驱者，很遗憾他在39岁就去世了，如果能长寿一些，或许能成为明治时代最著名的学者。

1873年，也就是明治六年，刚从美国回国、后来曾任日本文部大臣的森有礼与西周、津田真道、加藤弘之、箕作麟祥等开成所重要成员，曾经到英国留学的汉学家、时任大藏省翻译局长的中村正直，后来成为文部省官员、推动西方哲学与儒家融合的西村茂树，以及坚持不参与国政的福泽谕吉，共同成立了明六社。曾经的幕府官方学者与民间学术代表汇聚一堂，每月 1 日和 16 日，定期开展争锋相对的学术讨论，学习西方人进行演讲。演讲的内容编辑成册，发行《明六杂志》，一共发行了 40 多期，在当时既起到巨大的启蒙作用，对明治政府也起到一个引导的作用。从语言学意义上来看，通过演讲和出版，每个学者创造的译词得到了其他学者的认可，从而得到更广泛的运用，最终成为学术概念的重要组成部分。

可以说，兰学的缓慢发展为日本的近代化打下了坚实的基础，日本明治维新的成功，与精英层的厚度密不可分。以上是我发言的简单内容，非常感谢大家。

我稍微补充一点，日本 NHK 每年都会推出"大和剧"，就以某一个著名的历史人物为主角，围绕他的事迹做一年或者几个月的专题电视剧。幕末时代的历史人物坂本龙马自然就成了主角。其实，坂本是平民武士出身，但是他审时度势，一度成为改变日本历史的关键人物。他曾提出，为了抵御西方的侵犯，日本人一定要拿起枪杆，丢掉武士刀。1865 年当他了解到国际法知识之后，他又主张放下枪，用国际法来保护祖国。改变他观点的就是《万国公法》。这本书是美国传教士丁韪良 1864 年在北京翻译出版的，当时还没有出现国际法这个专业名词。1865 年 1 月，也就是中国版的出版还不到一年，日本就通过开成所进行了官方的翻刻。因为备受关注，这本书又出现了多种翻译版本，有的版本还是直接从英文原文翻译过来的，甚至还被许多学校用作了教科书。《万国公法》在中国没有发挥足够的用处，在日本却成了教科书，从此，在日本用法律来保护自身、乃至国家的观念深入人心。

附录二　中日关系三问

——2014 年在日本东京大学的演讲

中日关系三问，怎么看中国？怎么看日本？怎么看中日关系？讲的问题都很大，这可能和我的知识背景有关。我是研究哲学的，最初是研究马克思主义哲学，后来转向研究德国古典哲学和欧洲思想史，再就是对中国晚晴以来的思想史和社会史有兴趣，都是宏大叙事。我不是中日问题的专家，但对日本一直有兴趣，我在我的微博上曾经排列过近代以来对中国影响最大的四个国家：日本、苏联、美国和朝鲜，而现在对中国影响最大的四个国家是：美国、日本、俄罗斯和朝鲜。也就是说，不管是哪个排列，不管是中共建政之前还是之后，日本对中国的影响不是第一就是第二。当然，这是我个人的看法。

为什么说日本对中共建政前的影响最大？是因为日本对中国发动了一场战争，从而彻底改变了中国社会发展的走向。1936 年 5 月 5 日，当时国民政府立法院院长孙科——也就是孙中山的儿子，亲自主持一部宪法草案，史称五五宪草，这就是说，蒋介石当时是准备从训政转向宪政。但就是在这之后的第二年，中日爆发全面战争，战争不仅中断了中国本来应该立即开始的宪政进程，而且彻底改变了中国政治力量的结构，中共武装力量通过八年抗战，迅速发展壮大起来，在抗战结束时拥有了一百万军队和数百万民兵。所以，毛主席很感谢日本人，他说，要不是日本军阀发动侵华战争，他只能呆在山上，不能到北京城看京戏了。现在中国的自由知识分子一提起这个事情来，对日本就没有什么好感，总觉得日本对中国人民所造的孽简直是罄竹难书。

　　我说这个开场白，不是要对日本再进行一次血泪控诉。中国社会发展后来没有走向宪政而是走到现在这个状态，是有多重原因的，不尽然是日本侵华给中共创造了生机。今天我们再谈中国，再谈日本，再谈中日关系，显然不能再停留在 70 年以前那个水平上。现在，中国和日本是亚洲两个最重要的国家——这么说印度不要不高兴，也是世界上 GDP 总量居第二和第三的国家，更是两个有着密切关系——政治、经济、文化有着千丝万缕的联系——的邻邦，在目前中日关系出现了严重僵局的情况下，应该有新的思维、新的现实感和新的问题意识。下面，我就从三个方面来谈谈我的认识。

一、怎么看中国？

　　怎么看中国？不同的人从不同的立场、观点和方法出发，肯定会得出不同的结论，横看成岭侧成峰，众说纷纭谁是真？我先不说自己的看法，以免给大家先入为主的印象，我先谈谈别人是怎么看中国的。

　　先谈谁的看法？我想还是以经济学家的看法为主。在社会科学领域，相较于政治学和哲学，经济学显然具有更客观的一面，它秉持价值中立的原则，不以特定的意识形态为诉求，用事实和数据说话，因此，经济学是衡量一个国家真实状态的主要窗口，而经济学家自然是开启这扇窗户的人。那么，经济学家是怎么看中国的呢？有哪些有代表性的看法？我给大家提醒两个时间窗口，一个是 2002 年，另一个是 2012 年，两个时间之窗正好间隔十年，正是在这十年里，中国发生了难以置信、难以预料的一系列变化，包括中日关系的重大变化。

　　2002 年，美国华裔律师章家敦出版了一本书：《中国即将崩溃》，这本书一出来便引来很大反响，高居纽约时报畅销书榜前几位。这位律师曾为投资银行工作，在中国待过 10 几年时间，有专业知识，有实际经验，对中国银行体系中的问题有深入的观察。他在该书中认为，中国银行的坏账已到了不可收拾的程度，中国的养老金欠账太多，他由此断言，中国现行的政治和经济制度即将崩溃，他给出了一个具体的时间表：2008 年。现在我们在座的所有人都可以作为见证人，事实证明中国在 2008 年不仅没有崩溃，反而是在一年里，中国通过注入 4 万亿元让中国掉头向下的经济势头又重新向上崛起，在世界性的金融危机中独善其身，独领风骚。2008 年，奥运会在中国举办，这像是一个全民狂欢，张艺谋导演的奥运会开幕式上的宏大表演，让中国人普遍沉浸在中华民族的伟大复兴中。随后就是 2010 年的上海世博会，万国来朝，盛世气象，而 GDP 统计数字又让中国人为之一振：中国经济总量超过日本跃居世界第二。这个看起来翻天覆地的变化，就是在章家敦预言中国将在 5 年内崩溃的时间里发生的。这能说明什么问题呢？说明章家敦完全是信口开河？

其实，在章家敦发表中国即将崩溃的预言时，中国没有几个学者会相信，而美国的学者或许会半信半疑，因为从当时中国银行业的数据来看，其财务报表如果按西方银行的标准来看，的确早就崩溃了，而且不知要崩溃多少次了；但是，他们没有估计到中国银行业的背后是有一个巨大的国家信用做支持，在中国的老百姓看来，所有银行就是国家的银行，国家的银行怎么可能会倒闭呢？当然，当时并非是所有的美国学者都在唱衰中国经济或对中国经济持有疑虑。我要提到一个美国学者，他就是美国著名的中国问题专家，哥伦比亚大学教授黎安友先生，我在 2012 年和他有过一个对话，其中谈到了 2002 年至 2003 年期间出现的中国即将崩溃论。黎安友给我看了他于 2003 年发表在美国民主杂志上的一篇文章，这篇文章的意思就是中国的威权制度还有韧性，所谓韧性，就是像一个汽车轮胎一样还有弹性，它并没有完全僵死。黎安友说，他这篇文章就是要表达一个和章家敦不同的看法，认为中国还远没有到崩溃的程度。

和国外学者相比，中国的学者在认识自己的国家时其实并不具有特别的优势，中国现有的研究体制和言论环境并不能充分保证学者研究的客观性，更不用说无可置疑的权威性了。但是，在 2003 年判断中国是否会即将崩溃时，我印象中没有哪一个中国学者跟着章家敦后面起哄，他们甚至也没有人专门出来反驳章家敦的观点，也许他们都认为，断言中国即将崩溃，实在是太离谱了，也太不值得去认真对待。而随着 2008 年的到来，在中国成功地从世界性金融危机中顺利脱身而出时，差不多所有的经济学家都为这个难以置信的奇迹——可以说是一个奇迹，或热情的欢呼，或由衷的赞叹，或暗暗的认可，几乎没有什么批评性的声音，至多也就是少数人表示困惑而已。

伟大的科斯教授也对中国所呈现出来的华丽景象惊叹不已，由他出面拿出自己的诺贝尔经济学奖奖金，在芝加哥大学组织了一个关于中国改革 30 周年的学术研讨会，科斯教授特别邀请张五常教授撰写这个研讨会的主报告。在科斯教授看来，张五常先生显然是最有资格来总结中国改革 30 年经验的学者，因为张五常早在 1981 年就提出了中国是否会走上资本主义道路的问题，而那个时候，即使是思想最解放的中国的经济学家，都还只是停留在匈牙利或南斯拉夫的改革模式上，把科尔内的短缺经济学奉为经典；但张五常已经打破了这些条条框框，明确提出中国必定走上资本主义道路。科斯教授认为，仅凭张五常的这个先知式的预见，他就足以承担起总结中国改革 30 年这项光荣使命。

张五常在他的报告里是怎么看中国改革和中国发展的呢？简言之，他实际强调了两点：一点是他以前提出的中国走上了资本主义道路，以市场的方式来主导资源配置，另一点就是他所谓的"县际竞争"说，即中国以县为主体的地方之间的竞争为中国经济的高速增长提供了源源不竭的动力。正是基于这两个基本判断，张五常教授得出了一个惊人的结论：中国的经济制度是历史上也是世界上最好的经济制度。

科斯教授对于张五常的这份报告给予了高度评价，这是出于一份尊重还是因为在当时的确被中国的奇迹所迷惑而看不出中国的问题所在？我想这两方面的原因也许都有。2008 年，中国的确发生了太多的奇迹，不仅是奥运会所开创的宏大景象，中国成功摆脱世界性金融危机，还创造了诸如高铁、歼 20 战斗机、神舟号载人飞船等多项重大成果，在一片繁荣景象之下，再有挑剔眼光的人也不得不慎重发言，除了叫好，谁能提出根本性的质疑意见呢？

黎安友对我说，他在2009年修正了他在2003年对中国的那个看法，即中国的威权制度还有韧性，他这篇同样发表于美国民主杂志上的新文章，试图告诉读者，中国威权制度的韧性正在消失，其原来一直存在的对中国社会的调适性或适应性已经逐步衰竭。但这样的声音显然是难以得到传播，传播出去也未见得能被大多数人所接收。当时人们愿意听到张五常这样的说法——中国的经济制度是世界上最好的，难道不是吗？除了中国，世界上哪个国家走出了世界金融危机的巨大陷阱？不是有一个说法吗——以前说只有社会主义才能救中国，苏东巨变后变成了只有中国才能救社会主义，到了世界金融危机时，又变成了只有中国才能救资本主义了。这个看上去像是玩笑的说法，不无准确地反映出2008年时中国在世界中的位置。面对中国的突然崛起，像暴发户一样的突然爆发，中国的新左派是最高兴的，他们正是在这个时候集体转向了国家主义，一批北大清华的学者开始鼓吹中国模式论，一个外国记者提到的北京共识在中国受到了极大的重视，在许多新左派学者看来，北京共识终于可以和华盛顿共识相抗衡了。

如果中国永远停留在2008年到2010年，那中国的确是非常美好，我也许也会像张五常先生那样，说中国的经济制度是世界上最好的经济制度。但不幸的是，中国激动人心的好日子仅仅持续了两年时间，从2011年起，对中国发展模式的质疑便开始在学界和民间同时蔓延开来。这一年7月23日，发生在温州的动车事故，引发了一个全民性讨论，当时有一个段子在网上流传甚广：中国，请停下你飞奔的脚步，等一等你的人民，等一等你的灵魂，等一等你的道德，等一等你的良知。动车事故似乎突然击醒了中国人，让他们突然意识到，中国经济的迅猛发展，代价太大了，这是一个不择手段不计后果的发展，是一个毫无制度约束毫无法律约束毫无道德约束的发展，我把这种发展称之为恶性发展，恶性发展的后果就是天地人心都坏了，天被污染，地被污染，人心也被污染，其破坏的程度，怎么估计都不会过。

于是，从 2002 年到 2012 年，经过 10 年，中国又打开了它的一个窗口，从这个窗口看到的是什么呢？还是奥运会、航母、载人飞船、高铁这些中国符号吗？谁还在为这些符号激动呢？这里没有统计数字，但我敢断言，这些符号已经起不到动员国民的作用，也起不到凝聚国民精神的作用。在这一年里，不说民怨沸腾，也不说共识破裂，至少在学界再也听不到中国模式这样的说法，重庆模式的彻底破产不仅让支持它的新左派们无地自容斯文扫地，也让张五常这样的学者情何以堪。正是在中国的发展暴露出极其尖锐的问题时，学者们开始重新反思。科斯教授和其助手王宁教授于 2012 年写的《变革中国》一书，显然没有再进一步陶醉于中国从计划经济向市场经济的华丽转身之中，相反，他们认为张五常教授的分析框架"将社会看作同质的实体，将制度变迁看作一个单独的事件，在这个框架中，制度变迁仅仅是一个更优越的制度一举替代另一个较差的制度。20 年之后，这种思维依旧是社会科学文献中的主流思想。在这个理论框架里，制度变迁中既没有过程，也不需要时间。"这是对张五常的一个迟来的批评，这个批评表明，中国的经济制度远未像张五常所断言的那样，是世界上最好的和最有效的。

科斯的看法不能代表大多数经济学家的看法，我们还需要再看看别人的看法。从 2012 年以来，中国的大多数的经济学家是怎么看中国的呢？我没有做过专门的统计，但至少中国一些有代表性的经济学家，不管左中右，对中国当前经济形势的判断，似乎都不乐观。比如偏左的经济学家郎咸平、杨帆等，偏右的经济学家吴敬琏、张维迎、陈志武等，偏中的经济学家李稻葵、曹远征等，对中国经济形势的判断几乎没有什么大的区别，都认为中国经济正面临着前所未有的问题或危机。这些问题或潜在的危机可以概括为这样几个大的方面：1、产能普遍过剩，经济结构性问题严重，2、货币超发，流动性泛滥，3、地方债务庞大，难以为继，4、金融系统性风险在不断累积，5、环境生态灾难。

因此，现在不是外国人在唱衰中国——相反，外国学者到中国来对中国情况的估计要好于中国学者，而是中国学者对中国的发展持悲观或谨慎的态度。2002 年章家敦说中国即将崩溃，几乎所有的中国经济学家都对此嗤之以鼻，这话如果放在现在来说，还会有这么多人不以为然吗？

基于经济学家对中国的观察显然不能完全取代政治学或社会学的观察，在经济学的表述中，中国的问题说的最重也无非就是经济有可能硬着陆，或有可能爆发一次规模较大的经济危机。事实上，人们现在普遍认识到，中国的问题是总体性的问题，问题涵盖政治、经济、文化、道德、生态、社会等各个方面。我在 2012 年写过一篇文章，文章题目是“中国十问”，谈到了决定中国未来命运的十个问题，这十个问题是：合法性问题，权力失控问题，腐败问题，道德危机问题，信息传播问题，司法独立问题，公民社会问题，地方自治问题，重大历史问题，普世价值问题。而这十个问题的核心还是合法性问题，原来中共执政合法性有三个来源，首先是暴力革命夺取政权，打天下必须坐天下，还要保证红色江山世代传承；其次是马克思主义谱系中的一系列证明，从马克思到列宁斯大林再到毛，以后再接着从邓小平理论到三个代表到科学发展观再到现在的中国梦，这一系列的理论证明就是要证明现在执政是正当的是合法的是无可替代的；第三个合法性来源就是中国改革开放以来的经济绩效性，经济要发展要现代化，要实现人民物质和精神生活的极大提高，如果能够实现这些目标，政治就可以长治久安。

问题就在于，中共执政的三个合法性来源目前都遇到了前所未有的挑战，第一，枪杆子里出政权，意味着别人也可以用枪杆子和你争政权，这样不就又重蹈中国历史上胜王败寇的局面？这哪里还是什么现代政治？和朝鲜又有什么根本区别？第二，马克思主义谱系中的一系列理论证明现在还有效吗？现在还有谁信这一套？不要说社会，就是执政党内部从上到下有几个是真信马克思主义的？有几个愿意为共产主义奋斗终身？第三，目前经济领域所出现的一系列问题，表明依靠现有的经济绩效已经难以长期支撑政治和社会的稳定，相反，经济下行趋势会进一步加重原有的社会矛盾，进一步加速政治的不稳定性。

中国的确已经到了一个社会全面转型的关键时期，这是李鸿章所说的三千年未有之大变局的高潮阶段。中国的改革，确切地说是中国的转型，并非始自 1978 年，而是始自和日本明治维新时期差不多的时期。1877 年，黄遵宪出使日本，为日本明治维新创造的新气象所震撼，由此开始反思中国的制度变革，他说："方今大势，实为四千年之所未有，尧舜禹汤之所未及料。执古人之方，以药今日之疾，未见其可。"他撰写《日本国志》，从日本政治演变中认识到由君主制到共主制再到民主制的历史大趋势，他是力求通过对日本的考察和总结，为大清政府提供一个新的改制更化的范本。遗憾的是，黄遵宪希望在他的时代就可完成的任务一直延宕到现在都还没有完成。现在该是完成这个任务的时候了吗？

二、怎么看日本？

外国人怎么看日本？我前几天在微博上提到，有两个美国人写的书是值得一看，一本是文化人类学家本尼迪克特写的《菊与刀》，她把日本的文化归类为一种"耻感文化"，而把以基督教文明为主体的西方文明归类为"罪感文化"。另一本书是哈佛大学教授傅高义先生写的《日本第一》。这两本书可以说反映了美国人对两个不同时期的日本的认识，前一本书的目的是为了配合美军怎样更好地治理战败后的日本而写，是想了解日本民族的精神状态和信仰状态；后一本书则是惊叹于日本经济的高速发展而着力于总经日本的经验以及对美国的启示。

那么，中国人是怎么看日本的呢？我在微博上也说了，自黄遵宪写出《日本国志》一书以来，中国人对日本的认知和了解几乎没有超过黄遵宪的。当然，现在的信息量要比一百多年前不知要多多少，学者们的研究也更加专业化，从政治经济文化教育各个方面对日本的研究著述可谓汗牛充栋，但有几本书能让大家记住名字？黄遵宪写

《日本国志》，是抱着向日本学习的态度来研究日本的历史和变迁，这是中日关系史上的头一回，以前都说中国是日本的老师，日本人自己也承认这一点，而到了黄遵宪时，他把日本视为中国的老师，这种态度，现在谁能做到？现在一说到日本，中国民间普遍就是什么"小日本"，一副不屑一顾的样子，尤其是中国在经济总量上超过日本之后，更不把日本放在眼里。这种盲目自大狂妄，和晚晴时期非常相似。

我这次来日本，就是抱着想真正了解日本的态度，想通过自己的亲身观察，结合以前的知识积累，完成对日本的一个初步认识。我一直认为，民间对日本有各种误解，责任在政府，在学界。中国的自由主义学者，长期以来对日本重视不够，尤其是对日本自明治维新以来的思想史重视不够，中国的自由主义学者习惯于用西方各种思想家的观点和方法来看中国问题，对西方各个思想流派耳熟能详，如数家珍，但对日本近代以来的思想却知之甚少。相反，中国的新左派在近20年里，从日本的左翼思想里获得了不少学术资源，比如汪晖关于中国现代思想的兴起，从宋代开始言说，就明显地可以看到内藤湖南关于唐宋变革论的影响，日本学者关于东亚现代性的观点，关于近代超克的观点，在汪晖那里被改造成对毛泽东的所谓"反现代性的现代性"的一种学术支持。还有，像沟口雄三的"以中国为方法"，滨下武志关于朝贡体系的研究，以及竹内好的鲁迅论，都在中国新左派的著述中被广泛引述。日本近代以来要求独立于西方以寻求东亚现代性之路的所有重要观点，和后现代后殖民理论、弗兰克等人的依附理论、沃勒斯坦的世界体系理论、波兰尼的大转型理论、美国分析的马克思主义和英国新左派，共同构成了中国新左派的思想资源。面对这么一个理论格局，中国自由主义的理论反应是不足的。所以，我这次来日本，重点也是想了解日本近代思想史，通过和日本相关研究领域的学者教授的交流，为下一步的理论研究做些准备。

我以前对日本一直抱有高度的兴趣，也有既定的看法和知识准备，这次来，一方面是想通过实地观察验证自己既有的看法，另一方面是想通过尽可能广泛的交流和学习，激发新的思考。我对日本朋友说，我到日本来看日本，是带着中国的眼睛，带着中国的问题意识，也带着中日比较的概念。所以，我看日本肯定有我知识上的局限性和立场上的偏颇，我愿意不揣简陋，说出来供大家批评指正。

我是从四个方面来看日本的长处，或者说是日本的核心优势。

第一，日本的民族性、文化、生活方式、精神状态一直保持得非常完整，历经两千年基本上不因制度的变迁而发生实质性的改变，这种统一性我称之为"小一统"，以区别于中国一直以来的"大一统"。美国的中国史专家魏斐德曾经把中国的长期统一称为中国特有的文明方式，以此显示和中世纪陷于长期分裂的欧洲的重大差别。那么，中国的统一是怎么形成的呢？是依靠强有力的中央集权专制，国家权力配置是从上到下，一以贯之，这是一种垂直型的社会结构。而日本从社会结构上看，它自大化革新之后，其国家权力配置更像欧洲而不是像中国，天皇丧失了对国家的实际支配权，只享有名义上的权威和法统，全国处于诸侯割据状态，由幕府将军和各级大名行驶实际统治权。

问题就在于，日本天皇被虚置的情况，如果是发生在中国或者是发生在欧洲，天皇的名义权威都将不复存在。中国的朝代更替是极其讲究更名号易服色的，汉献帝在曹操实际篡汉的情况下仍然享有皇帝的名分，曹操是挟天子以令诸侯，但到了他儿子曹丕时，汉献帝就必须让出皇帝宝座，禅让给曹家。后来西晋的司马氏家族也是以相同的方式来对待曹魏。欧洲封建制则是另外一种情况，国王不是虚君，而是大封建主，是权力最大的封建主，王权一直实际存在，并且日益壮大，直至近代成为欧洲早期资本主义发展的一个政治动力。有意思的是，中国和欧洲这两种情况都没有在日本发生，天皇的名分和法统没有被废掉，在经历了多个不同时代和实际权力的更替之后依然被保存下来，幕府将军的权力再大，也不敢觊觎天皇的宝座。最后在幕末时期，受制于各方压力，德川幕府将大政奉还天皇，国家在天皇统治的名义下消除了封建割据，重新实现了国家的统一。

明治维新以来，天皇在国家权力体系中的实际作用其实并没有发生根本性的改变，天皇依旧处于虚君位置，有权威而没有权力，但他又不仅仅是一个国家象征性的角色，他对国家的整合和民族的凝聚实实在在地起到了决定性的作用。以我的理解，天皇往往是在国家制度失效时，或者是在国家的重大关口，能够起到制度所起不到的作用。裕仁天皇下达停战诏书，宣布接收波茨坦公告，向盟国投降；以及在福岛核电站事故时，明仁天皇慰问灾民，他们都起到了制度所起不到的作用。

天皇制度对日本民族和国家的整合，显然不是通过一种物理力量，而是通过一种内在的精神力量，形成了一种集体无意识，一种民族的文化心理结构。这种精神的力量具有强大的凝聚力，既避免了由于强大的皇权而必然导致的极权主义倾向，又具有一种恒定的超常的力量，以稳定国家和社会，保持了民族共同体的完整性。这是日本社会所特有的一种内在优势，在经历了各种社会性和自然性的灾难之后，国家未有大的族群冲突和意识形态分裂，国民普遍祥和，令人印象深刻。

第二，日本比较好地解决了古今（传统和现代）东西（东洋和西洋）之间矛盾，没有在不同价值观的共存中形成大的冲突。我提出这个看法，也是基于中国的问题所在。从晚晴张之洞提出"中学为体，西学为用"以来，中国一直想解决中西不同制度和价值观的共存问题，以及传统和现代的协调问题，但时至今日，都没有获得一个好的解决方案。我写过一篇长文：《中国史观与中国现代性问题——中国社会发展及其现代转型的思想路径》，主要考察的就是中国自戊戌维新以来的思想变迁，围绕着中国向何处去这个大问题，中国的知识精英实际形成了三大思潮：社会主义（包括马克思主义）、自由主义和传统主义（以儒学为主体的保守主义）。在这三大思潮中，开始是自由主义占主导地位，从严复梁启超全盘引进西学起，自由主义是中国的主要思想景象。但是，自由主义很快就被马克思主义所取代，由此兴起了社会主义运动，直至当下，马克思主义的垄断地位仍然无法动摇。今天，由于马克思主义遇到的合法性挑战，儒学开始重新振兴，以便可以补充当前意识形态的局限性。所以当下的中国仍然是三大思潮共存的格局，而所谓的新左派、民族主义、国家主义，都不过是社会主义运动中一个支流或变态。

中国近百年来三大思潮的存在，加重了中国社会的分化，不仅制造出长期的党派分裂、族群冲突和战争战乱，而且也是当下社会共识和国家认同难以形成的思想障碍。现在自由主义不仅和马克思主义水火不相容，和儒学也坐不到一起去，中学和西学的关系，传统和现代的关系，始终是处在一种紧张的关系之中。

日本自黑船事件以来，也同样面临着日本和西方的关系，以及传统和现代的关系。在面对欧美船坚炮利的巨大压力时，日本最初也是选择抵抗，比如倒幕派曾经打出的旗号是"尊王攘夷"，但倒幕派很快就发现他们无法真正做到"攘夷"，一是实力不够，二是发现可以接收西方的富国强兵制度。于是，倒幕派选择了和西方合作的方式以迫使德川幕府还政于天皇。在大政奉还前后的 20 多年时间里，日本的思想先进者已经意识到，西方在制度、器物、技术上的优势远超于日本，但日本仍然必须保持自己思想的核心地位。从佐久间象山提出"东洋的道德，西洋的艺术"，到后来"和魂洋才"的提出，表明日本和中国具有同样的问题意识，即中西或东西之间的思想、制度、技术能否得到有效整合？以及这种整合是否有利于中国或日本思想的自主性？福泽渝吉提倡脱亚入欧，看起来是一个全盘西化论者，但那天早稻田大学的天儿慧教授对我说，福泽渝吉的骨子里还是一个亚洲主义者。可见，东西古今的对立及其解决，是中日两国所面临的共同问题。

虽然中日在面对欧美的强大冲击时都力图保持自己的思想和文化，但事实上，要想把思想和文化与制度、器物、技术严格地区分开来是根本不可能做到的事情，能够做到的是怎么在不同思想和文化的冲撞与交融中达到一种平衡。很显然，相比于中国，日本要做的更好些，好的评价标准是，日本没有因为引进西方的不同思想而导致国家内部的分裂与冲突。中国的马克思主义和社会主义思想，其实最早是来自于日本的中介，而不是来自于俄国的传播，李大钊对马克思主义的理解，最初都是依据日本学者的译述，中江兆民的唯物主义对中国的影响很大，马克思的《资本论》也是中国留日学生先从日本的版本开始翻译的。所以，可以这么说，日本是中国马克思主义的思想策源地。

有意思的是，日本先于中国引进了马克思主义和社会主义思潮，却没有像中国那样引发了一个翻天覆地的社会变革运动，日本共产党成立于 1922 年，但并没有在日本掀起一个共产主义运动。在二次大战爆发前，东京大学是马克思主义思想的一个主阵地，而以京都大学为基地的京都学派则倡导东亚现代性，各唱各的调。至于战后，各种思想的存在，各种信仰的存在，更是构造了日本良性的思想生态，不管是神道还是佛教或是基督教，也不管是儒学西学还是日本的国学，为国民各取所需，思想和价值观的偏好没有形成社会性或族群性冲突。如同东京的现代风格和京都奈良的古城风貌，共同呈现出传统和现代、东洋和西洋大致协调的状态。

第三，日本自明治维新以来，立宪改制，文明开化，殖产兴业，迅速走上了一条现代化之路；期间虽然也发生过发动对外侵略战争的重大偏差，不仅施害于他国，也给本国人民造成了重大伤害，但在战后，日本实行和平宪法，发展经济，改善民生，注重民主，重新走上了现代化的正途。从总体上看，日本近一百多年来，顺应了世界潮流，体现了一个文明国家的本色。之所以能取得这样的成绩，几代精英连续作业，前赴后继，功不可没。

明治维新时期，日本人才辈出，维新三杰：大久保利通，西乡隆盛，木户孝允，是维新一举成功的关键人物；后来涌现出诸多治国治军的精英，有政治家伊藤博文、山县有朋，军事家东乡平八郎、伊东祐亨，财政专家大隈重信，思想家教育家福泽渝吉等，这些人在思想上行动上直接决定了日本社会转型的方式和方向。

和日本明治时期相比，中国晚清时期并非没有人才，被誉为中国近代第一人的曾国藩，可谓中兴之才，左宗棠、胡林翼、彭玉麟、李鸿章、张之洞、沈葆桢等都是一代名臣，包括实际主导戊戌维新变法的康有为、梁启超、谭嗣同等，都是精英中的精英，但在制度失效的情况下，他们都徒有其才。

问题不仅在于旧制度约束了精英的社会作用，而且还在于旧制度在杀戮精英，戊戌维新变法失败后，清政府菜市口杀六君子，开启了中国近代以来杀戮精英和精英互相残害的进程。后来的国共之争，实质是中国的精英基于不同的政治理念和社会理想而展开的互相厮杀，厮杀以中共全面获胜而终结，但精英的负淘汰在以后持续不断的政治运动中一直存在。中国精英层的破坏，是中国现代化举步维艰的一个重要原因。

反观日本，精英阶层自明治维新以来，一直主导着制度变迁和社会进步，并没有因为党派之争、社会冲突甚至对外战争而遭到分解或破坏，更没有出现过精英被制度摧残或精英互相摧残的情况。在大多数时期，精英对于国家建设是有基本的共识，比如中日战争爆发之后，精英不分左中右，基本上都被卷入到国家的战争机器之中，成为国家的支持力量。这种情况在战后也被学界反思，但这至少表明日本的精英层并没有因为不同理念和价值观而发生根本性的分裂。战后的日本重建，以吉田茂首相为标志，重现了日本精英治国的传统，为日本战后迅速进入现代化正轨发挥了决定性作用。

中日两国在精英阶层的形成、精英机制的作用上所形成的重大差异，是一个非常值得研究的问题，国与国的竞争，既是制度的竞争，也是人才的竞争。

第四，一个国家的发展水平和文明程度，除了看制度、技术、文化、教育这些基本要素之外，再就是看国民素质了，也就是国民性。中国的知识精英很早就关注国民性教育和培养，梁启超提出新民说，就认为，没有新民就没有新制度。后来鲁迅先生提出国民性批判，对阿 Q 精神胜利法的描述，可以说是迄今为止对中国国民性最深刻的剖析。但鲁迅之后已有 70 多年了，中国国民性有进步吗？现在还不是精神胜利法在主导中国国民的精神？现在中国很强大，国民的富裕水平有了很大提高，但我并不认为，中国当下的国民性要比民国时期有进步。从道德层面来看，现在中国整体性的道德堕落是前所未有的，不仅公德无存，私德也够呛，国民的现代人格和现代精神远未随着物质财富的充裕而被普遍建立起来。来了日本之后，我深深地感到，中日两国在国民性上，在国民的综合素质上，差距太远。

中国人对日本人的综合素质其实已经有所领教了，福岛核事故发生之后，日本国民在面对灾难时所表现出来的镇定、自律、有序、互助通过电视传播，给中国国民留下了深刻印象，这是一个国家富有内在力量的体现，国家的强大最终还是来自于国民的素质。现在需要思考的是，日本的国民性是怎么形成的？

日本明治维新的主要任务，除了立宪改制、富国强兵、殖产兴业之外，就是文明开化，这是福泽谕吉文明观的核心诉求。福泽谕吉用文明来对比野蛮，把人的进化分为浑沌、野蛮、未开和文明开化四个阶段，以文明进化的尺度，视欧美列强为文明国家，视中国日本为半开化国家，而将澳大利亚非洲视为野蛮国家。正是基于对日本社会进化程度的客观估计，福泽谕吉提出脱亚入欧，实质是向欧美学习，大兴教育事业，开化国民，以新知识取代旧知识，以新道德取代旧道德。那天我去明治大学参观，校门口竖立着该校三个创始人的塑像和三木武夫前首相手书的校训：权利自由，独立自治。我看了后深有感触，这既是大学的办学宗旨，也是国民人格的准则。明治时期的一个重要成果，就是创办了一大批这样的大学，如东京大学、早稻田大学、庆应大学、法政大学、京都大学等，都有上百年的历史，它们为打造日本的国民性奠定了坚实的基础。

说到日本的国民性，可以有多重观察视角，比如自律、礼貌、清洁、认真、细致、准时、敬业、忠诚、合作等等，凡此种种，我认为最突出的一点，就是日本人的认真，或者说较真。我到日本的第一天就领教了日本式认真的程度，在东大驹场别馆办理入住手续时，管理员不厌其烦地向我交待各项注意事项和交接的各种物品，时间差不多用了有两个小时，搞得我疲惫不堪。毛主席就说过，世界上怕就怕认真两字，这话说得对，但他又说共产党人最讲认真了，我看完全不是实话，共产党如果真讲认真，为什么到现在还不兑现延安时期提出的宪政承诺？可见，说到做到是一件很难的事情，真要能够做到认真学习，认真办事，什么事能做不好呢？我的看法是，正是日本人具有一种认真做事的精神，才会有负责、细致、敬业、准时的良好素质。来过日本的中国人，都对日本地铁的准时能准确到分，感觉不可思议，这在中国根本做不到，但日本已经习以为常，已经融化在他们的工作和生活中，成了他们的一种文化和他们国民性的一个标杆。

上面四点是我对日本说的好话，是我对日本核心优势的四个概括，现在我要说说对日本的批评意见。日本和所有国家一样，并非尽善尽美，它在历史上犯过重大错误，对世界尤其是对中国造成过极大的伤害，现在它仍然存在着制度、思想、价值观、国民人格等方面的缺陷或局限，日本的国民和知识精英也是在不断地反思日本的问题。我作为一个中国学者，基于中国的视野来观察日本的问题，价值未必中立，所言尽可能追求客观。

（一）应当深度反思日本的历史观和历史价值观。

首先，我对日本的第一个批评是，日本应当对其历史观和历史价值观进行深度反思。所谓历史观，是对历史的看法，是历史的事实判断；所谓历史价值观，是对历史的评价，是历史的价值判断；历史观是历史价值观的基础，历史的价值判断必须是以历史的事实判断为前提。东亚问题的核心最终会归结到历史问题，所谓领土之争、意识形态之争、国家利益之争，最后都被导入到不同历史观和历史价值观的争论之中。

日本是有其明确的历史观和历史价值观，比如神道的历史观，对天皇的崇拜，对死去者的尊重，这些不同于亚洲其他国家的历史观和历史价值观，让日本有了对二战评价的不同尺度。日本有不少人包括历史学家，至今都不承认日本对中国的战争是一场侵略战争，他们基于日本的历史观，更愿意把这场战争视为亚洲抵抗欧美的一场正义之战。关于参拜靖国神社问题，长期以来一直在干扰着日本和中国、韩国以及和其他亚洲国家的关系，尤其是在最近几年，成为困扰中日关系的首要障碍。但是，按照日本神道的历史观，不管是什么人，即使是罪人，一旦死去了，都应得到后人的祭拜。这种历史的评价尺度在日本人的心目中或许是自洽的，是天经地义的，是其民族性精神世界的一个组成部分，但要把这样的历史观用来说服中国或韩国，让它们去接收靖国神社供奉甲级战犯这样的事实，符合国际正义吗？符合中国和韩国国民的情感要求吗？

近百多年来，日本对中国发动了两次战争，一次是甲午战争，日本打败中国，迫使中国签下马关条约，中国赔银三万万两，割让台湾，由此创下中国之巨痛。这次战争在客观上加速了中国社会转型的步伐，让中国的有识之士在痛定思痛之后认识到必须像日本那样走宪政之路，完成政治制度的变革。从这个意义上说，甲午战争是中国社会转型和政治转型所必须付出的一个代价。没有甲午一战，大清王朝或许还要晚许多年才会彻底崩溃。但是，日本在上世纪三十年代对中国所发动的第二次侵略战争，意义则完全不一样，它完全中断了中国业已开始的宪政进程，彻底打破了中国已经开始确立的政治秩序和社会平衡，为陷入绝境的中共武装力量创造了千载难逢的大好时机。从根本上说，日本对中国所发动的第二次战争，迫使中国社会转型离开了宪政轨道而进入到一个完全不同的发展轨道，自由主义的宪政革命被共产主义革命所取代。

现在许多日本政治人士，包括具有左中右不同思想背景的学者，都在普遍担心中国日益强大的势头会影响到日本的国家安全和亚洲的国际秩序。但日本的政治家和学者们是否考虑过这样的问题：你们所担心的一个强大的而不是宪政的中国，究竟是怎么形成的？难道日本不就是造成这种局面的第一个外部推手吗？如果没有日本所发动的第二次对中国的侵略战争，那中国现在会是一个什么样的状态？而中日关系又会是一个什么样的格局呢？当然，历史无法按照假设去书写，历史更不可能倒回去再重新走一遍。那天我在和东京大学三谷博教授的讨论中就提出了这些问题，日本需要深刻反省日本近百年来的历史，需要深刻反省由于日本的国家行为而对亚洲秩序究竟发生了何种影响，尤其是需要深刻反省日本对中国——这个亚洲最大国家——的侵略而对中国究竟造成了何种后果。如果不是基于这样的历史尺度和历史评价标准来看待日本在亚洲的位置和作用，而仅仅是限于日本本国的历史观和历史价值观来看历史遗留下来的问题，那么，日本永远无法从历史的死胡同里走出来。

（二）应当深度反思日本的大局观和世界观。

许多人都认识到了，日本人胜在细节而败于格局太小，视野太窄。日本局限于本国的历史观和历史价值观来看问题，也反映出一种大局观和世界观的局限性。从福泽谕吉倡导日本脱亚入欧以来，日本实际上一直是在亚洲主义和欧洲主义之间徘徊。虽然我在前面提到，日本比较好地解决了古今东西的融合问题，但这主要是就它的社会进化和国内多元思想资源的整合而言，就日本对世界的认识而言，它的岛国意识使得日本自明治维新以来，一直没能很好地让它融入到世界之中，它一直期待的担当起亚洲领导者的角色，实际上一直没能实现，而在战后它更无法承担起主导世界格局的责任。

从日本古代史看，日本最初的世界观是以中国为对象，即如何处理和中国的关系。中国作为日本的文化母国，对日本的影响是深远的，但中国在历史上并没有有效地建立起对日本的宗属关系。虽然在某个时期，比如在魏、晋、南北朝曾经有过中国统治者对日本统治者的一些册封行为，但日本实际上从来没有被纳入到中国的朝贡体系中。从圣德太子遣使隋朝时，自称东天皇"敬白"西皇帝，是力图表明日本和中国处于一个平等的国家地位，不愿意接受中国的宗主权，但不可否认的是，中国从制度、思想、礼仪、器物上对日本国家建构的影响的确具有决定性的意义，中国文化广被日本是一个谁都无法抹去的历史事实，日本在近代以前根本无法挑战中国的制度和文化。

然而，从明治维新以来，日本对中国的看法发生了根本性的转变，日本有了新的世界观，在其视野中有了新的老师，它要脱亚入欧，所谓脱亚，就是要脱离中国，按福泽谕吉的文明谱系，中国成了日本的恶邻，而日本则被赋予起亚洲新领导者的角色，日本对世界的新看法是，日本要取代中国成为亚洲新的文明中心。

日本能做到这一点吗？日本从近代以来发动的两次对中国的战争都是想做到这一点，以建立以日本为中心的大东亚体系或亚洲秩序，但事实证明，日本没能做到这一点，或者说，它根本不可能做到这一点。原因很清楚，日本没有准备起足以重新整合亚洲的新的思想资源，不管是它提倡脱亚入欧，还是重新阐述所谓的亚洲主义思想，其实都没有超越中国文化的影响力。而日本想通过战争方式强行地建立起一个以日本为中心的亚洲，则完全是走入了一条自我毁灭的绝路。

战后日本经济高速发展，经济总量在长时期里占据着世界第二的位置，而在傅高义先生的眼里，日本是第一。这个评价其实不为过，日本在上世纪80年代差不多都快把整个美国买下来了，日本通过军事力量无法占领世界，它却通过经济的方式似乎实现了这个目标。但事实还是跟日本开了一个玩笑，这倒不是因为日本泡沫经济的崩溃使它失去了宝贵的10年——现在有人说是失去了20年，而是因为日本没有在它的经济向全世界高歌猛进时，为世界提供出一个具有普适意义的价值体系。不要说在欧洲或非洲，就是在亚洲，日本依旧没有以一个正确的历史观和历史价值观来面向亚洲国家，它长期不能坦诚面对由它所发动的战争曾经给亚洲造成的破坏这个基本事实，它总是有意无意地想回避应该由它承担的历史责任。在这种情况下，日本怎么可能充当亚洲的领袖？它除了能够对一些落后国家提供金钱上的支持之外，它还能提供什么？

我注意到，德国前总理、已90多高龄的施密特先生，最近发表了一个对中国和日本的相同看法，他认为中国在亚洲没有朋友，日本在亚洲也没有朋友。中国和日本，这两个都想成为亚洲领袖的国家，实际上也应该成为亚洲领袖的国家，为什么在亚洲都会没有朋友？

值得比较的是，德国曾经发动了两次世界大战，对欧洲乃至全世界的破坏都是前所未有的，但战后的德国，不仅迅速地在战争的废墟上重建国家，发展经济，而且重新赢得了在欧洲的主导地位。这是为什么？

（三）应当深度反思社会精英的责任和使命。

我在总结日本的比较优势时，把日本长期以来存在着一个稳定的精英阶层视为一个重要因素，精英阶层不为党派之争所内耗，不为战乱所中断，自始至终都能承担起国家建设、社会整合和文化进步的领导责任，在日本激荡的百年史里起到了中流砥柱的作用。但是，从另一个方面来看，日本自近代以来所犯下的一系列重大错误和所走的弯路，都和精英的错误决策和参与有关，日本的精英在面对新的时代问题时，必须从过去的历史迷误中走出来，以应有的责任感和使命感为日本沿着正确的方向发展发挥主导性作用。

任何国家的精英，特别是知识精英，一般都要承担起两方面的工作，一方面是批判性的，致力于发现、揭露制度的弊端、人性的缺陷和社会的问题，最终是为克服这些弊端、缺陷和问题提供合理的解决方案。另一方面是建设性的，致力于为国家建设、民族振兴、经济发展和社会整合开辟切实可行的路径，采取行之有效的政策。知识精英的批判性和建设性这两个维度必须同时存在，缺一不可，唯此才可能形成一种有效的知识张力，以保持对国家的正确引导。

我注意到，明治时期的日本知识精英在讨论国家按何种方式、向哪个方向发展时，是有截然不同的看法。最初的亚洲主义者，对日本全盘西化的思潮是抱有一份警觉和反思的，对以中国文化价值为核心的亚洲价值观是有自觉的，但是，随着中日之间的冲突演变为剧烈的军事冲突和领土之争后，许多亚洲主义者完全转向了具有帝国主义倾向的立场。比如，福泽谕吉把日清战争称之为"文野之战"，是文明的日本对野蛮的清国之战。亚洲主义的代表人物陆羯南原来对中国文化推崇备至，在甲午战争爆发后马上就改了说法，把清朝视为东洋之一大野蛮国，把日本的胜利说成是"王师之胜败乃是文明之胜败也"。另一个"国民思想家"德富苏峰也是把甲午战争看成是对世界上顽固主义的一大打击，认为这场战争是将"文明的恩光投射到野蛮的社会"。可以这么说，从甲午战争之后，日本的亚洲主义原来所倡导的本意是用来制衡西方思想的那些东西，在国家利益面前，变得一文不值，亚洲主义者都成了日本主义者，后来所谓的大东亚主义不过就是大日本主义。

现在许多日本的知识精英对甲午战争是有所反省的，他们现在认识到，正是取得了这场战争的胜利之后，使日本走上了一条帝国扩张的不归路，也就是日本的失败之路。在日本发动对中国的第二次侵略战争之前，日本社会也存在着各种声音，左中右的都有，既有马克思主义的东京学派，也有鼓吹东亚现代性的京都学派，既有主张世界史写作立场的——按照这个写作立场，必然导向一个按西方社会模式进化的日本，也有主张以东洋史来写日本的——按照这个写作立场，必然呈现出一个有别于西方的日本。但这场战争很快就让知识界的不同声音迅速被淹没在支持圣战的狂热喧嚣之中，左中右都成了国家主义者，据说连内藤湖南这样的先生，他关于东亚现代性的思想也成了日本军方可以利用的思想资源。

我说这些历史，就是想表明这么一个看法：日本的精英特别是知识精英，在日本近百年来的几个重要关口，并没有发挥出其应有的批判精神，没有真正行使其独立的超越于国家利益的历史责任。这么说，有人肯定会质疑我，知识分子难道可以不爱国吗？知识分子如果不是一个爱国主义者，至少也应当是一个民族主义者吧？面对这样的质疑，我要说的是，在希特勒取得对德国的统治权之后，有一大批知识分子离开了德国，像法兰克福学派，整个地搬到了美国，因为他们的良知和批判意识，决定了他们不能为纳粹政权作任何背书，而海德格尔选择留在德国并为纳粹政权服务，他为此付出了沉重的声誉上的代价。

日本又到了一个新的发展关口，它所面临的问题不仅仅是中日关系问题，在亚洲，在世界，日本能不能承担起和其国力相适应的责任，对日本政府是个考验，其实质是对日本精英的考验。就中日关系而言，看上去两国均被各自的民族主义所绑架，被各自的民意所操纵，但要解决当前面临的这些问题，能真正诉诸民意吗？能依靠全民公决吗？能诉诸国际法庭吗？如果在中国诉诸全民公决，那结果一定是要求军方立即收复钓鱼岛，日本如果这样做，也一定是同样的结果。诉诸民意，两国就必定是再打第三次战争。这是大家愿意选择的结果吗？很显然，解决当前中日关系中一系列问题的钥匙不在民众手里，而是在少数人手里。政治家们必须认识到，在他们随意利用民意来达到他们的政治目的时，它们是在把自己的国家引入一个死胡同；而知识精英也必须认识到，他们不能再犯历史上曾经一再犯过的错误，他们应当保持学者的良知和独立性，用自己的知识和智慧，为国家为民族也为历史，开启一扇正当之门。

三、怎么看中日关系？

这次来日本，在日本国际交流基金和阿古老师的安排下，见了不少日本朋友，有官员、有政治人士、有学者，见面后我都问了这个问题：怎么看中日关系？得到的回答都比较悲观。和日中 21 世纪友好委员会秘书长高原明生教授见面时，他告诉我，这个委员会已经有两年多开不起会来了，一个致力于推进中日在新世纪友好的组织居然都坐不到一块去，可见中日关系之冷已到了何种程度。

2006 年，安倍首相执政后首次访华，被称为"破冰"之旅；第二年温家宝总理回访日本，被誉为"融冰"之旅；接着就是福田康夫首相再次访华，称之"迎春"之旅；最后是在 2008 年两国关系达到高潮，胡锦涛主席访问日本，这次国事访问被前所未有地评价为是"暖春"之旅。但是，很遗憾的是，"暖春"之旅很快就夭折了，按日本外务省官员对我的说法，就是在 2008 年年底，中国首次派遣海警船进入了钓鱼岛也就是日本所说的尖阁列岛海域，从而引发了后来的一系列冲突，以致使当前的中日关系重新陷入了冰点。从现在往后看 2008 年胡锦涛主席的"暖春"之旅，真是有恍如隔世的感觉。

是什么原因导致中日关系陷入僵局？中日之间肯定都有各自不同的回答。现在已经很清楚，阻碍中日关系正常化的主要是三大问题，即历史问题、钓鱼岛问题和参拜靖国神社问题，这三大问题由来已久，并非今天才构成了中日友好的重大障碍，为什么现在会愈演愈烈，似乎成了缠绕中日关系一个打不开的死结？日本一位研究中日关系的资深人士对我谈了三点原因，我认为值得思考。

他提到的第一个原因是时代变了，以前中日关系只限于在政府层面展开，在高层中进行，几个高级领导人个人之间的交往就可以决定中日关系的走向，比如田中外交就可以一举解决中日邦交正常化问题；现在这样的外交方式不行了，因为时代条件变了，互联网所创造的信息充分交流的条件让政府原来独享的信息，不得不进入到公众领域，少数人的外交成了公众普遍关心的事情，民意成了外交的一个必须考虑的重要参数。第二个原因是，中日之间的冲突归根到底还是一个利益冲突，只要涉及到领土争执，两国都没有退步的余地，以前之所以还有转圜的余地，是因为两国政府都恪守邓小平先生所说的搁置争议的原则，都不去碰尖阁列岛（钓鱼岛）那根底线，而一旦打破了这个平衡，冲突就在所难免。第三个原因是，中日两国的政治家都在运用民族主义这个武器，都在通过制造事端以激发国内的民族主义情绪，通过刺激民意来进行政治动员，以达到某种政治目的。

我认为，这位日本人士对中日关系陷入僵局的原因的分析是理性的中肯的，他并没有一味地站在日本政府的立场上来看问题。就他提到的第二个原因而言，我曾在会见他之前发过一条微博，认为中日之争的实质并不是利益之争，而是历史观和历史价值观之争，因为中日之间的利益一致性要远远大于它们之间的分歧。从某种意义上说，中日已经成为一个利益共同体，两国的经济联系和双边贸易总量都排在了各自国家的前列。钓鱼岛或日本所言的尖阁列岛，在中日关系中究竟占据着多大的利益份额呢？很显然，如果仅仅是从利益上去考量，为钓鱼岛而打上一仗，不管是谁胜谁负，两国究竟会有多大的收益？很可能都是负收益，中日两国是一个双输的局面。

我之所以把中日之争归结于历史观和历史价值观之争，就是想提醒政治家们，他们以维护国家利益的名义所作出的外交决策，究竟是不是真正维护了国家的最大利益？他们各自操纵国内民族主义情绪以进行广泛的政治动员，究竟是为了什么目的？对于具有独立立场的学者来说，既不能稀里糊涂地跟着政治家跑，也不能稀里糊涂地跟着民意跑，现在最需要的是，从民意和政治家的双重裹挟中摆脱出来。

时代的确变了，中日两国都面临着一个变化极快的时代。1978年邓小平先生访问日本，他坐在新干线上，着实惊奇于世界上还有跑得这么快的列车，他身临其境地感受到日本经济的高速增长和日本的现代化程度，中国和日本的巨大差距不能不让他产生中国必须改革开放的紧迫感。正是在邓小平从日本回去之后，中共中央于该年年底召开了十一届三中全会，全面确立了改革开放的基本路线。时至今日，实行改革开放不过 30 多年的时间，中国在经济总量上超过了日本。那天我坐新干线的高速列车去京都，我已经不可能有邓小平那样惊奇的感受，中国高铁的速度可能比新干线还要快。中日之间的这个巨大的变化就发生在这短短的 30 多年时间里，其速度之快变化之大可能已经完全超过了我们思维的变化速度。在这个变化极快的时代，我们是不是还停留在以前的思维上来看问题呢？

我在拜访日本共产党副委员长绪方靖夫先生时，征求他对中日关系的看法，他说的很实在，他对安倍首相的建议是，日本要正视现实，要正确地把握亚洲的形势，要客观地认识亚洲各国的关系，日本过去是亚洲最强的国家，现在没有这个地位了；日本看中国，不要被中国的主流媒体所迷惑，必须认识到中国还是存在着各种各样的声音。他对中国政府的建议是，要控制住民族主义情绪，更不能激化民族主义，不要局限于历史细节，要从现实出发；中国的鹰派和日本的极右派是一丘之貉，他们看似互相对立，其实是互相支持，各自在对方的反对声中壮大自己的影响力。就当前中日关系，绪方靖夫先生还提出了三个具体建议：1、钓鱼岛或尖阁列岛问题只能通过外交途径来解决，而这是需要时间的；2、在任何时候都不要采取物理改变的方式，即用武力来解决问题；3、不能因为钓鱼岛或尖阁列岛这个小问题而影响到中日关系的大局，中日高层互不往来甚至中断一切政治关系，是非常不明智的做法。

我认为，绪方靖夫先生对中日关系的看法大体上是客观公正的，我相信这也是日本大多数人的看法。在和东京大学东洋文化研究所松田康博教授交换对中日关系的看法时，他向我提供了日本两家权威舆论调查机构所作的相关民意调查，调查显示，安倍首相目前仍有高达百分之五十几的民意支持率，自民党也有高达百分之四十几的民意支持率，而日本国民对于安倍首相参拜靖国神社的支持率只有百分之三十四，不支持率则有百分之三十六，不表明态度的也有百分之三十多。松田教授对此的解释是，安倍首相获得较高支持率，并非如中国官方媒体所言，是因为日本整体向右转和安倍首相通过参拜靖国神社激起了日本国民的民族主义情绪。松田教授认为，在安倍首相所获得的较高支持率中，经济因素占到了主要的比重，安倍经济学在目前还是取得了较为显著的成果，而外交安全等因素对于安倍的支持率其实只有百分之十的作用。松田教授通过调查数据想要说明的是，日本国民总体上是理性的，他们大多数人并没有也不愿意卷入到所谓的民族主义狂热之中。

我到了日本之后，所闻所见所思，进一步加深了我原有的对日本的一个印象：日本不仅是一个富裕的国家，也是一个文明的国家，一个远比中国公平公正的国家。日本的基尼系数只有 0.285，其政治清廉度被透明国际排在世界上最前列的三十个国家之内，日本的政治腐败不能说没有，但肯定得到了有效的控制，各级官员绝无可能发生数额巨大的腐败行为。对于这样一个国家，我很难想象，它会重新走上一条战争之路。松田教授给我提供的另一份调查数据显示，在被问到日本如果遭到外国侵略时你是否愿意拿起武器保家卫国时，只有百分之六的日本国民说愿意。有好几个日本朋友和在日本的中国朋友都对我说过，日本怎么可能会有军国主义，日本连爱国主义都没有。东京大学的三谷博教授最近刚出了一本书，书名是《爱国·革命·民主》，他说因为爱国两字，这本书的销路不好，按三谷博教授的解释，在日本只有右翼才会提倡爱国主义。

反观中国，在爱国主义的旗帜下，有两大主义非常高涨，一个是民族主义，一个是民粹主义，这两个主义实际上又成为国家主义的重要基础。和高涨的民族主义和民粹主义相适应的，还有两个情绪也非常高涨，一个是革命的情绪，一个是打仗的情绪。那些打着民族主义旗号，高喊民粹主义口号，上街游行，抗议日本，抵制日货，甚至打砸抢烧的人，其实大多数都是生活在中国的底层，他们可能还从来没有享受过国家主义的发展所给他们带来的任何好处，民族主义和民粹主义只不过是让他们对现实的不满有了一个表达或发泄的渠道，从他们的内心深处来说，他们实际上是希望通过打仗或革命的方式来颠覆现有的权力和利益结构，重新改变他们自己在现有体制下看起来根本无法改变的生活状态。因此，有人如果要想投民族主义和民粹主义的机，那是要冒很大风险的，今天看起来点燃的是对日本的怒火，而明天燃烧到的很可能并不是钓鱼岛，而是中国的某个政府大楼。不要错误地以为，民意可用，真正的民意其实并不在那些试图操纵民意的人的手里。

我曾经说过，日本没有内政问题而只有外交问题，中国只有内政问题而没有外交问题。这么说当然是极而言之，日本怎么可能没有内政问题呢？比如福岛核电站事故的后续处理，但日本没有那些足以导致国家分裂和制度颠覆的问题，它所面临的主要问题就是外交问题，一方面是和美国的关系问题，另一方面是和中国的关系问题。日本的生存空间、生存资源和市场必须依靠外部世界，外交是其立国之本。而在中国，内政是立国之本，重大的制度性和社会性问题大量存在，多年来积累下来的矛盾面临着总体性爆发的可能。正是受制于内政问题，受制于处理内政问题的固有方式和方法，中国的外交可以说只是其内政的外延，外交政策依旧沿袭着阶级斗争思维和以意识形态划线的做法，不仅在处理中日关系问题上陷入僵局，而且在处理其他国际关系时也陷入被动。以前说中国的朋友遍天下，现在还有哪些真正的朋友？难道就是朝鲜、叙利亚、俄罗斯？即使朝鲜，中国给予这个国家这么多的支持，付出了这么多的代价，又从它那里得到了什么战略利益？朝鲜又何曾把中国当做它真正的朋友？

受制于中日两国各自不同的历史观和历史价值观、受制于两国不同的制度，以及受制于两国不同的文化和民意基础，中日两国目前的确很难从根本上解决横亘于两国之间的那些历史遗留问题，不管是诉诸两国各自的民意支持，还是期待两国政治家的政治智慧，现在都看不到有解决这些历史遗留问题的正确路径和办法。难道这就是中日两国之间不可化解的历史宿命？中日两国除了继续进行一场新的战争之外没有其他选择？中日两国人民世世代代友好下去只是一个永远无法实现的梦？我对这些问题没有答案，我把答案交给诸位去回答。我能够有所期待的是，互联网技术的发展前所未有地抹去了因为国家、制度、民族、种族、地域、文化的差异所导致的历史观和历史价值观上的差异，人类的普遍共识或者说普世价值正像空气一样地流动，从欧洲、美洲、非洲飘到了亚洲的上空，同样弥漫在中国和日本的国土上。我基于此而相信，中国和日本最终能够解决他们所面临的共同性问题，成为真正友好的邻邦。

附录三　　"东亚问题"与东亚双峰政治

——2016 年在北京天则研究所的演讲

一、何谓东亚？

"东亚"这个概念，首先是一个地理的概念。这个地理概念是由谁先提出来的？是日本人。原来在东方和西方之间，不管是中国、日本还是韩国，都只具有自己的国家意识。尤其是中国，它对外宣示的是"中华"和"天下"意识，而根本不可能有"东亚"意识，不可能有东亚这个区域感和归宿感。那么，日本人为什么会首先提出东亚这个概念？东亚意识何以会成为日本人的一个地缘认同意识？在此，我给大家介绍一本书，是子安宣邦教授的《东亚论：日本现代思想的批判》，书里有对东亚概念的一系列反思，我的一部分相关知识也来源于对这本书的认知。

子安教授是日本自由主义学派的一个领军人物，我在 2014 年和他有过一次长时间的对话。据他的这本书讲到，京都帝国大学的校长、考古学家滨田耕作于 1930 年系统阐述了"东亚"和"东亚文明"的概念。在当时滨田教授的视野里，东亚首先是一个地理的概念，它是在亚洲的东部，以支那（中国）为中心，韩国、日本与其接壤而自然形成一个共同的文化圈。以子安教授的理解，他认为滨田教授提出的东亚论已具有双重的关切，一个关切是东亚内部存在着多元的文化，即中国文化、日本文化和韩国文化，这意味着中国文化和东亚文化并不完全是重合的。第二个关切，其实是一个潜在的思考，用"东亚"概念来取代"中华"概念，认为东亚文明的黎明才刚刚开始，滨田教授的书就叫做《东亚文明的黎明》——这是不是说，以前尽管有光辉灿烂的中华文明，但她衰弱了，东亚文明有待日本文明的崛起而进入黎明时刻？

如果说东亚概念的提出，最初还是一个地理概念，一个文化地缘的概念，其核心指向的是东亚文明的重构和东亚国家文化的新分化和新认同；那么，到了二战前夕以及战后的一个相当长的时间里，东亚则主要成了一个政治地缘的概念。日本的大东亚圣战涉及到的范围不仅涵盖整个中国，也涵盖了整个太平洋和南亚地区，日本不仅陷入于和中国的全面战争，也陷入于和美国的战争。战争以日本彻底失败而告终，也随之终结了东亚这个概念。在战后的一个相当长时间里，日本不再提到东亚这个概念，甚至以东亚命名的一些组织也被强行解散。直到上世纪 90 年代，东亚的概念又开始重新复活，因为韩国和日本已完全融入到西方世界中。以冷战和后冷战的标准来看，韩国和日本这两个东亚国家已成了不折不扣的"西方"国家，成了西方国家对峙俄国和中国这两个东方大国的前沿阵地。

在我的观察里，东亚不仅具有文化地缘学和政治地缘学的意义，它还具有哲学上的意义——可不可以说是个"哲学地缘"的概念？因为在当下后现代和后殖民的语境里，东亚不仅象征着一个有别于西方的经济发展模式，而且也象征着一个有别于西方的世界观和价值观。日本战后的经济复兴和经济的高速增长，以及随之而来的亚洲"四小龙"的崛起，彰显出"东亚"的特殊价值，这个特殊价值是相对于西方的普世价值而言的，比如中国儒教、佛教和日本神道教就被许多中国人和日本人共同认定为是东亚重新崛起的核心价值，东亚的儒家资本主义成了资本主义的一种新的形式，它崇尚集体性、服从性、家族性的特点似乎完全有别于欧美资本主义所特有的个人性和竞争性的特点。东亚主义有其自洽的理由成为一种哲学，一个有别于西方主义的价值观和方法论。

把"东亚"作为一个哲学概念，可以以日本二战前的学术分流为参照，那时的日本学术分化为两大阵营，即东京学派和京都学派。东京学派可谓西方普世学派，该学派不仅接受德国兰克史学，崇尚实证分析主义，而且也接受马克思的唯物史观，把马克思的五种社会形态理论视为日本和中国社会进化的主要理论依据。而京都学派可谓东洋特殊派，其历史建构部分，以内藤湖南为代表，强调东洋史区别于西洋史的不同特质，认为西方社会的进化标准完全不适合用来描述中国和日本社会的历史演化。京都学派的哲学建构部分，以西田几多郎为代表，把亚细亚主义、东亚主义视为建构世界新秩序的一个不可缺少的部分，试图不光是在地理上、地缘上挑战西方的概念，同时也试图确立东亚在哲学上、价值观上和方法论上足以能够挑战西方的一个定位。

东亚概念的提出，在时间之流中，逐步地内涵着文化的、政治的和哲学的三重意义，它从一个日本的地缘关切，扩大为中日韩这三个东亚国家都必须共同面对的一个历史和文化前提。中日之间的冲突与融合，以及东亚与世界（西方）的冲突与融合，都必须基于对东亚的认识和再认识。

二、东亚的中心在哪里？

提出东亚的概念，必然会面临一个问题：东亚的中心在哪里？在日本明治维新之前，东亚的中心毫无疑问地在中国——即使那时还没有形成东亚的概念。德川幕府将朱子学视为日本官学，这是日本思想由来已久的传统，从圣德太子制定十七条宪法以来，中国儒家思想贯穿了日本一千年的思想史。但是，自明治维新之后，情况开始发生变化，用子安教授的话说，日本的近代史，也就是把东亚中的中国从日本的政治地理上，或者从日本人的意识层面上如何抹消掉的历史实验过程。这个实验过程应该是始于福泽谕吉，他的脱亚入欧论，其实质就是去中国化。当中国不再是日本的榜样时，谁会是东亚新的领袖呢？日本提出东亚这个概念显然是想回应这个问题，近一百多年来，他们似乎一直在问：东亚是以中国为中心？还是以日本为中心？抑或是以中国和日本为双中心？

从历史上看，日本是中华帝国周边国家中唯一没有被纳入到中华帝国朝贡体系中的国家，这个历史事实对于构建中日两国关系显然影响深远。讲到这一点，必须再次提到圣德太子这个人，在我看来，圣德太子（公元 574—622 年）可谓是日本古代开国之第一人，他的头像曾七次被印在了日本不同金额的纸币上，表明日本国民对他的高度认可。作为一个和中国隋唐交替的同时代的日本统治者，圣德太子对于日本的意义，不仅在于他制定了日本的第一部“宪法”——“十七条宪法”和“冠位十二阶”制度，以确立日本天皇的中央集权，而且还在于他试图以平等的位置和庞大的隋帝国进行交流和对话。公元 607 年，圣德太子派遣小野妹子为遣隋使向隋炀帝递交国书，在国书中圣德太子自称是日出处天子，称隋炀帝为日落出天子。这个前所未有的事件被记载下来后在日本得到了持续的传播，以致现在日本几乎已是家喻户晓。圣德太子因为所做的这些事情而被日本人高度神化，他至少满足了一部分日本人长久以来试图挑战中国主导的东亚国际秩序的政治想象。从这个角度来看，圣德太子无疑是东亚双峰政治的源起，现在中日之间的对峙局面，何曾不是历史对当下的一个投影？！

日本虽然不曾被纳入到中国的朝贡体系中，但日本在典章制度、礼仪文明、宗教信仰领域深受中华文明的影响，应是不争的事实；中国是日本的文化母土，也是被日本历史长期认可的事实。中国文明作为东亚的中心，自隋唐以来一直未受到实质性挑战，直至日本明治维新时期，日本开始对中国中心主义说不了。

日本首先对中国说不的人当推福泽谕吉，他的头像现在被印在日本一万元货币上，可谓日本现代立国第一人。福泽谕吉写的《文明论》，提出脱亚入欧，公开把中国视为日本的“恶邻”，对中国之批判堪称登峰造极。在脱亚入欧的思想指导下，日本迅速进入到一个近代化（现代化）进程，这既是一个全面拥抱西方的进程，也是一个去中国化的进程。于是，以中国为中心的东亚，还是以日本为中心的东亚的问题意识便开始浮现出来，日本逐步形成了这样一个价值判断：日本明治维新之后，中国满清帝国在近代化进程已经大大落后于日本，尤其是甲午战争之后，即使是以前再迷恋于中华文化优越性的日本人，也不能不惊喜于日本的崛起而重新开始审视中华文明的内在局限。比如，福泽谕吉把日清战争称之为"文野之战"，是文明的日本对野蛮的清国之战。亚洲主义的代表人物陆羯南原来对中国文化推崇备至，在甲午战争爆发后马上就改了说法，把清朝视为东洋之一大野蛮国，把日本的胜利说成是"王师之胜败乃是文明之胜败也"。另一个"国民思想家"德富苏峰也是把甲午战争看成是对世界上顽固主义的一大打击，认为这场战争是将"文明的恩光投射到野蛮的社会"。更有人由此上溯到大唐时代来清算中国对日本的历史性影响，如《国民的历史》作者西尾乾二说，自 907 年唐帝国崩溃之后，日本已不再接受中国决定性的影响，也未曾遭其侵略。

把中国从东亚的中心位置里驱除出去，谁来取而代之以成为东亚新的中心？那当然是日本！这是日本从提出东亚这个概念直到全面鼓吹东亚主义的一个必然选项。在东亚主义的逻辑下，日本不仅表现出一个去中国化的进程，而且也表现出对明治维新以来所形成的脱亚入欧路线的重大修正，因为一旦强调了东亚的主体性，树立了以日本为中心的东亚形象，那么，东亚和西方的紧张关系就必然会显示出来，东西方之间不同的学术主张会进一步加剧现实的国际关系之间的冲突，要求重新书写世界史的"东亚要求"必然也会转化为重新调整世界秩序的"日本要求"。子安教授认为，从 1930 年代开始，日本建立起以自己为盟主的东亚地域概念，并把南方，即南太平洋划入在日本的新的权益范围，进而形成了大东亚这个地域概念，东亚由此成为带有帝国日本印记的概念。

针对从明治维新一直到二战以前，形成以日本为中心的东亚主义，必须提到京都学派。京都学派除了有西田几多郎这样的人物，还有一个重要的学者，有非常大的影响，他就是内藤湖南。内藤湖南在民国初期，就专门到中国来进行系统的考察，对中国的学问算是做到家了。内藤湖南原来是一个中国中心主义者，对中国的典章制度、礼仪文明给予非常高的评价，但是后来就发生了一些变化。这种变化主要源于中日力量对比的重大转折。明治维新以后，日本在甲午战争中打败中国，一直到二战前，也就是中日全面战争以前，中日之间不仅在物质力量对比上发生了变化，而且在价值观上也发生了一个大的变化。京都学派原来是跟东京学派相对立的一个学派，侧重于东亚主义的学术建构，对中国文化高度认可，最后却演变为对以日本为中心的大东亚主义的一个学术支持。京都学派与日本军部合作了，内藤湖南成了日本军部鼓吹大东亚圣战的一个工具。

1943 年，京都学派的一些学者，包括一些左翼作家，举行了三次研讨会，主题分别是：《世界史的立场与日本》，《东亚共荣圈的伦理性和历史性》，《总体战的哲学》。这表明什么呢？表明日本整个知识界在建构和探讨东亚主义的哲学、思想和文化的时候，转向了对军国主义的支持，有力地呼应了军部的“大东亚共荣圈”和“大东亚主义”的政治主张。这种思想和制度的融合，达到了一个完美的程度。战后，日本学者也在深刻反省这种现象：知识分子怎么可能和军国主义跑到一起去呢？德国的知识分子在纳粹上台的时候都跑到美国去了，而日本的知识分子却选择和军方合作。我在“中日关系三问”里也提出了这个问题——日本知识精英的社会责任在哪里？

日本的东亚主义者在二战期间走了一个很大的弯路，从去中国化开始，到脱亚入欧，再到构建以日本为中心的东亚主义，最后是陷于和英美国家的全面战争，结果以失败而告终。这是一个沉痛的历史教训，战后日本知识人都在深刻反省这个问题：为何“近代的超克”会促使日本走上一条与西方文明世界为敌的道路？但是，对东亚主义的反省并不意味着东亚主义的终结。东亚论在战后日本消停了一段时间之后，很快又随着日本经济的迅速发展而又重新成为显学，探讨东亚价值、东亚现代性和东亚国家区别于西方国家的特质，又成为许多学者的研究主题。正是在东亚论重新复兴的语境里，当然，更主要地是随着日本在经济上成为世界第二之后，日本又爆发出一个声音：日本可以说不（1989 年，盛田昭夫和石原慎太郎）。从这两个日本知名人物嘴里发出这样的声音，意味着什么？是意味着日本强大之后要重新确立其在世界体系中的位置？如二战前那样主张日本要求重新参与主导国际秩序的权利？

很显然，日本在战后不是以战争的方式而是以经济的方式取得其在世界中的重要位置，这已被国际社会所普遍认可。尽管日本不时地在喊不，但日本已日渐成为世界和平发展的一支重要力量，这也是不争的事实。傅高义先生早在 1979 年就写了《日本第一》这本书，作为一个来自于世界第一强国的美国教授视日本为第一，既是基于日本对美国的挑战，也是基于美国对日本的镜鉴，这在美国刚刚占领日本时完全是无法想象的事情。世界已经改变了对日本的看法，而日本以前又是怎么看世界的呢？现在有必要再来看看日本的东亚观在处理和世界的关系时曾经所发生的变化。

三、日本东亚观对世界（西方）的态度

日本东亚观对世界的态度，其实主要就是对西方的态度，东亚在世界中的位置，实质是东亚和西方的关系：谁是世界的中心？东亚是共同参与西方主导的世界体系还是仅仅处于其外围或边缘？东亚和西方是否平等？东亚自身的价值何在？

如上所述，日本学者提出“东亚”这个概念，事实上具有双重面向，一个面向是消解“中国中心主义”，对中国说不，进而确立以日本为中心的东亚；再一个面向是用东亚的概念来抵抗“西方中心主义”，对西方说不，进而确立东亚在世界秩序中的核心位置。这两个面向应该是日本学者提出“东亚”这个概念的最主要的问题意识。

明治维新以来，日本先是选择全面拥抱西方以取代中国中心主义，其主要理论选择就是脱亚入欧，从制度到文化到服饰到饮食到起居，几乎是全面学习欧美世界。福泽谕吉说：不分国中朝野，万事诸般取法西洋近时文明，不仅要脱离日本的老套，还当于亚细亚全洲重新形成一个轴心，而所举主义只在于脱亚二字。由此可见日本当时学

习西洋文明的态度是如此的决绝和义无反顾，他们决心在亚洲的东方再打造出一个英国来。

对于日本在明治维新时期全面融入西方世界这段历史，虽然后来的日本历史学家们对此多有反省和批判，但他们都承认日本的脱亚入欧对于日本近代化（现代化）所具有的决定性意义。京都学派的历史学家高坂正显就说：如果对英美有所感谢的话，那么，日本是被英美拖进现代世界中的，近代世界是因为英国而有了同一个方向。而在子安教授看来，日本的现代史有三个阶段：1850年，日本是被组合到世界史中的，日本通过对英美主导的“世界史”的体验而把自己构筑成一个近代国家；1930年，日本在经历了第一次世界大战之后，积极主动参与到世界史，面向世界要求重构世界史，重组世界秩序；1980年代，是世界史的终结和新的历史的开始。由此看来，日本不管是被动地还是主动地进入英美主导的现代世界，这都是它成为现代国家的开始。

日本在1894年的甲午战争和1905年的日俄战争中，十年时间里连续打败中俄两个老大帝国，充分证明了日本明治维新以来脱亚入欧路线的巨大成功，日本由此进入到世界大国系列，以一个新兴的现代国家的身份自然要求参与国际秩序的重新建构和世界资源的重新分配。第一次世界大战的结束，日本作为胜利国，更有理由主张其世界性权利。对于日本这样一个资源贫乏和缺少战略纵深的国家来说，通过国家实力进一步扩大其可控的土地和范围，肯定是其最大的国家利益。因此，“东亚”概念的提出，就不仅仅是在学理上主张日本对中国的文明优先权，以确立日本为中心的东亚，由此重新改写东亚史；而且也肯定会体现为一种国家意志，由此主张日本的世界性权利和日本参与世界秩序重组的政治要求。

正是基于日本从一战以来要求重新划分国际势力范围和重组世界秩序的国家诉求，日本东亚观的提出必然会有一个从挑战中国中心主义向挑战西方中心主义的转变，明治维新以来让日本迅速完成其近代化转变的“脱亚入欧”政策也就必然会遭到根本性修正。20世纪初，日本不是“脱亚入欧”了，而是“脱欧返亚”，日本试图建构一个以它为中心的东亚共荣圈来挑战以英美为主导的世界体系，而学界关于东亚的各种理论建构，从北一辉的国家社会主义到京都学派，最后几乎都汇流到一起，共同为国家主义张目，从而为日本的国家政策转型提供了强有力的学术支持。

北一辉可谓日本极端右翼势力的鼻祖，他写的《国体论及纯正社会主义》（1906 年）和《日本改造法案大纲》（1919 年），提供了一个以国家社会主义来改造日本天皇体制的激进主义方案，他的方案和德国纳粹党的国家社会主义可谓如出一辙，即以暴力的形式来改造国家，以社会主义的名义来剥夺私有制，以国家的名义来控制和垄断社会的一切资源，实行国家所有制；而对外则公开诉诸战争以求改变不利于日本的国际秩序。用北一辉自己的话说，日本作为世界上的无产者，为反抗横跨全世界之大富豪的英国和占有地球北半球之大地主的俄国，只能"诉诸战争匡正非正义之国际性划界。假若此为侵略主义、军国主义，那么，日本就应在全世界无产者阶级欢呼雀跃声中，加冕此黄金之冠"。北一辉的理论极大地助长了日本军国主义，对 1936 年日本军部少壮派军人发动的"二二六兵变"有直接的影响。

京都学派虽然没有如北一辉这样赤裸裸的国家主义叫嚣，在面向与军部的合作时亦曾面临过内在良心上的冲突，如西田几多郎在"二二六事件"之后曾多次撰文呼吁日本国民警惕军国主义的危害性，但中日爆发全面战争之后，他还是不由自主地被卷入到"总力战哲学"的建设中，写下了《新世界秩序原理》这篇后来让他蒙受羞辱的文章。而他的学生，如田边元、和辻哲郎则完全是主动拥抱军部，积极为大东亚圣战的神圣性和正当性提供理论支持。

子安教授在他的《东亚论》中记述了美日太平洋战争的爆发对日本知识分子的巨大冲击，当时许多人是用"感动"来形容这种冲击，把这场战争视为是日本从重压中解放出来了，他提到著名学者，也是鲁迅先生的大崇拜者竹内好，在 1942 年《中国文学》1 月号上发表了题为《大东亚战争与我等的快意》的头版文章，在该文中竹内好居然这么写道："历史被创造出来。世界在一夜之间改变了面貌。感动的发颤，文明守望着彩虹一般飞翔的一道光芒的划过。我们感到了涌上心头而难以名状的某种激发之情。12 月 8 日，宣布开战大诏之日，日本国民的决意凝聚燃烧起来。心情无比的爽快。"这样的言论，在现在看来是何等的不可思议，但在当时的日本知识界却是普遍的共识，他们把战争视为是日本"近代的超克"，也即是日本超越由英美国家主导的近代化模式的必由之路。如竹内好所说："通过抵抗，东洋将自己近代化了。抵抗的历史便是近代化的历史。未经过抵抗的近代化之路是不存在的。"正是在知识人这样的描述和渲染下，大多数日本国民不仅不再把英美作为他们效仿和学习的榜样，而是把英美视为"鬼畜"。这等粗俗不堪的用语曾在日本二战期间大为流行，由此可见日本国民在大东亚主义的疯狂煽动下，对英美的仇视已到了何种程度。

在战争机制下，日本东亚观的全面展开必定会走向一种国家主义话语，原先基于东亚有别于西方的特殊性和东亚在世界体系中所应有的主体性，在国家主义的逻辑下必然会蜕变为一种和西方全面对立的话语。从这种话语出发，日本知识人要求重新书写世界史，实际上也是日本军部要求重新确立以日本为中心的东亚在新的世界秩序中的位置，两者的价值倾向是完全一致的，即共同致力于实现日本的国家利益——确立东亚霸权，和英美争夺新的国际秩序的主导权。为实现这个目标，当非此一战而不可时，鼓吹战争的合法性和正当性就成为日本东亚主义哲学和历史学的主要使命。

因此，日本东亚观的全面展开，尽管在理论上有其自洽和合理的一面——东亚的历史的确不能完全以西方历史的尺度来予以书写，东亚的特殊性和主体性同样也不能被淹没在英美的普世世界里，但这个概念一旦被国际政治缠绕上而沦为地缘政治概念时，它注定无法避免沦为国家政治动员的工具。日本基于东亚概念所建构起来的有关东亚的一系列哲学和历史学叙事，最后都成了国家主义的帮凶，它们共同促使日本同时陷入了两场战争：对中国的战争和对英美的战争，战争以日本的彻底失败而告终。

日本的战败是否意味着日本对中国中心主义的挑战和对西方中心主义的挑战同时陷于失败？日本的东亚观该有什么样的结论了？

现在看来至少有一个结论是可以得出来了：批判的武器不能转化为武器的批判，以战争的方式来强行改变国际秩序，以国家主义的话语来推行东亚的主体性和价值观，必定会走上一条毁人和自毁的道路。日本在历史上面向中国和西方说不时，均有着理论和学术上的合法性及正当性，但这样的理论和学术诉求一旦诉诸战争和暴力予以实践时，则完全是非法的、不正当的。日本在二战期间所走的弯路，对日本是一个永久的教训，又何尝不是对中国的一个警醒？！

四、从东亚现代性到中国现代性

日本在二战中的失败，不仅改变了日本对西方世界的态度，使它再次投入其中，成为一个西方制度意义上的"西方"国家；而且也在一定程度上改变了日本对中国的看法。在反省以日本为中心的大东亚主义的历史教训时，有相当一部分日本左翼学者又重新将视野投向中国，他们对中国大陆自 1949 年以来所发生的政治变迁，包括文革期间的一系列事件，充满着同情的理解，甚至给予了高度评价，他们似乎从中国又重新看到了东亚的新曙光。至少在他们看来，把中国从东亚的中心位置中排除出去是一个错误，中国理应享有和日本同样的重要性，中国的现代性之路开辟出了东亚现代性的又一路径。

竹内好在 1960 年发表了题为《作为方法的亚洲》的著名演讲，在这个演讲中，他梳理了后进国家近代化的形态，认为日本的近代化虽是一个类型，但并非是东洋诸国近代化惟一绝对的道路，中国近代化明显地是又一个典型。在竹内好看来，有别于日本外发的近代化，即在西方的压力之下全面地学习西方近代化，中国的近代化则是内发的、基于自身要求而产生的近代化。他据此高度评价中国革命："中国的革命包含了挫折与成功，破坏与建设的全部过程，可以视为是对欧洲文明的挑战。所谓的近代化论即使可以说明日本的近代化，却难以解释中国的近代化。""假如说日本的近代化是没有抵抗而脱离亚洲的历史，中国的近代化则是通过抵抗实现了亚洲化。”这就是说，只有中国才代表着亚洲的特质，而日本因为全面拥抱西方式的近代化而丧失了亚洲的代表性。

竹内好是从日本二战失败中判定日本已经失去了抵抗西方的能力，基于他原来对中国文学特别对鲁迅先生的强烈爱戴，他把抵抗西方现代性的东亚现代性使命寄托给了中国。竹内好的这个愿景并非只属于他个人，而是在日本有着持续的回响。沟口雄三于 1989 年写的《作为方法的中国》，显然参照了竹内好先生的“作为方法的亚洲”的观察视角，他进一步从亚洲回到中国，明确认为：“以中国为方法的世界，就是把中国作为构成要素之一，把欧洲也作为构成要素之一的多元的世界”。很显然，沟口教授的这个说法和战前东亚主义者的看法是一致的，即以日本为中心的东亚应当和欧洲平起平坐，有所不同的是，沟口教授现在是用中国置换了日本，重新以中国为方法来看世界，明确认定中国是现代性世界的构成要素之一。

中国实行改革开放之后经济的迅猛增长，似乎验证了日本左翼学者对中国现代性的期待，从而使得他们对中国现代化之路的认识和评价又上了一个新的台阶。2004 年，沟口教授又写了一本书叫《中国的冲击》，他在该书序言中说，在 21 世纪的今天，日本必须从“东亚的内部”来重新审视“来自外部”的冲击，以前是“西方的冲击”，现在则必须面对“中国的冲击”。他在该书中对中国式近代化的认识是基于“长期稳定的中华文明圈”，把中国的近代化视为是“内发因由的近代化旅程”。从这样一个视角出发，沟口教授强烈批评了日本自明治维新以来一直以欧洲的“近代”为视角蔑视中国的思想倾向，认为“日本人不是通过与欧洲相比，而是通过与中国相比来测量自己的欧化度。甚至可以说，蔑视中国成了日本民族认同的一个不可或缺的要素。”为改变日本对中国的长期蔑视态度，沟口教授提出了一个“环中国圈”的概念以取代他认为容易引起误解的“中华文明圈”的概念，这个新概念涵盖了北亚（俄罗斯、蒙古）、东北亚（朝鲜、西伯利亚）、东亚（日本、韩国）、东南亚（东盟诸国）和南亚（印度、巴基斯坦、缅甸），这就是说，整个亚洲均是以中国为中心，而“明治以来持续了一百几十年的、日本人对于中国的优越感也该到梦醒时分了"。

以竹内好、沟口雄三为代表的日本左翼学者对中国现代性之路的高度期待，究竟对日本的学术走向和国家政策会产生何种影响，可以说是不足以估量的。在日本言论自由的环境里，从中国反观日本近代化的局限也算是一个研究路径，但由这个路径是再也不会导向国家路线和政策的根本转变，这些左翼学者对中国的一厢情愿也只能在一个很小的学术圈子里得到反响。但有意思的是，他们对中国现代性的预言和叙事却对中国知识界产生了难以估量的影响，从内藤湖南到竹内好到沟口雄三到柄谷行人到滨下武志，这个以东亚史叙事为核心的学者谱系，对东亚现代性的重新认识，包括对中国革命和建设的重新认识和评价，显然对中国新左派展开其对中国现代性的全面构想，提供了重要的启示和学术资源。可以这么说，中国新左派有关中国现代性的基本思路，和日本二战前有关东亚现代性。的基本思路如出一辙，中国新左派的中国现代性方案不过就是日本东亚现代性的一个翻版。

在以汪晖为代表的中国新左派关于现代中国思想的各类著述中，可以清晰地看到从京都学派以来各种东亚叙事的影子，比如，将中国现代性的源头上溯到中国的宋代，这是对内藤湖南唐宋变革论的一个直接引用，以此试图证明中国的现代性是一个内生自发的历史进程，而不是对西方现代性一个拙劣模仿。因此，汪晖总是特别强调以中国"内在的视野"来观察中国问题的重要性，以此来划分中国和西方不同的发展路经。正是基于这样的历史叙事，中国自近代以来所发生的一系列变化，特别是政治变化，都被中国的新左派描述成是中国现代性的一个正常的展开过程；日本学者关于建构东亚现代性以抗衡西方现代性的各种方案，也被他们改造成了有关中国现代性的理论大纲。以此逻辑，毛泽东在中国新左派的视野中是一个现代性人物，毛的理论被定位于是一种"反现代性的现代性"，即反西方现代性的现代性。近 10 年来，中国新左派积极地参与到关于"中国模式"的理论建构中，把中国模式视为中国现代性的特有模式，对中国模式给予了各种各样的说法和总结。以一言概之，中国新左派推崇备至的中国模式，实质就是充分体现了反西方现代性的现代性。

因此，东亚的中心在哪里这个问题，在中日两国的左翼学者那里似乎被消弭了。基于大致相同的问题意识和现实关切，不管是以日本为中心的东亚，还是以中国为中心的东亚，东亚现代性均是以东亚自身的历史性和逻辑性来展开其现实路径，并由此形成和西方现代性的一种紧张关系。东亚现代性作为与西方现代性不同的现代性模式，它所主张的权利不仅是东亚现代性的合法性和正当性，而且也是要求重新改写世界史，以东亚史或中国史的逻辑来重新编纂以往由欧洲史观所主导的世界史。中日两国的左翼学者据此建立起了一个“知识共同体”，这个知识共同体在东亚现代性上找到了一块共同的基石。

如果仅仅是基于中国的历史特质和历史进程来规划中国的现代性路径，以警示人们不能完全以西方现代化的尺度来衡量中国的制度转型和发展，这毫无疑问地是一个正当的合理的学术诉求；但是，如果将这样的学术诉求寄托于国家主义身上，同时诉诸民族主义和民粹主义，那就必然地会重蹈日本二战前的那条覆辙，把东亚主义的诉求演变成一种法西斯主义和军国主义的冲动。目前，中国新左派正执迷于一种民族主义叙事，全面讲述国家主义话语，同时和民粹主义进行暧昧的交往，甚至鼓噪通过诉诸战争的方式来改变现有的国际秩序。如此的理论景观，不正是在重演二战期间日本准备大东亚圣战的理论总动员吗？！

在现代性路径选择的十字路口，日本在经历了一次巨大的失败后才得以解决的问题，现在正在成为中国的问题：中国现代性一定是在和西方现代性对抗的前提下才能展开吗？思想和价值观的冲突是否会像日本在二战前那样激发出整个国家对西方的战争冲动？中国会对这些问题作出怎样的回答，历史在拭目以待。

五、重构东亚的可能性

　　日本在二战中的彻底失败催生出一个新的日本：一个不再执迷于抵抗英美主导的世界体系的东亚国家，而是在与英美共享民主宪政制度资源的前提下成为一个"西方"国家了，日本东亚观面向西方中心主义的挑战事实上已彻底终结。那么，日本东亚观面向中国中心主义的挑战是否也终结了？前述之中日左翼学者所建构的"知识共同体"以及对"环中国圈"的构想能否消弭中日两国之间长达百多年的冲突而重构出一个新的东亚？这些问题显然需要认真面对。

　　在中日两国政治家们的眼里，学者们的许多看法或许都是一厢情愿的，不管是建构以日本为中心的东亚，还是建构以中国为中心的东亚，抑或建构以中国和日本为双中心的东亚，理论的选项只能服从于现实的政治逻辑和国家之间的力量对比关系。日本被美国所败后迅速融入到美国的体制中，从而使得鼓吹东亚的独特性以抵抗西方冲击的各种哲学和历史叙事不再会像二战前那样，演变为一种民族主义和军国主义的喧嚣。遵循相同的制度文明和国际普世法则，使得日本即使重陷于和西方国家的激烈争论中，这样的争论也绝不会再演变成现实的战争。但是，对于中国和日本来说，它们分别被置于在根本不同的制度安排下，在战后曾长期处于东西两大阵营的对峙中，即使在国家关系正常化之后，两国在诸多问题上依旧存在着深刻分歧。在这种情况下，中日两国何以重构东亚？它们能以相同的价值和理念来建立一个统一的东亚？如果做不到这一点，那是否意味着东亚因为中日两国之间的巨大制度和思想差异而将长期陷于分裂和冲突之中？

　　事实上，中日自 1972 年恢复邦交以来，政府和民间层面上的交往曾持续走热，尤其是在中共前总书记胡耀邦于 1983 年访日之后，中日友好达到了一个前所未有的高度，日本国民对中国的好感度高达 80%。但是，最近十多年来，中日关系持续走低，期间在中国多次出现大型的反日游行示威，甚至出现暴力事件，两国国民互相持不好的评价都高达了 80% 多。仅仅 30 年时间，中日关系由热变冷，各自的民族主义声音甚嚣尘上，中日必将再有一战的言论也开始在民间发酵。中日在东亚的双峰对峙，已经不是谁服不服气的问题，而是变成了一个谁战胜谁的问题。在此情势下，提倡重构东亚，岂不就是异想天开？！

尽管中日两国之间面临着极大的困境和一些似乎难以解开的死结，但不管是从历史上看还是基于当前两国的现实状态，中日友好的局面绝对符合两国人民的根本利益和东亚的国际秩序，中日和则双赢，斗则双败。现在提出重构东亚，既是一种理论构想，也可视为一个预案，是着眼于中日未来关系的根本改善和东亚新的国际秩序的建立。

首先，中日都必须意识到，在近代以来的一百多年之后，中日两国关系目前已发生了巨大变化，最重要的变化是，中日已不是明治维新直至二战前那种一弱一强的关系，而是两强相争的关系。中国在经济总量上超过日本跃居世界第二位置，并有可能在未来几年里成为世界第一，这一物质力量对比的巨变肯定将影响到中日两国国民的心理状态，一方由此而骄狂，一方由此而恐惧，是很自然的事情。但是，物质力量的改变，并不会从根本上改变源自中国隋唐和日本圣德太子时代即已形成的东亚双峰对峙的政治格局。目前两强相持的中日关系比以往一弱一强的中日关系，其实更能有效地为建立东亚均衡的国际秩序而奠定基础。一弱一强，强总是想吃掉弱或控制弱；两强相持，谁也吃不了谁，谁也控制不了谁，由此必须合作才能共处。重构后的东亚，既不会是以日本为中心，也不会是以中国为中心，而肯定是以中国和日本为双中心。

其次，重构东亚的可能性，最终只能是基于中日两国大致相同的制度文明而成为现实。中日的制度差异和冲突，是导致中日目前无法根本化解它们所面临的诸多问题和障碍的主要原因，因此，中国的制度转型对于重构东亚的意义重大。中国和日本的现代转型差不多是同时起步，一直有着相同的目标，即以宪政民主的方式完成国家现代转型，以此实行富国强兵。明治维新后的日本，制度转型走了半程，在二战前走上了军国主义的歧路，直到二战结束才又重新回到宪政民主的正道上来。而中国在推翻满清政府建立了亚洲第一个共和国之后，却因为国内的战乱和日本的侵略，一直未能实现制度转型，现有的政治架构仍有待于根本性的宪政改造。重构东亚，只能在宪政民主的框架里进行，植根于共同的政治文明。

第三，东亚区别于西方的历史特点和历史进程，决定其一定有着区别于西方现代性的现代性方式，即使就宪政民主制度安排而言，东亚国家的政治制度转型也必将统摄其特有的传统和文化，不会跟在西方国家后面亦步亦趋。在遵循世界共同的政治文明的前提下，东亚应当有自己的政治主张和重构国际秩序的话语权，从东亚的地缘关切出发，来寻求东亚的整体利益。因此，重构东亚，不是促使东亚和世界其他国家的冲突与对抗，而是着眼于建构东亚的经济、文化和利益共同体，以此提高东亚国家的国际竞争力。完全可以想象，一个统一的东亚，基于中日韩三国的经济总量，是可以成为世界的一个中心，成为主导国际秩序的一个决定性的力量。

第四，东亚作为一个文化地缘概念，是基于历史上形成的共同的文明背景，有着大致相同的文化传承，儒学、佛教这些传统的思想资源在中日韩三国的现代进程中依旧发挥着巨大作用，对国民的精神世界仍有深远的影响。日本的神道教在倡导天人合一和自然崇拜这方面，和儒学及佛教有着共同的价值诉求。东亚的共同价值是客观存在的，这是重构东亚的最重要的精神和文化基础。东亚的共同价值不仅有利于东亚的地缘整合和国家交往，而且也有利于世界文明的多元发展和进步。东亚的价值在不同文明冲突日渐加剧的情况下，正不断彰显出其重要性，其宽厚和包容的品质有助于不同文明的互相理解和融合。东亚在世界文明的竞争和重构中，无疑是有价值导向的作用。

第五，目前提出重构东亚，与其说是东亚国家的政治任务，毋宁说是东亚民间交往的一个基本选项。从东亚交往的历史来看，民间之间的交流和往来一直远远大于政府之间的交往，即使在中日官方最交恶的时期，民间持续不断的交往仍然是充满着善意和理性，并未被政府之间的不正常关系所完全支配。2015 年，中国国民访日人数高达 500 万，2016 年将有望突破这个数字，这表明民间的交往有着比国家政治和意识形态更大的动力，比官方外交存在着更大的空间。东亚现在即使不能成为一个政治共同体，也是可以成为一个经济共同体、文化共同体和知识共同体。重构东亚的希望在民间。

从何谓东亚到谁是东亚的中心再到重构东亚，我所描绘的东亚的历史图景和现实图景，均是为了展现东亚的未来愿景。我深信文明和文化的力量，是一定能够冲决制度和意识形态的壁垒，在世界的东方构造出一个和平的、和谐的和繁荣昌盛的东亚共同体。

后　记

　　本书是正在写作中的"世纪批判三书"第一部：《世纪的歧路——左翼共同体批判》下卷第一章，现单独抽出来，加上以前曾经发表过的三个文本作为附录，先行结集出版，既是推出阶段性成果以求教于方家和读者，也是考虑到日本与中国在历史和现实中的高度相关性，为中国当下转型提供一个日本"范本"。

　　我自2014年应日本国际交流基金的邀请，赴东京大学访学，之后每年（三年疫情除外）去日本考察，尤其是连续四年参加由日本国际问题研究所组办的中日共同历史民间研讨会，由此逐步产生对日本历史、德川以来的思想史和明治以来的近代史的浓厚兴趣。日本在明治维新之后，全面学习欧美国家的先进文明制度，成效显著，短短30时间走上世界强国之列，一举打败欧亚两个老大帝国——中国和俄国，却在近代转型接近大功告成之际，又重新转向反对欧美的立场，在昭和时期连续发动对中国的战争和对英美的战争，最后一败涂地而被迫回到明治维新的原点，继续走欧美近代之路。本书试图揭示日本近代转型从迅速的崛起到疯狂的扩张最后到自我毁灭的进程之所以形成的思想和政治根源，揭示从德川的民族意识和明治的民族主义到大正的国家主义和昭和的极端国家主义的内在联系，从而为读者呈现出日本历经从德川到昭和的四个时代所发生的思想和政治变迁，其中的经验教训对于中国当下无疑有极大的借鉴意义。日本是中国的一面镜子，以日本的历史来观照中国的现实，正是本书写作的主要意图所在。

　　本书出版之际，我要特别感谢纽约博登书屋，世纪批判三书之第一部上卷已在该社出版，该社先前出版的拙著《新盛世危言》由日本明治大学石井知章教授领衔翻译，已于近日在日本百年历史的出版社——白水社出版。从博登书屋到白水社，对我个人而言意义重大。博登书屋在世界华文出版界已成为一面新的旗帜。

本书最后部分我用丸山真男在其名著《日本政治思想史研究》后记中引用精神病学家 E·克雷奇默的话作为结束语：平常我们诊断他们（疯子），非常时期他们诊断我们。本书在理论上对民族主义和国家主义进行持续不懈的批判，就是为了像丸山真男那样，为提前阻止各种各样的疯子们在非常时期诊断我们而尽自己的一份责任！

特此后记，以此自勉。

2023 年 9 月 25 日于北京菓园

主要参考文献

（以本书引述先后为序）

1. 内藤湖南：《中国史通论》，夏应元、钱婉约译，九州出版社，2018 年。

2. [德]黑格尔：《历史哲学》，王造时译，上海书店出版社，1999 年。

3. 《马克思恩格斯选集》第 1 卷，人民出版社，1995 年。

4. [日]子安宣邦：《何谓"现代的超克"》，生活·读书·新知三联书店，2018 年。

5. [日]竹内好：《近代的超克》，孙歌编，李冬木等译，生活·读书·新知三联书店，2005 年。

6. 梁栋梁主编：《近代以来日本的中国观》，第一卷总论，江苏人民出版社，2012 年。

7. 徐中约：《中国近代史：1600—2000 年中国的奋斗》，计秋枫、朱庆葆译，茅家琦、钱乘旦校，世界图书出版公司，2013 年。

8. [日]狭间直树编：《梁启超·明治日本·西方》（修订版），社会科学文献出版社，2012 年。

9. [美]塞缪尔·亨廷顿：《第三波：20 世纪后期的民主化浪潮》，欧阳景根译，中国人民大学出版社，2013 年。

10. [日]子安宣邦：《重思"日本近代化"：於明治维新一百五十年之际》，台湾《思想》杂志第 41 期。

11. [日]子安宣邦：《近代日本的亚洲观》，赵京华译，生活·读书·新知三联书店，2019 年。

12. [日]和辻哲郎：《风土》，陈力卫译，商务印书馆，2020 年。

13. [日]宫崎市定：《日出之国与日没之国》，译者：张学锋、马云超，上海古籍出版社 2018 年版。

14. [日]增田涉：《西学东渐与中国事情》，由其民、周启乾译，江苏人民出版社 2011 年版。

15. ［日］狭间直树：《日本早期的亚洲主义》，张雯译，北京大学出版社，2017 年。

16. 宗泽亚：《清日战争 1894-1895》，北京联合出版公司，2014 年。

17. 盛邦和：《亚洲认识》，上海人民出版社 2019 年版。

18. ［英］艾伦·麦克法兰：《福泽谕吉与现代世界的诞生》，周坚译，深圳报业集团出版社，2019 年版。

19. ［日］福泽谕吉：《文明论概略》，北京编译社译，商务印书馆，1960 年。

20. ［日］福泽谕吉：《劝学篇》，群力译，东尔校，商务印书馆，1958 年版。

21. ［日］丸山真男：《福泽谕吉与日本近代化》，区建英译，北京师范大学出版社，2018 年。

22. 杨栋梁主编：《近代以来日本的中国观》第三卷，刘岳兵著，江苏人民出版社，2012 年。

23. ［美］R·塔格特·墨菲：《日本及其历史枷锁》，李朝津译，中信出版集团，2021 年。

24. 韩昇：《遣唐使和学问僧》，中华书局、上海古籍出版社，2011 年。

25. ［日］圆仁：《入唐求法巡礼行记》，长江出版传媒、崇文书局，2022 年。

26. 吕玉新：《政体、文明、族群之辩：德川日本思想史》，香港中文大学出版社，2017 年。

27. ［日］丸山真男：《日本政治思想史研究》，译者：王中江，生活·读书·新知三联书店，2000 年版。

28. ［法］马克·布洛赫：《封建社会》下卷，李增洪等译，商务印书馆，2004 年。

29. 《马克思恩格斯全集》第 44 卷，人民出版社，1995 年。

30. 冯天瑜：《封建考论》，线装书局，2020 年。

31. ［日］内藤湖南：《日本历史与日本文化》，商务印书馆，2012 年。

32. ［日］源了园：《德川思想小史》，郭连友译，外语教学与研究出版社，2009 年。

33. 末木文美士：《日本思想史》，王颂、杜敬婷译，北京大学出版社，
2022 年。

34. ［日］铃木贞美：《日本的文化民族主义》，魏大海译，武汉大学出版
社，2008 年。

35. 杨栋梁主编：《近代以来日本的中国观》第二卷，赵德宇、向卿、
郭丽著，江苏人民出版社，2012 年。

36. ［日］吉野耕作：《文化民族主义的社会学：现代日本自我认同意识
的走向》，刘克申译，商务印书馆，2005 年。

37. 向卿：《日本近代民族主义（1868-1895）》，社会科学文献出版社，
2007 年。

38. ［日］近代日本思想史研究会:《近代日本思想史》，第 1 卷，马采译，
商务印书馆，1985 年。

39. ［日］坂野润治：《近代日本的国家构想》，崔世广、王俊英译，社会
科学文献出版社，2014 年。

40. ［美］唐纳德·基恩：《明治天皇：1852-1912》，曾小楚、伍秋玉译，
上海三联书店，2018 年。

41. ［日］吉田茂：《激荡的百年史》，赵晓丹、赵一乔译，北方文艺出版
社，2019 年。

42. ［日］升味准之辅：《日本政治史》第二册，董果良译，商务印书馆，
1997 年。

43. 张秩：《大正十五年：东亚视域下的帝制日本（1912-1926）》，上海
书店出版社，2020 年。

44. ［日］竹村民郎：《大正文化：帝国日本的乌托邦时代》，欧阳晓译，
上海三联书店，2015 年。

45. 柳田国男：《大正浪漫：日本近代社会世相》，谷瑞捷、石晶晶译，
中国工人出版社，2023 年。

46. ［荷］伊恩·布鲁玛：《创造日本：1853—1964》，倪韬译，四川人民
出版社，2018 年。

47. ［日］鹿野政直:《日本近代思想史》，周晓霞译，民主与建设出版社，
2022 年。

48. 赵晓靓：《一战后日本思想界的对外认识与国家转型：以北一辉和

吉野作造思想为例》，社会科学文献出版社，2020 年。

49. ［日］升味准之辅：《日本政治史》第一册，董果良译，商务印书馆，1997 年。

50. 陈秀武：《日本大正时期政治思潮与知识分子研究》，中国社会科学出版社，2004 年。

51. ［日］长谷川如是闲：《日本现代史（1868-1928）》，王兴译，沈阳出版社，2020 年。

52. 杨栋梁：《近代以来日本的中国观》，第一卷，总论，江苏人民出版社，2012 年。

53. ［日］永田广志：《日本哲学思想史》，商务印书馆，1978 年。

54. 米彦军：《德富苏峰右翼思想研究》，中国社会科学出版社，2012 年。

55. 刘岳兵：《日本近现代思想史》，世界知识出版社，2010 年。

56. ［日］子安宣邦：《近代日本的中国观》，王升远译，生活·读书·新知三联书店，2020 年。

57. ［日］野村浩一：《近代日本的中国认识》，张学锋译，江苏人民出版社，2014 年。

58. 梅森直之：《日本早期社会主义思想史：大杉荣与他的时代》，王盈、臧志军译，上海译文出版社，2022 年。

59. ［德］扬—维尔纳·米勒：《什么是民粹主义？》，钱静远译，译林出版社，2020 年。

60. ［日］升味准之辅：《日本政治史》第三册，郭洪茂译，董果良校，商务印书馆，1997 年。

61. ［美］埃里克·贾菲：《逃脱东京审判：大川周明的奇异疯狂》，黄缇萦译，中国友谊出版公司，2016 年。

62. ［日］新渡户稻造：《武士道》，张俊彦译，商务印书馆，1993 年。

63. ［美］戴维·贝尔加米尼：《天皇与日本国命：裕仁天皇引领的日本军国之路》，上卷，王纪卿译，民主与建设出版社，2016 年。

64. ［日］升味准之辅：《日本政治史》第二册，董果良译，商务印书馆，1997 年。

65. ［日］重光葵：《昭和的动乱》（汉译书名《日本侵华内幕》）齐富霖等译，解放军出版社，1987 年。

66. ［日］丸山真男:《现代政治的思想与行动》，陈力卫译，商务印书馆，
    2018 年。

67. ［日］堀幸雄:《战前日本国家主义运动史》，熊达云译，高士华校，
    社会科学文献出版社，2010 年。

68. ［日］古川隆久:《毁灭与重生：日本昭和时代（1926-1989）》，章霖
    译，浙江人民出版社，2021 年。

69. 孙继强:《侵华战争时期的日本报界研究（1931—1945)》，中央编
    译出版社，2014 年。

70. ［日］子安宣邦:《近代日本的亚洲观》，译者：赵京华，生活•读书•新
    知三联书店，2019 年版。

71. ［日］子安宣邦:《近代知识考古学：国家、战争与知识人》，赵京华
    译，生活•知识•新知三联书店，2022 年。

72. ［日］堀田江理:《日本 1941 年：导向深渊的决策》，马文博译，新
    华出版社，2020 年。

73. ［日］加藤阳子:《日本人为何选择了战争》，章霖译，浙江人民出版
    社，2019 年。

74. ［美］大贯美惠子:《神风特攻队、樱花与民族主义——日本历史上
    美学的军国主义化》，石峰译，商务印书馆，2016 年。

75. ［美］约翰•道尔:《拥抱失败：第二次世界大战后的日本》，译者：
    胡博，生活•读书•新知三联书店，2008 年。

76. ［美］戴维•贝尔加米尼:《天皇与日本国命：裕仁天皇引领的日本
    军国之路》下，王纪卿译，民主与建设出版社，2016 年。

77. ［美］汉娜•阿伦特:《艾希曼在耶路撒冷：一份关于平庸的恶的报
    告》，安尼译，译林出版社，2017 年。

78. ［日］丸山真男:《现代政治的思想与行动》，陈力卫译，商务印书馆，
    2018 年。

79. 孙歌:《竹内好的悖论》，北京大学出版社，2005 年。

80. ［日］丸山升:《鲁迅•革命•历史——丸山升现代中国文学论集》，
    王俊文译，北京大学出版社，2005 年。

81. ［日］子安宣邦:《近代日本的中国观》，王升远译，生活•读书•新
    知三联书店，2020 年。

82. ［日］沟口雄三：《作为方法的中国》，孙军悦译，生活·读书·新知三联书店，2011 年。

83. ［日］沟口雄三：《中国的冲击》，王瑞根译，孙歌校，生活·读书·新知三联书店，2011 年。

84. ［日］中里成章：《帕尔法官：印度民族主义与东京审判》，陈卫平译，法律出版社，2014 年。

85. 梅汝璈：《东京审判亲历记》，梅小璈、梅小侃整理，上海交通大学出版社，2016 年。

86. ［日］《朝日新闻》东京审判记者团：《东京审判》，吉佳译，河北人民出版社，1988 年。

87. 余先予、何勤华、蔡东丽：《东京审判：正义与邪恶之法律较量》（第三版），商务印书馆，2016 年。

88. 孙歌：《思想史中的日本与中国》，上海交通大学出版社，2017 年。

89. 孙歌：《寻找亚洲：创造另一种认识世界的方式》，贵州人民出版社，2019 年。

90. 孙歌：《主体弥撒的空间——亚洲论述之两难》，江西教育出版社，2002 年。

91. ［日］南原繁：《文化与国家》，高华鑫译，生活·读书·新知三联书店，2023 年。

92. ［日］三谷博：《黑船来航：对长期危机的预测摸索与美国使节的到来》，张宪生、谢跃译，社会科学文献出版社，2013 年。

93. ［日］陆奥宗光：《蹇蹇录》，赵戈非、王宗瑜译，生活·读书·新知三联书店，2018 年。

94. ［美］托马斯·基尔斯特德：《日本的民族和后民族：全球资本主义和民族历史观念》，［加］卜正明、施恩德：《民族的构建：亚洲精英及其民族身份认同》，陈城等译，吉林出版集团有限责任公司，2008 年。

95. ［美］本尼迪克特·安德森：《想象的共同体》，吴叡人译，上海人民出版社，2016 年。

96. ［日］坂井洋史：《略谈"竹内好"应该缓论》，薛毅、孙晓忠编：《鲁迅与竹内好》，上海书店出版社，2008 年。

97. 靳丛林：《竹内好的鲁迅研究》，北京大学出版社，2012 年。

98. 王柯：《民族主义与近代中日关系》，香港中文大学出版社，2015 年。

99. 葛兆光：《亚洲史的研究方法：以近世东部亚洲海域为中心》，商务印书馆，2022 年。

100. [日]鹤见俊辅：《战争时期日本精神史：1931—1945》，邱振瑞译，北京日报出版社，2019 年。

101. [日]藤田省三：《精神史的考察》，庄娜译，四川教育出版社，2015 年。

102. [日]高桥哲哉：《战后责任论》，徐曼译，社会科学文献出版社，2008 年。

103. [美]傅高义：《日本第一》，谷英等译，上海译文出版社，2016 年。

104. [日]富永健一：《日本的现代化改革与社会变迁》，李国庆、刘畅译，商务印书馆，2004 年。

105. [日]南原繁：《文化与国家》，高华鑫译，生活·读书·新知三联书店，2023 年。

106. [以色列]艾森斯塔德：《反思现代性》，旷新年、王爱松译，生活·读书·新知三联书店，2006 年。

107. [日]丸山真男：《忠诚与反叛：日本转型期的精神史状况》，路平译，上海文艺出版社，2021 年。